HEYNE BÜCHER

W0294635

ESOTERISCHES WISSEN

Herausgeber dieser Reihe Michael Görden

NORMAN VINCENT
PEALE

Du kannst, wenn Du glaubst Du kannst

WILHELM HEYNE VERLAG
MÜNCHEN

HEYNE ESOTERISCHES WISSEN
08/9569

Aus dem Amerikanischen übersetzt von Karin Hein

Titel der Originalausgabe:
YOU CAN IF YOU THINK YOU CAN
erschienen bei Prentice-Hall Inc., New Jersey, USA

2. Auflage

Genehmigte Taschenbuchausgabe
Printed in Germany 1990
Umschlaggestaltung: Atelier Adolf Bachmann, Reischach
Umschlagfoto: Silvestris Fotoservice, Kastl/Obb.
Satz: Kort Satz GmbH, München
Druck und Bindung: Presse-Druck Augsburg

ISBN 3-453-04523-8

Inhalt

1

Es ist *immer* zu früh, um aufzugeben

Der Alltag mit seinen Höhen und Tiefen, mit seinen großen und kleinen Problemen fordert in unserer komplizierten und schnellebigen Zeit den ganzen Menschen – er fordert Entscheidungen, die wohldurchdacht und sinnvoll sein sollen, und eine entschlossene, erfolgreiche Handlungsweise. Das erwarten Ehe- und Lebenspartner, Berufskollegen, Mitarbeiter, Vorgesetzte oder Geschäftspartner, das erwarten Freunde, Kinder und andere Angehörige. Zumeist erwartet man es auch von sich selbst.

Angesichts solcher Erwartungshaltungen fühlen sich viele Menschen zunehmend überfordert, und jeglicher Mut scheint sie zu verlassen, wenn sie sich mit einem besonders schwierigen oder verwickelten Problem konfrontiert sehen. Dagegen gibt es eine stets gültige, wirksame Verhaltensregel, die es wert ist, daß Sie sie beherzigen, und die geradezu dafür geschaffen ist, daß Sie sich immer wieder an ihr orientieren. Diese Regel, die Sie jederzeit anwenden können, lautet schlicht und einfach:

Niemals aufgeben!

Wer den Mut verliert und aufgibt, der lädt die Niederlage förmlich ein. Haben Sie erst einmal aufgegeben und sich in Ihr scheinbar unvermeidliches Schicksal gefügt, dann werden Sie zwangsläufig dazu neigen, in ähnlichen Situationen wieder genauso zu reagieren. Mit jedem Aufgeben, mit jedem verzagten, resignierten, frustrierten Hinnehmen einer Niederlage wächst die Gefahr der Wiederholung; schließlich findet sich der Betroffene in den psychologischen Mechanismen eines wiederkehrenden Verhaltensmusters gefangen.

Beharrlichkeit als Lebensprinzip

Gewiß – manchmal glaubt man, in einer Sackgasse zu stekken. Doch selbst in einer schier ausweglosen Situation, selbst angesichts unlösbar scheinender Schwierigkeiten sollten Sie nie an ein Aufgeben denken. Wenn Sie statt dessen versuchen, Ihre Zwangslage aus einem ganz neuen Blickwinkel zu betrachten, so ergeben sich damit wie von selbst auch andere Perspektiven. Suchen Sie deshalb stets nach einem neuen Ansatz! Sollte der Erfolg zunächst ausbleiben (was oft ganz natürlich und deshalb kein Grund zur Entmutigung ist), dann nehmen Sie eben einen weiteren Anlauf und gehen das Problem wieder von einer anderen Seite an – und zwar so lange, bis Sie einen annehmbaren Weg gefunden haben. Einen Weg, soviel ist gewiß, gibt es immer in und aus jeder Lage, und es ist an Ihnen, ihn durch unbeirrbare und besonnene Suche zu finden. In dem Moment, in dem Sie nicht mehr bloß reagieren (falls Ihnen das überhaupt noch möglich ist), sondern agieren, verfügen Sie im Verhältnis zu Ihren Mitmenschen über ein deutliches Plus, denn viele sind gar nicht gewillt, in bestimmten Situationen selbst aktiv zu werden, sondern warten statt dessen lieber auf denjenigen, der ihnen sagt, was sie zu tun und zu lassen haben.

Vor einiger Zeit mußte ich wieder einmal über die Angewohnheit eines Freundes schmunzeln: Während unseres gemeinsamen Essens kritzelte er etwas auf das Tischtuch, um somit seine Gedankengänge zu unterstützen und zu verdeutlichen. Er berichtete von einem Mann, der – in eine nahezu ausweglose Situation geraten – mit einem spektakulären Erfolg aufwarten konnte.

Die Skizze auf dem Tischtuch zeigte einen Mann. Er stand vor einem hohen, zerklüfteten Berg, der unüberwindlich schien. Mein Freund wollte von mir wissen, wie der Mann auf die andere Seite gelangen könnte.

»Indem er um den Berg herumgeht?« versuchte ich es mit dem nächstliegenden Vorschlag.

»Das ist zu weit«, wandte er ein.

»Also gut, dann gräbt er sich einen Tunnel unten hindurch«, schlug ich vor.

»Das ist zu tief und zu langwierig. Nein er *denkt* sich vielmehr über den Berg hinweg«, erklärte er seine Auffassung. »Wenn es dem Menschen dank seiner geistigen Fähigkeiten möglich ist, Maschinen zu erfinden, die ihn in mehr als zehntausend Meter Höhe über jeden Berg hinwegtragen, dann besitzt er auch die geistige Kraft, sich über noch so große Hindernisse selbst hinwegzusetzen.«

»Bill, das ist genial«, antwortete ich. »Allerdings ist mir dieser Gedanke früher schon einmal in folgenden Worten begegnet: ›Wenn jemand zu diesem Berg sagt: Hebe dich empor, und stürz dich ins Meer!, und wenn er in seinem Herzen nicht zweifelt, sondern glaubt, daß geschieht, was er sagt, dann wird es geschehen.‹«

»Genauso meine ich es«, stimmte mein Freund diesem Gedanken des *Evangeliums nach Markus* (11,23) zu. »Der Mensch muß es nur *denken* können – und er darf keine Zweifel hegen. Außerdem halte ich mich an den Grundsatz: Es ist *immer* zu früh, um aufzugeben!«

Wie recht er damit hatte, wurde mir vor kurzem in einem Brief bestätigt, in dem mir ein junger Unternehmer seine Erfahrungen schilderte. Er hatte vor einigen Jahren ein System für Wandbauteile entwickelt, eine eigene Firma gegründet und sein ganzes Vermögen in das Unternehmen gesteckt. Doch dann lief alles ganz anders als geplant, und der junge Mann geriet in eine Schwierigkeit nach der anderen. Nachdem sich seine Lage dramatisch zugespitzt hatte, forderten ihn seine Partner eindringlich auf, das Unternehmen aufzugeben. Sie bedrängten ihn mehr und mehr, und der Druck, den sie auf ihn ausübten, wurde von Tag zu Tag stärker. Doch von Geschäftsaufgabe wollte der Jungunternehmer nichts wissen.

Dieser Mann bewies mit seiner Beharrlichkeit, mit der er sein einmal gestecktes Ziel weiterverfolgte, aus welchem Holz er geschnitzt war. »Ich weigerte mich einfach«, schrieb er, »auch nur den leisesten Gedanken an ein Aufgeben zuzulassen.«

Seine positive Denkhaltung und sein unerschütterlicher Glaube gaben ihm die Kraft, nach neuen Wegen zu suchen. Er besann sich auf seine Fähigkeiten, überlegte und betrachtete seine Lage gründlich von allen Seiten, bis ihm die seiner Ansicht nach richtige Idee kam. Wenn jemand nicht gleich in Panik gerät, sondern alle realen Gegebenheiten und die daraus resultierenden Eventualitäten analysiert, so steht am Ende dieses Prozesses in den meisten Fällen eine sinnvolle Erkenntnis. Und die sah in dem vorliegenden Fall so aus: Der junge Mann faßte den Entschluß, sein Geschäft um ein Fertigungsprogramm für Bodenbauteile, die zu den Wandelementen paßten, zu erweitern. Mit diesem Einfall hatte er das große Los gezogen! Eine bedeutende Herstellerfirma für Fertighäuser kaufte später zu einem bemerkenswert hohen Preis sein ganzes Geschäft auf.

Jeder von uns wird früher oder später Zeuge wahrhaft schwerer und tragischer Schicksale. Wir lernen Menschen mit hochfliegenden Plänen und Zielen kennen, wir beobachten, wie hart sie arbeiten und wie sie sich permanent einsetzen, wir sehen, wie sie nachdenken und hinterfragen – und wie sie auf der Suche nach einer inneren Kraft sind. Schließlich aber, sei es, weil die Anstrengungen zu groß sind, sei es, weil die Hindernisse kein Ende nehmen wollen, verlieren sie häufig den Mut und geben auf. Erst im nachhinein erkennen sie, wie nahe sie zum damaligen Zeitpunkt ihrem Ziel bereits waren. Oft heißt es dann: »Hätte ich doch ein wenig mehr Voraussicht gehabt und ein noch größeres Beharrungsvermögen aufgebracht – alles hätte sich noch zum Guten wenden können!«

Das richtige Wort

Unser Beharrungsvermögen läßt sich ganz erheblich steigern, wenn wir stets einen positiven Verlauf anstelle eines negativen vor Augen haben. Daher ist es von großer Bedeutung, jede Schwarzmalerei zu vermeiden und die Vorstellung eines etwaigen Scheiterns gar nicht erst aufkommen zu lassen.

Als ich mich einmal in einer äußerst heiklen Lage befand, erreichte mich der Anruf eines mir völlig fremden Mannes. Er sagte: »Verlieren Sie nicht den Mut und machen Sie sich keine unnötigen Sorgen. Ich werde das ›gute Wort‹ für Sie sprechen.« Bevor ich fragen konnte, was das denn sei, hatte er schon wieder aufgelegt. Zwar habe ich bis heute den Sinn seiner Bemerkung nicht eindeutig enträtseln können, doch kam mir damals die Erkenntnis, daß ich selbst keine ›guten‹, hoffnungsvollen Wörter benutzte; meine Wörter und Gedanken waren von pessimistischen Vorstellungen durchsetzt.

Ich begann also, nach positiven Inhalten zu suchen; Wörter wie ›Hoffnung‹, ›Glaube‹, ›Vertrauen‹, ›Gelingen‹ kamen mir jetzt in den Sinn. Bald darauf entdeckte ich eine wirksame Formel in dem Motto:

Ich kann es schaffen, wenn ich daran glaube!

Dieses Motto wurde zur Grundlage meines Handelns, meines Denkens und meiner Arbeit. Erproben auch Sie dieses

Motto, und Sie werden sehen, wie sich mit der Zeit Erfolg und Gelingen einstellen!

In einem Artikel einer amerikanischen Journalistin fand ich eine mögliche Deutung dieser Vorstellung des ›guten Wortes‹. Sie erläuterte ihre Auffassung am Beispiel des kleinen Wortes *no*, also ›nein‹. Für sie sei dieses Wort wie das Zuschlagen einer Tür; es impliziere Versagen, Scheitern, Ablehnung.

Doch anders gelesen, ergebe es das Wort *on*, was soviel wie ›auf‹, ›nach‹, ›voran‹ bedeutet; das wiederum vermittle Hoffnung, neuen Mut, positive Aufbruchsstimmung. So gelesen, enthält dieses kleine Wort die Anregung, vorwärtszustreben, weiterzumachen und über alle Schwierigkeiten ›hinwegzusteigen‹.

Hinter diesem Beispiel steckt folgende Erkenntnis: Durch einfache Umkehrung der Betrachtungsweise läßt sich ein negativer Sinn in einen positiven verwandeln! Und: unsere Probleme erscheinen in einem neuen Licht, sobald die negativen Aspekte nicht mehr im Vordergrund stehen, sondern das Denken eine positive Richtung erhält! Denn nur Gedankenmuster, die positiv ausgerichtet sind, ermöglichen es, Schwierigkeiten konstruktiv anzugehen – und schließlich zu überwinden.

Welche Gedankenmuster in Ihrem Denken vorherrschen, ob positive oder negative, können Sie oft schon aus der ersten Reaktion auf einen Fehlschlag erkennen. Lassen Sie sich entmutigen, oder kämpfen Sie weiter? Werfen Sie die Flinte ins Korn, oder halten Sie beharrlich an dem einmal gesteckten Ziel fest? Eine an diesem Punkt getroffene Entscheidung spiegelt aber nicht nur Ihre innere Haltung wider, sondern – was viel entscheidender ist – sie beeinflußt darüber hinaus auch noch ganz maßgeblich den weiteren Verlauf der Ereignisse.

Das nachfolgende Beispiel aus der Welt des Sports mag dies verdeutlichen…

Das Ziel vor Augen

Es ist der 22. Februar 1964. Während über New York die Nacht hereinbricht, ist der Madison Square Garden, diese gewaltige Sportarena, in gleißendes Licht getaucht. Gebannt starren die Zuschauer auf die am Start kauernden Hürdensprinter. Die Pistole des Starters gibt das Signal: Die Athleten explodieren, überfliegen die erste Hürde – und nach wenigen Sekunden ist das Spektakel vorbei. Augenblikke später zeigt sich Hayes Jones, Freudentränen in den Augen, den stürmisch applaudierenden Zuschauern. Er weiß: Dieser Sieg – errungen in neuer persönlicher Bestzeit – ist der Lohn für die Mühen der letzten vier Jahre. Vier Jahre hartes Training, drei Stunden am Tag, sieben Tage in der Woche – und das nach der wohl bittersten Niederlage seiner Laufbahn...

Obwohl Hayes Jones nie im Besitz des Weltrekordes über die 110-Meter-Hürden war, galt er als ausgesprochener Siegläufer. Wo immer er sich gegen Ende der fünfziger Jahre mit den Besten maß, lief er als Sieger durchs Ziel. Bei den Olympischen Spielen 1960 in Rom konnte daher für die Fachwelt der Sieger auf der kurzen Hürdenstrecke nur Hayes Jones heißen, zumal der damalige Weltrekordler, der Deutsche Martin Lauer, wegen einer gerade erst auskurierten Verletzung etwas gehandikapt war. Jones bezwang auch den Weltrekordler, doch er gewann ›nur‹ die Bronzemedaille. Seine Landsleute Lee Calhoun und Willi May liefen mit 13,8 Sekunden zwei Zehntelsekunden schneller als er.

Eine Niederlage kann etwas Schönes sein. Wer als krasser Außenseiter an den Start geht und als Zweiter oder Dritter durchs Ziel stürmt, für den ist der Erfolg überwältigend, für den ist die silberne oder bronzene Medaille vielleicht mehr wert als die goldene, die dem unangefochtenen Favoriten als Sieger um den Hals gehängt wird. Wer jedoch schon als Sieger gefeiert wird und sich dann mit einem dritten Platz begnügen muß – für den bricht eine Welt zusammen, für den ist diese Plazierung eine Enttäuschung, wie sie bitterer nicht sein kann.

Gerade der Sport liefert viele Beispiele, wie aus einem zuvor gefeierten ein geschlagener Mensch wird: Als Sieger gehandelt, mußten nicht wenige eine Niederlage hinnehmen, mit der keiner, am wenigsten die Athleten selbst, gerechnet hatten. Solch eine Enttäuschung sitzt tief: Viele zweifeln dann an ihrem Können, stellen sich selbst in Frage und wollen ihre Schuhe – und den Sport – an den berühmten Nagel hängen.

Auch Hayes Jones wollte aufgeben, auch er sah sich nach einem Nagel für seine Schuhe um. Nach der bitteren Enttäuschung war seine erste Reaktion, mit dem Leistungssport aufhören und sich voll auf sein berufliches Weiterkommen konzentrieren zu wollen. Warum sich denn noch weiter quälen, vier Jahre lang, ohne Gewißheit, die ersehnte Goldmedaille zu erringen? Warum all die Strapazen auf sich nehmen, das Krafttraining, die langen Läufe, die für die Kondition unentbehrlich sind, die an die Substanz gehenden Sprints innerhalb des Intervalltrainings? Und doch: Der Traum vom Sieg, von dem ganz großen Sieg, der war noch da – und die Herausforderung, sich selbst und seine inneren Zweifel zu besiegen. »Wenn es um etwas geht, das man sein Leben lang ersehnt hat, handelt man nicht unbedingt vernünftig«, versuchte der Bronzemedaillengewinner von Rom einem Journalisten seinen Entschluß zu erklären, sich doch noch einmal weitere vier Jahre für sein Ziel, die Goldmedaille, zu quälen.

Und dann endlich: Bei den Olympischen Spielen von Tokio im Jahre 1964 mußten im 110-Meter-Hürden-Finale 13,6 Sekunden gelaufen werden, um die Goldmedaille zu erringen. Der Sieger hieß: Hayes Jones.

Aus dem letzten Vers eines Gedichtes des Kanadiers Robert W. Service, das Hayes Jones bei der Siegerehrung während eines Sportfestes vortrug, sprechen derselbe Kampfgeist und derselbe unbeugsame Lebenswille, die auch die eigene sportliche Laufbahn des Athleten stets begleiteten. Er lautet: »Doch das Leben zu leben heißt wagen.«

Der lange, von harten Kämpfen bestimmte Weg dieses Sportlers läßt mich an das folgende Wort Johann Wolfgang von Goethes denken: »Strenge Ausdauer, hart und beständig, kann der Geringste von uns ausüben; sie versagt uns selten den Dienst, denn ihre stille Kraft wächst unaufhaltsam mit der Zeit.« Allerdings, so will es manchmal scheinen, stehen Werte wie Ausdauer und Beharrlichkeit in unserer heutigen Zeit nicht mehr allzu hoch im Kurs. Ein Blick auf die Großen der Geschichte lehrt uns jedoch, daß gerade diese Eigenschaften den Grundstein für überragende Leistungen und Erfolge darstellen. Fast drei Jahrtausende – vom achten Jahrhundert vor Christi Geburt bis zur Mitte des neunzehnten Jahrhunderts unserer Zeitrechnung – war ›Ausdauer‹ eines der Schlüsselwörter im Hinblick auf eine Erziehung, die es sich zum Ziel setzte, einen jungen Menschen im humanistischen Sinne zur Reife zu führen – drei Jahrtausende also, von den Anfängen der griechischen Kultur bis zur Zeit der Romantik. Erst mit Beginn der Industrialisierung und der daraus resultierenden rasanten Entwicklung der Technik, die gerade im physischen Bereich den Menschen entlastet, tritt die Eigenschaft ›Ausdauer‹ mehr und mehr in den Hintergrund. Doch gerade diese Eigenschaft ist unerläßlich für die, die ihre Ziele verwirklichen und ihr Leben in schöpferischem Tätigsein gestalten wollen.

Steter Tropfen höhlt den Stein

Denker und Philosophen haben zu allen Zeiten auf die Früchte der Ausdauer hingewiesen. »Gott ist mit den Standhaften«, rief der Prophet Mohammed, der Stifter des Islam, seinen Anhängern zu. William Shakespeare formulierte es so: »Viel Regen wäscht den Marmor aus.« Selbst der härteste Stein muß sich also dem Gesetz der Beharrlichkeit beugen. Bereits siebzehn Jahrhunderte vor dem großen englischen Dichter und Dramatiker war der Römer Lucretius mit seinem Ausspruch »Steter Tropfen höhlt den Stein« zu derselben Erkenntnis gelangt, und von Edmund Burke, dem bedeutenden britischen Staatsmann und Schriftsteller des achtzehnten Jahrhunderts, ist der unschätzbare Ratschlag überliefert: »Verzweifle nie; doch wenn du es tust, dann mach trotz deiner Verzweiflung weiter!«

Noch einen anderen Menschen will ich hier erwähnen, auch wenn dieser Mensch im Gegensatz zu den soeben Zitierten keinerlei Berühmtheit erlangte: meine Mutter. An Weisheit stand sie all den Großen und Berühmten sicherlich in nichts nach. Ihr Leben, in dem es vieles gab, womit sie sich auseinandersetzen mußte, war nach dem Grundsatz des Durchhaltens ausgerichtet. Das Geld war bei uns stets knapp, und die Sorgen des Alltags verlangten immer aufs neue nach Lösungen. Meine Mutter geriet jedoch nie an den Punkt, an dem sie aufgegeben hätte. Sie stellte sich vielmehr den Problemen, mit denen sie sich konfrontiert sah, erstarkte geradezu an ihnen und konnte dann hart und unerbittlich sein.

Wenn ich an meine Kindheit denke, kommt mir eine Episode aus der Schulzeit in den Sinn. Zu dieser Zeit gab es etwas, das ich überhaupt nicht ausstehen konnte: Algebra. So kam ich einmal von der Schule nach Hause und mußte meiner Mutter niedergeschlagen gestehen, daß ich dem Algebra-Unterricht nicht folgen konnte. Ich beklagte mich dann auch dementsprechend: »Das alles verstehe ich nicht! Ich kann das nicht. So ist es nun mal. Ich kann es einfach nicht!« Da warf meine Mutter mir einen Blick zu, und es war gewiß kein weichherzig-mütterlicher Blick, der mich da traf. Ihre Stimme war scharf und knapp. Ich habe noch deutlich ihre Worte im Ohr, als sie einen gewissen William Edward Hickson zitierte: »Hast du beim ersten Versuch keinen Erfolg, probier es ein zweites, ein drittes und ein viertes Mal!« Dann fügte sie noch hinzu: »Du kannst es schaffen, wenn du daran glaubst, daß du es kannst!«

»Du kannst, wenn du glaubst, du kannst« – diese Worte führten mich zu einem neuen Selbstverständnis. Ich vertraute bald meinen eigenen Fähigkeiten und erfuhr so, wie sich unbeugsames Bemühen, ungeachtet aller Fehlschläge, am Ende immer auszahlt.

Das Streben nach Einsicht

Ausdauer kann nur sinnvoll eingesetzt und wirksam werden, wenn sie mit einem weiteren unerläßlichen Grundsatz einhergeht, und zwar mit dem Streben nach Erkenntnis und Einsicht. Wer in einer Zwangslage aufgeben will oder aus einer verfahrenen Situation keinen Ausweg sieht, der benötigt in erster Linie neue Einsichten in die tieferen Ursachen seines bisherigen Scheiterns. Hier genügt es nicht, die äußeren Umstände der jeweiligen Situation zu analysieren, nein, es gilt vielmehr, die inneren Beweggründe, die zu dieser Situation geführt haben, zu verstehen. Wir brauchen intuitive Einsicht in uns selbst, und wir müssen erkennen, wie wir sind und was wir sind. Erst dann können wir unsere geistig-seelischen Kräfte sinnvoll zu einer erfolgreicheren Entwicklung unseres Selbst einsetzen.

Menschen, die immer wieder scheitern und dabei ihr Leben mehr und mehr in Unordnung bringen, verhalten sich zum größten Teil deswegen so, weil ihr Inneres in Unordnung geraten ist und ihnen die Erkenntnis fehlt, wer und was sie wirklich sind oder sein können. Die Redensart »Er ist sich selbst der ärgste Feind« trifft daher auf jene Menschen zu, die sich zwar Ziele setzen und auch hart dafür arbeiten, um diese zu erreichen, aber aus ungeklärter Ursache dennoch versagen. Hier liegen meist innere Störungen vor, die nicht leicht zu erkennen sind. Wer von uns kann schon behaupten, sich selbst von Grund auf zu kennen? Die eigene Persönlichkeitsstruktur ist oft schwerer zugänglich als die Wesenseigenschaften anderer Menschen. In uns allen sind psychologische Mechanismen am Werk, die viele der inneren Vorgänge vor unserem Bewußtsein erfolgreich verbergen – und aus Furcht, unliebsame Wahrheiten in uns zu entdecken, sind wir meist wenig bestrebt, uns genau kennenzulernen; statt dessen ziehen wir es vor, uns über unsere Mitmenschen den Kopf zu zerbrechen und deren Angelegenheiten zu unseren zu machen. Solch ein Verhalten bereitet natürlich kaum Schwierigkeiten, weil es keinen Mut erfordert; Mut ist erst dann nötig, wenn wir nicht länger vor uns selbst Ausflüchte suchen, sondern uns so sehen, wie wir wirklich sind: mit allen Schwächen und Fehlern. Das sind die eigentlichen Sternstunden im Leben.

Die meisten Menschen wären durchaus imstande, mit einer gegebenen Problemsituation fertig zu werden – und dennoch scheitern sie, weil sie von den geistig-seelischen Konflikten in ihrem Inneren zu sehr in Anspruch genommen sind. Solche inneren Konflikte und Zwiespälte sind jedoch nur zu lösen, wenn wir sie zunächst einmal erkennen und verstehen. Das bedeutet: Wir müssen nach Erkenntnis streben und uns einer kritischen Selbstprüfung unterziehen. Seien Sie mutig – schauen Sie also ruhig einmal in den Spiegel und verlangen Sie von sich: »Heraus mit der Sprache, ich will die Wahrheit über dich wissen!« Die meisten Menschen neigen dazu, sich dann einzureden, sie seien doch eigentlich ganz in Ordnung und außerdem gäbe es gar keinen Grund, soviel Aufhebens um die Frage der Selbsterkenntnis zu machen. Bei näherer Überlegung wird jedoch jeder einräumen: Am Anfang jeder Selbstverwirklichung muß auch eine gründliche Selbstprüfung stehen!

Noch heute erinnere ich mich gerne an eine lange zurückliegende Begegnung. Nach einem Vortrag in Washington – unter dem Publikum saßen nicht wenige namhafte Persönlichkeiten aus Politik und Wirtschaft – lernte ich einen Mann kennen, von dessen Leistungen ich gehört hatte und den ich deshalb bewunderte. Während unseres Gesprächs, in dem mir vor allem seine Selbstsicherheit auffiel, fragte ich ihn nach den Gründen seines Erfolges.

Er blickte mich nachdenklich an.

»Nun«, begann er, »den entscheidenden Impuls für meine Karriere erhielt ich vor über fünfzehn Jahren.«

»Vor über fünfzehn Jahren?«

»Ja. Es war ebenfalls hier in Washington. Damals hatte ich zwar die besten Voraussetzungen für eine erfolgreiche Karriere: Meine Ausbildung war hervorragend, ich war von Ehrgeiz besessen, und mein Talent war offenkundig; und dennoch lief so ziemlich alles, was ich anfing, schief. Irgendwie war meine Denk- und Handlungsweise seltsam konfus und verworren, und mir gelang es einfach nicht, meine zweifellos vorhandenen Fähigkeiten richtig umzusetzen. Da hörte ich Sie zum ersten Mal, und an jenem Abend, als ich Ihre Worte gebannt verfolgte, geschah es…«

»Was denn?« wollte ich wissen, verständlicherweise neugierig geworden.

»Ich möchte mit einem Vergleich antworten: Ich stand in dunkler Nacht auf einem freien Feld, nicht wissend, wohin ich mich orientieren sollte. Plötzlich erhellte ein Blitz die ganze Landschaft – und jetzt sah ich meine innere Verfassung klar und deutlich vor mir liegen: Vieles war im argen. Ich begriff, daß meine inneren Unstimmigkeiten die Ursache für meine ständigen Fehlschläge waren. Nun wußte ich mit einemmal, was zu tun war. Noch am selben Abend setzte ich mich unerbittlich mit meinem Innersten auseinander. In der Folgezeit spürte ich eine innere Kraft, die ich zuvor nicht gekannt hatte, eine Kraft, die genährt wurde von einem tiefen Glauben, dem Glauben an mich selbst. Bald war ich felsenfest davon überzeugt, daß es möglich war, die unzusammenhängenden Bruchstücke in mir zu einem einheitlichen Ganzen zusammenzufügen. So geschah es dann auch. In der darauffolgenden Zeit wurde mir ein wunderbares, nie gekanntes Gefühl des Leistungsvermögens, der Harmonie und Kraft zuteil. Zwar gelang mir nicht alles auf Anhieb, doch von da ab ging es stetig bergauf.«

Solch ein Wandel zu einer harmonischen Gemütsverfassung, wie ihn dieser Mann schilderte, vollzieht sich als Folge neu gewonnener Einsichten in das eigene Wesen. Weil er imstande war, seine innere Verfassung unverhüllt in Augenschein zu nehmen, bot sich ihm auch die Möglichkeit, eine Änderung einzuleiten. Er brachte Ordnung in sein inneres Chaos und entfaltete neue Kräfte, die es ihm ermöglichten, seine Pläne erfolgreich umzusetzen.

Ein rückhaltloses Streben nach Selbsterkenntnis kann häufig tiefgreifende Erlebnisse auslösen, die unser Innerstes schlagartig vor uns aufhellen. Solche Erlebnisse können uns befähigen, die schöpferischen Anlagen, die jeder in sich trägt, in die richtigen Bahnen zu lenken und zur vollen Entfaltung zu bringen.

Die Entfaltung des wahren Leistungsvermögens

Welche ungeahnten Möglichkeiten in jedem von uns angelegt sind, ist an der Laufbahn eines der größten Basketballstars seiner Zeit leicht nachzuvollziehen…

Als Bob Pettit mit vierzehn Jahren auf die Oberschule kam, war er knapp einen Meter siebzig groß und wog ganze vierundfünfzig Kilogramm. Er war, nach seinen eigenen Worten, gelenkig ›wie eine Kleiderstange‹. Dieser schwächliche und zerbrechlich wirkende Junge kannte nur einen Wunsch, der jedoch war unwiderstehlich: Er wollte ein überragender Sportler werden! Hier lag eine intuitive Erkenntnis des eigenen, verborgenen Leistungsvermögens vor: Bob fühlte geradezu instinktiv, was in ihm steckte, obwohl augenscheinlich vieles dagegen sprach.

Als erstes versuchte er sich im Football. Es gelang ihm jedoch nicht einmal, in die Schulmannschaft aufgenommen zu werden. Zwar erhielt er eines Tages eine Chance, als er als Ersatzspieler einspringen durfte, doch sein Gegenspieler überrumpelte ihn derart mit gekonnten und unwiderstehlichen Angriffen, daß Bob eine klägliche Figur abgab.

Daraufhin wandte er sich dem Baseball zu, doch auch diese ›Karriere‹ fand schnell ihr Ende. Bob wechselte zum Basketball. Als für das Schulteam zwölf Jungen gebraucht wurden, bewarben sich siebzehn. Natürlich war Bobs Name nicht auf der endgültigen Liste. Klein und zart gebaut, flößte er dem Trainer nicht allzuviel Vertrauen ein. Wieder einmal war sein Traum zerplatzt, wieder einmal sah er sich als Außenseiter.

Bob sprach mit dem Pfarrer seiner Gemeinde, der sofort erkannte, was in dem schmächtigen Jungen steckte, und der ihn beschwor, unerschütterlich an sich und seine vorhandenen Fähigkeiten zu glauben, da gerade durch die Kraft des Glaubens die Verwirklichung eines erstrebenswerten Zieles erreicht werden kann. Bob befolgte den Rat des Geistlichen. Kurz darauf wartete der Pfarrer mit einer Idee auf. »Wir werden ein Gemeindeteam auf die Beine stellen«, versprach er dem Jungen. »Das wird andere Gemeinden dazu anregen, ebenfalls Mannschaften zu organisieren, die dann gegeneinander antreten können.« Die Idee des Pfarrers wurde – auch weil er an seine Idee glaubte – Wirklichkeit, und bald hatte fast jede Gemeinde in der näheren Umgebung ein Basketballteam aufgestellt, denen hauptsächlich die Jungen angehörten, die den Sprung in ihr Schulteam nicht geschafft hatten. Endlich war Bob stolzes Mitglied einer richtigen Mannschaft!

Es war das erste Mal in dem Leben des Jungen, daß er das Gefühl hatte, etwas zu tun, was bedeutsam war. Bob stürzte sich mit Feuereifer in sein Training – er bog sich einen Kleiderbügel aus Draht andeutungsweise in Form eines Korbes zurecht und befestigte ihn an der Garagenwand, um Stunde für Stunde mit Tennisbällen in diesen improvisierten Korb zu zielen. Sein Vater, den die Ausdauer seines Sohnes stark beeindruckte, schenkte ihm bald einen richtigen Basketball sowie ein Korbbrett.

Jeden Nachmittag nach Schulschluß übte sich Bob im Ballwerfen. Nach dem Abendessen erledigte er rasch seine Schulaufgaben, um dann bis zum Einbruch der Dunkelheit weiterzuüben. Wenn er unterwegs war, nahm er jede Gelegenheit wahr, Gegenstände in irgendwelche Behälter zu werfen; keinen Papierkorb, keinen Müllbehälter ließ er in seinem Eifer aus. Bald war er in seiner Mannschaft unersetzlich; die meisten Punkte des Teams gingen auf sein Konto.

Bob war nun fest entschlossen, sich in dieser Sportart zu bewähren. Die Grundvoraussetzung hierfür, seine wichtigste innere Anlage, seine Antriebskraft, war zwar gegeben, doch die nötige physische Kraft, die für sein Weiterkommen unabdingbar war, war von Natur aus nicht vorhanden. Also suchte er täglich den Kraftraum auf: durch gezielte Übungen stärkte er die Muskulatur seiner Arme und Beine – eine Strapaze, die nur mit einem unbändigen Willen durchzustehen war. Schließlich wurde er auch ins Schulteam berufen – und der Trainer wunderte sich, wie sehr Bob sich verändert hatte.

Bei den folgenden Schulwettkämpfen war die Mannschaft um Bob nicht zu schlagen – nicht zuletzt dank ihm, der die meisten Körbe erzielte. Bald spielte er auch in der Universitätsmannschaft von Louisiana und später bei den ›Saint Louis Hawks‹. Wer Bob als kleinen schmächtigen Jungen gekannt hatte, der konnte über dessen körperliche

Entwicklung nur staunen, und es dauerte nicht lange, bis Bob zu den größten Sportlern seiner Zeit gehörte. Neben seinen sportlichen Erfolgen achtete der umjubelte Star aber auch darauf, seine geistigen Interessen zu fördern – und Starallüren waren ihm ebenfalls fremd.

Bob Pettit hatte seine stolze Laufbahn der Anwendung zweier Prinzipien zu verdanken: Zu Beginn stand die *innere Erkenntnis*, die dann durch seine *Beharrlichkeit* unterstützt wurde. Erst durch das Zusammenwirken dieser beiden Prinzipien entstand eine fruchtbare Synthese. Die Erkenntnis beruhte in seinem Fall auf einem intuitiven Gespür für sein wahres Leistungsvermögen – und das bereits zu einem Zeitpunkt, als es noch tief in ihm verborgen war. Aber erst die zweite Stufe, der zielstrebige Einsatz, konnte dieses Leistungsvermögen zum Tragen bringen.

Wir brauchen jedoch nicht alle große Sportler zu sein, um diese beiden Prinzipien nutzbringend anzuwenden. Unser Alltag bietet hinreichend Gelegenheit, unsere Fähigkeiten zu positivem Denken und zu einer nie ermüdenden Beharrlichkeit unter Beweis zu stellen.

Hindernisse sind dazu da, um überwunden zu werden

Aus meiner persönlichen Erfahrung kann ich mit einem Beispiel aufwarten, das zeigt, warum es immer zu früh ist, um aufzugeben. Ich stellte fest, wie das konsequente Verfolgen eines Vorsatzes – und zwar trotz einer ausweglos scheinenden Situation, in der sich Hindernis über Hindernis auftürmte – zum Ziel führt.

Ich übernachtete in einem Ort namens Holland im Staate Michigan, von dem ich am folgenden Tag weiter nach Phoenix, Arizona, reisen wollte. Ich hatte geplant, am Vormittag von Grand Rapids nach Chicago zu fliegen, um dort die Anschlußmaschine nach Phoenix zu nehmen, wo ich gegen Abend einen Termin wahrnehmen mußte. Unter normalen Reisebedingungen war es völlig unproblematisch, rechtzeitig Phoenix zu erreichen.

Als ich am Morgen der Abreise aus dem Fenster meines Motels schaute, konnte ich kaum das nächste Auto auf dem Parkplatz vor meinem Zimmer erkennen. Ein Telefonanruf beim Flughafen von Grand Rapids ergab, daß dort ebenfalls dichter Nebel herrschte, so daß vorläufig nicht mit Flügen zu rechnen war. Ich rief in Detroit an und erhielt dieselbe Auskunft. Selbst Chicago war von dieser Wetterlage betroffen, ebenso Minneapolis. Überall herrschte Nebel. Ich saß also fest, viele Hunderte von Kilometern von Phoenix entfernt.

In dieser Situation besann ich mich auf die Kräfte des positiven Denkens. Hier bot sich eine ausgezeichnete Gelegenheit, das Prinzip der Beharrlichkeit zur Anwendung zu bringen. Meinen Termin, den ich schon lange im voraus vereinbart hatte, nun im letzten Moment abzusagen, kam für mich nicht in Frage. Ich war nicht bereit, achselzuckend zu resignieren. Zwar wäre ich in Phoenix auf Verständnis gestoßen, wenn ich mich dort mit der Begründung entschuldigt hätte: »Ich sehe keine Möglichkeit, meinen Termin wahrzunehmen, da wegen Nebels kein Flugzeug startet«, doch damit hätte ich mich der Möglichkeit beraubt, überhaupt dort einzutreffen – und den Termin wollte ich unbedingt wahrnehmen. So aber war es an mir, einen möglichen Weg zu suchen. Ich mietete ein Auto und schlug die Richtung nach Chicago ein, in der festen Überzeugung, daß sich der Nebel bis zu meiner Ankunftszeit auflösen würde.

Ich hatte etwa hundert der über dreihundert Kilometer nach Chicago zurückgelegt, als der Motor zu stottern begann. Dies trug natürlich keineswegs zu einer Verbesserung meiner Reiseaussichten bei, doch ich zwang mich, meine optimistische Haltung zu bewahren. In der Nähe fand sich eine Autowerkstatt, wo ich auf einen der besten Mechaniker traf, die mir je begegneten. Im Handumdrehen nahm er den Motor auseinander, schabte hier, feilte dort, reinigte diverse Teile und setzte neue Zündkerzen ein. »Nun«, meinte er, »wird's wieder gehen.«

In der Zwischenzeit hatte ich noch einmal in Chicago angerufen. Die erste Auskunft war nicht gerade erfreulich: »Ihr Flug ist gestrichen«, hieß es. Doch dann fügte die junge Dame am anderen Ende der Leitung hinzu: »Wahrscheinlich wird um vier Uhr nachmittags wieder eine Maschine starten.« Nun sah die Lage schon bedeutend besser aus: Ein Vier-Uhr-Flug konnte mich gerade noch rechtzeitig nach Phoenix bringen! Ich setzte mich wieder ans Steuer, um weiterzufahren – doch der Wagen sprang nicht an. Schnell die Batterie aufzuladen, das war für den Techniker eine Kleinigkeit – er wünschte mir eine gute Fahrt, verabschiedete mich jedoch mit dem Rat: »Mit etwas Glück können Sie so bis nach Chicago kommen, aber stellen Sie unter keinen Umständen den Motor zwischendurch ab!«

Tatsächlich erreichte ich ohne Komplikationen den Flughafen von Chicago.

In der Halle warteten bereits Tausende von Fluggästen. Während ich noch überlegte, was zu tun war, trat ein junger Beamter des Bodenpersonals auf mich zu. Vermutlich kannte er mich von irgendwoher. »Was kann ich für Sie tun?« fragte er zuvorkommend. Ich erklärte ihm meine Lage. »Unsere Gesellschaft hat alle Flüge eingestellt, aber eine andere Fluglinie wird vermutlich in absehbarer Zeit eine Maschine starten lassen. Also geben Sie die Hoffnung vorläufig nicht auf!« Er bedeutete mir, auf ihn zu warten, und entfernte sich. Als er nach einer halben Stunde zurückkehrte, informierte er mich, daß die geplante Maschine tatsächlich fliege, allerdings sei sie, was zu erwarten gewesen sei, bereits völlig ausgebucht. »Ich schlage vor, daß Sie zur Abflughalle gehen und darauf hoffen, daß einer der Passagiere fernbleibt«, war seine Anregung – und im letzten Moment konnte er mir mit breitem Lächeln mitteilen, daß ich noch einen Platz erhalten würde, weil tatsächlich jemand ausgefallen war. Zu guter Letzt traf ich eine Dreiviertelstunde vor meinem Termin in Phoenix ein.

Wenn alles schiefzugehen scheint, haben wir die beste Gelegenheit, unseren positiven Glauben zu erproben. Denn erst angesichts immer neuer Hindernisse zeigt sich, wie weit wir den Glauben an das Erreichen eines Zieles bewahren können. Hinzu kommt, daß wir in unseren Bemühungen nicht nachlassen dürfen – erst wenn wir nichts unversucht lassen, schaffen wir es auch!

Es lohnt sich also, den Gedanken an eine Wende des Geschehens zu unseren Gunsten festzuhalten und dementsprechend zu handeln. Jeder Zweifel und jedes Schwanken hingegen ziehen zum einen nur neue Hindernisse an, zum anderen verunsichern sie uns noch mehr hinsichtlich unserer Zielsetzung.

Ausflüchte in banale Erklärungen sind immer schnell zur Hand. Doch häufig dienen sie nur dazu, ein unnötiges Resignieren zu beschönigen. Wer vorankommen will, macht sich auf und sucht seinen Weg. Findet er geeignete Umstände und Bedingungen zunächst nicht vor, so wirkt er eben denkend und handelnd auf die Umstände ein! Diese Haltung wirkt bei der Überwindung von Schwierigkeiten wahre Wunder! Zum Aufgeben ist es immer zu früh – geben Sie daher nie auf!

Die wichtigsten Erkenntnisse dieses Kapitels sollten Sie sich noch einmal sorgfältig einprägen.

- Machen Sie sich das Prinzip der Beharrlichkeit zu eigen, indem Sie sich an den Wahlspruch halten: »Es ist *immer* zu früh, um aufzugeben.«

- Es zahlt sich am Ende stets aus, wenn Sie trotz wiederholter Fehlschläge nicht aufgeben.
- Sie können Berge von Schwierigkeiten überwinden, indem Sie sich darüber ›hinwegdenken‹.
- Benutzen Sie bejahende, ermutigende Redewendungen im Sinne des ›guten Wortes‹.
- Wenn Ihnen eine Situation ausweglos erscheint, dann sollten Sie sich der Worte von Robert W. Service erinnern: »Doch das Leben zu leben heißt wagen.«
- Streben Sie nach Erkenntnis und Einsicht, um Ihr wahres Potential kennenzulernen.
- Haben Sie beim ersten Versuch keinen Erfolg, probieren Sie es ein zweites, ein drittes und ein viertes Mal.
- Lassen Sie sich nicht vom Lauf der Ereignisse entmutigen. Kraft Ihres Denkens und Handelns können *Sie* auf die Umstände einwirken.
- Vertrauen Sie Ihrer inneren Kraft, die von Ihrer Seele gespeist wird!

2

Probleme? Ziehen Sie Ihren Nutzen daraus!

»Jedes Problem enthält den Keim seiner Lösung«, sagte der große amerikanische Denker Stanley Arnold. Dieses Kapitel will Ihnen deshalb zeigen, wie Sie die Lösung eines Problems entdecken können, und es will Ihnen darüber hinaus Anleitungen geben, wie Sie Ihren Problemen und Schwierigkeiten erfolgreich begegnen.

Fast ausnahmslos sind wir davon überzeugt, daß ein Problem grundsätzlich etwas Schlechtes sei. Genau das Gegenteil trifft jedoch zu: Ein Problem kann – und gewöhnlich ist es das auch – an sich etwas Gutes sein. Betrachten wir es einmal so: All das, was uns das Universum bietet, ist zunächst einmal wertvoll. Diese Schätze nehmen wir an, wir verfügen über sie, stellen sie in unseren Dienst. Vieles aber, was wir uns zunutze gemacht haben, wirft Probleme auf – denken wir nur an die Umwelt, die, auf einen einfachen Nenner gebracht, doch deshalb so bedroht ist, weil wir mit den Gaben, die wir vorgefunden haben, falsch umgegangen sind. Und doch haben wir die Möglichkeit, unsere Umwelt zu retten, indem wir, unter Aufbietung all unseres Wissens und Könnens, zum innersten Kern des jeweiligen Problems vordringen. Denn etwas, das in der Sache gut ist, das bleibt auch in der Sache gut, selbst wenn dieses Gute durch äußere Einwirkungen im Augenblick nicht sichtbar ist.

Bejahen Sie Ihre Probleme!

Tagtäglich hören wir, wie schön das Leben doch sein könnte, wenn wir nur weniger oder, noch besser, überhaupt keine Probleme hätten! Aber ginge es uns wirklich besser, wenn es keine Schwierigkeiten gäbe? Können wir uns wirklich ein Leben ohne alle Probleme vorstellen? So etwas muß jedenfalls meinem alten Freund George vorgeschwebt haben...

Ich ging die Fifth Avenue in New York entlang, als ich ihn näher kommen sah. An seiner melancholischen, ja mißmutigen Miene war unschwer zu erkennen, daß er nicht gerade vor Lebensfreude sprühte. Besorgt erkundigte ich mich nach seinem Befinden, was sich in diesem Fall jedoch als großer Fehler erwies. George nahm mich allzu wörtlich und klärte mich lang und breit darüber auf, wie schlecht es ihm ginge. Je länger er redete, desto miserabler fühlte auch ich mich.

Als ich nach der Ursache seines Kummers fragte, holte er erst richtig aus: »Diese Probleme! Immerzu nichts als Hindernisse... Ich habe es satt. Ich will meine Ruhe vor diesen endlosen Problemen!« Er steigerte sich so sehr in sein Thema hinein, daß er ganz zu vergessen schien, mit wem er es zu tun hatte, denn seine Schimpfkanonade enthielt nicht wenige ›theologische‹ Ausdrücke, die er allerdings keineswegs in einem theologischen Sinne benutzte.

»Norman«, flehte er mich an, »schaff mir diese elenden Probleme vom Halse. Wenn du mir hilfst, verspreche ich dir tausend Dollar – bar auf die Hand!« Nun gehöre ich nicht etwa zu denen, die solchen Angeboten gegenüber taub sind. Ich nahm ihn vielmehr beim Wort und begann, ernsthaft nachzudenken. Nach reiflicher Überlegung gab ich ihm meine Antwort, die einzig realistische, die ich finden konnte. Mein Freund George jedoch muß anderer Meinung gewesen sein, denn die versprochenen tausend Dollar habe ich bis heute nicht erhalten.

»Ich würde dir gern helfen, George«, sagte ich, »aber laß mich zuvor eines klarstellen: Verstehe ich dich recht, daß du von all deinen Problemen befreit werden willst?«

»So ist es«, bestätigte er. »Ich will nichts mehr sehen und hören. Ich habe ein für allemal genug davon!«

»Ich sehe eine Lösung, doch ich bezweifle, daß sie dir annehmbar erscheint...«, fuhr ich fort. »Ich selber habe vor kurzem, sozusagen aus beruflichen Gründen, einen Ort aufgesucht, wo niemand der Anwesenden auch nur ein einziges Problem zu beklagen hatte.«

Georges Miene hellte sich auf, und interessiert fragte er: »Das wäre etwas für mich! Was ist das für ein Ort?«

Meine Antwort, die einzig denkbare, lautete: »Der Friedhof – der Ort der ewigen Ruhe.«

Das ist nämlich die unbestreitbare Wahrheit: Vor dem Friedhof macht das Leben mit all seinen Träumen und wechselhaften Launen halt. Die Toten ruhen in Frieden. Für sie haben alle Aufregungen und Ärgernisse des Lebens ein Ende gefunden. Aber – es betrifft die Toten. Für uns Lebende aber gelten andere Gesetze. Wenn wir diesen Gedanken zu Ende verfolgen, müssen wir zwangsläufig den logischen Schluß ziehen, daß Probleme geradezu ein Zeichen von Leben sind. Sie sind die gesunde Herausforderung, die das Leben an uns stellt, ja, wir sind um so lebendiger, je mehr wir uns mit Problemen konfrontiert sehen – und somit steht jemand, der vielen Schwierigkeiten begegnen muß, in diesem Sinne viel fester im Leben als jemand, der nur mit zwei oder drei Problemen ›gesegnet‹ ist. Wer daher der Meinung ist, überhaupt keine Probleme zu haben, sollte stutzig werden und sich fragen, ob ihn das Leben gar übergangen habe...

Machen Menschen wie George es sich nicht zu leicht, wenn sie bei jeder Schwierigkeit nach einer einfachen Lösung verlangen? Wenn sie jammern und in Klagen ausbrechen und mitleidheischend nach einer Autorität rufen, die für sie sorgen soll? Bedeutet nicht diese Einstellung, die genährt wird von dem Glauben, durch ein grausames Schicksal gestraft zu sein, eine gewisse Gedankenlosigkeit und Oberflächlichkeit? Dabei genügt nur ein Blick auf die Geschichte, um zu begreifen, daß die menschliche Entwicklung – sei es die des einzelnen Individuums oder die ganzer Völker und Nationen – sich stets an immer neuen Problemen und Aufgaben vollzieht.

Nicht nur die Großen der Geistesgeschichte, sondern jeder beliebige vernünftig denkende Mensch weiß, daß Probleme zur Natur des Universums gehören. Sie erkennen, daß es das Ziel der Schöpfung ist, leistungsfähige Menschen hervorzubringen, die die Fähigkeit besitzen, den Übeln der menschlichen Existenz erfolgreich zu begegnen. Es kann einfach nicht Sinn des Lebens sein, daß wir untätig oder gleichgültig die Hände in den Schoß legen, nein, es gilt vielmehr, das Leben in schöpferischer Weise in Angriff zu nehmen und seine Herausforderungen zu meistern. Der einzige Weg zur Entwicklung der eigenen Stärke führt jedoch über Schwierigkeiten und die konsequente Auseinandersetzung mit ihnen.

Durch erfolgreiche Überwindung von Not oder Elend erstarken wir geistig, erweitern wir unser Denkvermögen. Hierin liegt der erzieherische, der bildende Wert von Problemen. Sie fördern die menschliche Entwicklung, indem sie uns helfen, über uns selbst hinauszuwachsen und zu einem volleren, befriedigenderen Leben zu gelangen. Der Forscher und Erfinder Charles F. Kettering, den alle nur einfach den ›Boß‹ nannten, wies auf diese Zusammenhänge hin, als er an der Wand seines Forschungslabors bei *General Motors* ein Schild mit den folgenden Worten anbrachte: »Kommt nicht mit euren Erfolgen zu mir – sie schwächen mich. Kommt mit euren Problemen – sie stärken mich.«

Unsere Einstellung zu Problemen und Hindernissen spiegelt unsere geistig-seelische Verfassung wider. Besteht die gewohnheitsmäßige Reaktion in Jammern, Verbitterung oder Auflehnung gegen ein ›ungerechtes‹ Schicksal, in einer ›Warum-ausgerechnet-ich‹-Haltung, ist vielleicht Hilfe, zumindest aber ein Umdenken angeraten. Eine durch und durch positive Geisteshaltung, die das Leben bejaht und somit auch die Gesetze des Lebens anerkennt, liegt jedoch erst dann vor, wenn jedes auftauchende Problem als Teil der allgemeinen Lebensgesetze akzeptiert und ihm in dem vollen Vertrauen in die eigenen Kräfte entgegengetreten wird.

Der richtige Ansatz

Viele Jahre stand ich mit einer Klinik in Verbindung, in der in enger und fruchtbarer Zusammenarbeit von Psychologen, Psychiatern und Geistlichen verschiedener Glaubensrichtungen versucht wurde, rat- und behandlungssuchenden Menschen bei der Bewältigung ihrer Lebensprobleme zu helfen. Zusammen mit dem Psychiater Dr. med. Smiley Blanton (Mitautor des Buches *Aufforderung zum Glücklichsein* von Norman Vincent Peale und Smiley Blanton, Ariston Verlag, Genf 1984, 1987) war ich vor über fünfundzwanzig Jahren an der Gründung dieser Organisation beteiligt. Die Zusammenarbeit von Psychologen und Seelsorgern in der gemeinsamen Zielsetzung, bei menschlichen Nöten und Leiden Hilfestellung zu leisten, erwies sich als glückliche Kombination – nicht zuletzt auch deshalb, weil sie zu einer Annäherung dieser beiden Berufsstände sowie gleichzeitig zu einer gegenseitigen Anerkennung und Wertschätzung führte.

In dieser Klinik befaßten wir uns mit jedem erdenklichen menschlichen Problem. Die einen erbaten unsere Hilfe wegen ihrer Schuld- oder Haßgefühle, andere suchten Rat hinsichtlich ihrer Probleme mit Drogen oder Alkohol, wieder andere wurden mit den Schwierigkeiten in ihrer Ehe nicht mehr fertig. Worum es im Einzelfall auch ging – fast immer spielte das Problem der *Angst* eine Hauptrolle.

Eine kleine Betrachtung am Rande zeigt, wie in vielen Fällen die Sprache bestimmte psychologische Zusammenhänge bildlich erfaßt und ihnen in anschaulichen Worten Ausdruck verleiht. Das englische Wort für Angst oder Sorge, *worry*, hat seinen Ursprung in dem alten angelsächsischen Wort für ›strangulieren‹, ›erdrosseln‹; auch das deutsche ›würgen‹ entstammt derselben Wurzel. Wenn Sie sich nun vorstellen, Ihnen würde jemand mit beiden Händen den Hals zudrücken und Sie würgen, dann könnten Sie sich ganz drastisch vor Augen führen, wie es ist, wenn jemand auf lange Sicht von den Gefühlen der Angst und Sorge beherrscht wird.

Viele Menschen leiden an einer vagen, unbestimmten Form der Angst, die sich in dem Gefühl äußert, jeden Moment werde etwas Schreckliches geschehen. Dr. Blanton pflegte die Angst stets als ›die große Plage unserer Zeit‹ zu bezeichnen. Ihm zufolge sind hier in den meisten Fällen tiefsitzende innere Konflikte mit im Spiel, die oft mit Gefühlen von Unzulänglichkeit oder Wertlosigkeit einhergehen. Die Hilfesuchenden werden in der Regel von der Vorstellung gequält, sie seien außerstande, ganz normale Probleme des menschlichen Lebens zu bewältigen, und deshalb alltäglichen Anforderungen nicht gewachsen.

Während meiner langjährigen Arbeit sowohl in klinischen als auch in anderen Bereichen fand ich immer wieder bestätigt, daß für die erfolgreiche Überwindung von solchen und ähnlichen Problemen im wesentlichen drei Faktoren ausschlaggebend sind, und zwar: *Wissen, Denken* und *Glauben*.

Wenn jemand mit fundiertem Wissen die Wurzeln des Übels aufdecken kann, ist er der Lösung bereits einen großen Schritt nähergekommen. So ist es ihm möglich, nahezu jedem Problem mit Sachverstand, unterstützt durch seine

Erfahrung, entsprechend entgegenzutreten. Erfolgreich ist er jedoch erst dann, wenn er das jeweilige Problem gründlich analysiert und einer kritischen Prüfung unterzieht, da es sonst nicht mehr kontrollierbar ist. So ist es also die Intelligenz, die den einzelnen befähigt, stets zum Kern des jeweiligen Problems durchzudringen und nach sorgfältiger Überlegung eine Entscheidung zu treffen, die es ermöglicht, das Problem zu bewältigen. Während dieses Prozesses kristallisiert sich dann häufig heraus, daß ein Problem – wie komplex oder bedrohlich es zunächst auch erschien – bemerkenswerte Möglichkeiten zu einer schöpferischen Lösung in sich birgt.

Die schwache Stelle

In diesem Zusammenhang entsinne ich mich einer Unterhaltung mit dem Vorsitzenden einer großen amerikanischen Versicherungsgesellschaft, Mister W. Clement Stone. Anläßlich einiger Schwierigkeiten, die während eines gemeinsamen Projekts plötzlich auftauchten, wandte ich mich hilfesuchend an ihn. Auf meine telephonische Mitteilung, ich sei auf ein Problem gestoßen, antwortete er mit einem: »Herzlichen Glückwunsch!«

»Aber«, versuchte ich zu erklären, »es handelt sich allen Ernstes um eine äußerst gravierende Angelegenheit.«

Er blieb unbeeindruckt. »In dem Fall«, sagte er heiter, »doppelte Glückwünsche!« Dann fügte er hinzu: »Denken Sie daran, daß zu jedem Nachteil ein entsprechender Vorteil gehört!«

Er wollte nun von mir wissen, ob ich eine vollständige und gründliche Untersuchung der Angelegenheit vorgenommen hatte. War ich wissenschaftlich und streng sachlich vorgegangen? Hatte ich kompetenten Rat eingeholt? Kurz, hatte ich alles Wissenswerte über die Sache in Erfahrung gebracht? Oder hatte ich mich von der scheinbaren Bedrohlichkeit der Situation einschüchtern lassen? »Lassen Sie uns das Problem einmal gehörig auseinanderpflücken, um herauszufinden, wo es hapert«, schlug er vor; »dann werden wir die einzelnen Bestandteile auf neue, harmonische Weise wieder zusammenfügen.« Und richtig: Diese anfangs recht hoffnungslos erscheinende Angelegenheit verlief schließlich höchst erfreulich. Nach eingehender Prüfung des Problems eröffneten sich ungeahnte Möglichkeiten (Möglichkeiten, auf die wir sonst nie gestoßen wären), so daß das gesamte Projekt mit einem bedeutend besseren Ergebnis beendet werden konnte als vorgesehen.

Dieses Beispiel zeigt Ihnen den richtigen Weg: Wenden Sie zunächst das Ihnen zur Verfügung stehende Wissen an, damit Sie Ihr Problem erst einmal richtig kennenlernen! Dann werden Sie es höchstwahrscheinlich nicht als Ihren Feind, sondern wohl bald als Ihren Freund ansehen!

In jungen Jahren wurde mir dieses Prinzip der Wissensanwendung von meinem unvergessenen Freund Harlow B. Andrews aus Syracuse im State New York vor Augen geführt. Andrews, ein bewundernswert scharfsinniger und weltkluger Mensch, verfügte über eine Menschenkenntnis, die in ihrer intuitiven Tiefe einzigartig war. Als junger Bursche suchte ich häufig bei ihm Rat, denn ich wußte genau, daß ich mich mit allen Fragen und Lebensproblemen an ihn wenden konnte. Er hatte stets Antworten parat, die wirklich Antworten waren. Wenn auch seine formale Schulbildung begrenzt war, so hatte er dennoch alle Schulen des Lebens durchlaufen. Ein Universitätsprofessor beglückwünschte ihn einmal dazu, nie ein College besucht zu haben. »Ich fürchte«, bemerkte er lächelnd, »wir Akademiker hätten Ihre bewundernswerte natürliche Weisheit erstickt und Sie zu einem dieser mustergültigen Absolventen ›verformt‹.« War diese Bemerkung auch als Scherz gedacht, schien er sich doch der tieferen Bedeutung seiner Worte durchaus bewußt zu sein.

Eines Tages kam ich mit einem Problem zu Andrews, das mich bereits recht mutlos hatte werden lassen. Andrews hörte mir bei meinen Ausführungen sehr aufmerksam zu, während sein messerscharfer Verstand das ›Material‹ gleichzeitig zu sichten und zu durchforsten schien. Er begriff sofort, worum es ging. Fachmännisch begann er, mich mit Fragen anzuleiten. »Hast du alle dazugehörigen Faktoren gewissenhaft und ausführlich untersucht? Bist du genauestens im Bilde?« drang er forschend in mich. »Hast du alle Gesichtspunkte klar und übersichtlich geordnet? Dann wollen wir doch mal sehen«, fügte er hinzu, »ob wir der Sache nicht beikommen können.«

Nun erfolgte eine seltsame Prozedur, die seine Worte auf sehr eindrucksvolle und wirksame Weise bildlich veranschaulichte. Er ging um den Tisch herum, wobei er eine Handbewegung ausführte, als wollte er alle Bestandteile des Problems vor sich auf dem Tisch auftürmen. Dann begann er mit seinem langen, knöchrigen Zeigefinger in diesen ›Berg‹ hineinzustochern. Dazu sagte er: »Hör zu. Jedes Problem hat eine schwache Stelle. Alles, was du tun mußt, ist, nach diesem Punkt zu suchen, und zwar so lange, bis du ihn gefunden hast. Ich glaube, ich habe die schwache Stelle deines Problems bereits entdeckt.«

Alsdann ›gruben‹ sich seine Finger in das Problem; er ›bearbeitete‹ es von allen Seiten, bis er es ›geknackt‹ hatte, Teilstück für Teilstück bröckelte ab, bis sich schließlich die Bruchstücke zu einer neuen, geordneten, sinnvollen Struktur zusammenfügen ließen. »Sobald ein Problem auftaucht«, riet er mir, »mußt du deinen Kopf gebrauchen. Untersuche alle Teilstücke, bis du die schwache Stelle entdeckt hast und es knacken kannst. Der Rest wird sich dann wie von selbst ergeben.«

Wenn Sie zielstrebige, erfolgreiche Menschen aufmerksam beobachten, werden Sie feststellen, daß ihnen allen ein ähnliches Vorgehen in der Behandlung von Problemen gemeinsam ist. Menschen, deren Leistungen von Erfolg gekrönt sind, lassen sich nicht von Schwierigkeiten überrumpeln oder gar einschüchtern, sondern sie untersuchen statt dessen nüchtern und gelassen alle Aspekte der Situation. Sie bohren und prüfen und nehmen den einzelnen Tatbestand gründlich auseinander, bis sie alle Einzelheiten genauestens erfaßt haben. Daraus läßt sich folgern: Der Gebrauch unseres Verstandes führt zu neuen Einsichten, mit deren Hilfe sich jede Situation bewältigen läßt, wie undurchsichtig oder unüberwindlich sie zunächst auch scheinen mag.

Der gesunde Menschenverstand

Das zweite Prinzip ist das des Denkens, und zwar des einfachen, geradlinigen Denkens. Mit festem Willen, mit Ausdauer und Besonnenheit läßt sich in jeder Situation ein Weg ›erdenken‹. Unser Denken ist ein großartiges Werkzeug, das uns souveräne Herrschaft über noch so schwierige Situationen und widrige Umstände verleihen kann. Daher sollten Sie sich immer eines vor Augen führen: Es geht, wenn Sie denken, daß es geht – sofern Sie dabei unvoreingenommen und folgerichtig denken. *Du kannst, wenn du glaubst, du kannst!*

Thomas Alva Edison, der große amerikanische Erfinder, behauptete, unser Körper sei lediglich dazu da, unser Hirn durch die Welt zu tragen. Als wichtigstes Organ des Menschen befinde sich das Gehirn, in eine schützende Schädeldecke eingebettet, an der höchsten Stelle des Körpers.

Dahinter steht der Gedanke, daß alle Belange der menschlichen Existenz – unser tägliches Leben, unser Erfolg, unser Glück, unsere Zukunft – vom Kopf her und somit vom menschlichen Geist bestimmt werden. Geistige Prozesse, ob es sich um Wahrnehmungen, Gemütsbewegungen oder Erkenntnisfähigkeit handelt, sind im Bereich des Gehirns angesiedelt – und nicht in dem des Herzens, wie viele noch heute glauben. Das Gehirn ist der Bereich der Erinnerungsprozesse, des Orientierungsvermögens und nicht zuletzt der Ideen, der Träume und Wunschvorstellungen. Mit seiner Fähigkeit zum Denken, Weltbegreifen und zielgerichteten Handeln ist es zugleich der Träger des wahren Wesens des Menschen, des geistigen Menschen, und birgt somit auch den Teil des Menschen in sich, den wir gemeinhin als Gemüt oder Seele bezeichnen.

Trotz unserer analytischen Denkfähigkeit reagieren wir aber gewöhnlich erst einmal emotional auf plötzlich auftauchende Probleme. Werden nämlich die geistigen Prozesse keiner vernunftbestimmten Regulierung unterworfen, senden sie bei Reizung Impulse an die Nervenzentren aus, die sich dann in gefühlsmäßigen Reaktionen bis zu Krankheit oder Panik steigern können. Dann werden wir nervös, der Magen verkrampft sich, wir wachen mitten in der Nacht schweißüberströmt auf, der Mund wird trocken, das Herz flattert. »Warum ausgerechnet ich?« möchten wir uns beklagen, und wir fragen uns in Selbstmitleid: Wie soll es weitergehen? An wen soll ich mich wenden? Wer hilft mir?

Natürlich sollen wir uns an unseren gesunden Menschenverstand wenden und uns auf die Kraft unseres Denkens besinnen. Alle Antworten sind im menschlichen Geist vorhanden, jedoch bleibt uns der Zugang zu ihnen verwehrt, wenn wir uns aufregen oder in Panik geraten. Unser geistiges Element kann nicht auf produktive Weise in Aktion treten, solange wir erhitzt und innerlich aufgewühlt sind. Wollen wir faktische und rationale Lösungen hervorbringen, bedarf es eines kühlen Kopfes und völliger Gelassenheit.

In den Tiefen unseres Unterbewußtseins finden immerfort Prozesse des Problemlösens statt. Antworten auf drängende Fragen oder neue Ideen versuchen ständig, in unser bewußtes Denken zu gelangen. Doch panische Reaktionen oder Hysterie, ja selbst weniger heftige Gefühlsäußerungen wühlen unsere Gedanken auf und bringen sie in einen Zustand der Unruhe. Sie verhindern, daß Einsichten, die uns zu Hilfe kommen wollen, aus den tieferen Schichten des Bewußtseins emporsteigen.

Wir müssen daher zunächst einmal zur Ruhe kommen und uns völlig entspannen. Das wiederum erfordert ein gewisses Maß an Disziplin, denn erst mit Disziplin können wir unsere Gedanken ordnen und besonnen reagieren. Es lohnt sich also stets, eine ausgeglichene Haltung zu erlangen und sie zu bewahren.

Bleiben Sie ruhig!

Nicht selten wissen heutzutage viele Erwachsene mit der Jugendsprache wenig anzufangen. Sie übernehmen einfach nicht das Wort ›Mafiatorte‹ für ihre heißgeliebte Pizza, sprechen allenfalls von der ›Glotze‹, wohl kaum jedoch von der ›Idiotenlaterne‹, wie viele Jugendliche den Fernseher bezeichnen. Eine Wendung jedoch sollte in unser aller Sprachgebrauch Einzug halten, so trefflich weist sie auf eine tiefe Wahrheit hin. Es handelt sich um das englische Wort *cool*; in dem Ausdruck ›cool sein‹ schwingt in erster Linie die Bedeutung von Gelassenheit mit.

Die Aufforderung, cool zu sein, kann weit mehr sein als eine leicht dahergesagte Phrase, wenn wir sie in ihrem tieferen Sinn beherzigen. Wenn wir cool, also kühl und gelassen, an ein Problem herangehen, beginnt unser Verstand ungehindert zu arbeiten – und oft stellen wir dann fest: Es ist das Problem, das neue Ideen an die Oberfläche spült.

Zum kühlen, rationalen Nachdenken ist eines besonders hilfreich: Die Unterstützung durch das Gebet. Wie die Gelassenheit zum bestmöglichen Funktionieren unseres Denkens beiträgt, so setzt das Gebet zusätzlich geistige Kräfte frei. Denn was ist das Gebet anderes als eine Form der konzentrierten Gedankenaussendung, die eine Verbindung zur göttlichen Kraft herstellt, was anderes als eine spirituelle ›Kommunikationsleitung‹ zwischen unserem und dem göttlichen Geist, die Erkenntnisse, Intuitionen, Eingebungen weiterleitet.

Eines ist gewiß: Erst durch das Gebet haben wir teil am Universum, erst im Gebet schöpfen wir aus dem unendlichen Meer göttlicher Weisheit!

Was brauchen wir anderes als die Gewißheit, daß wir es können, wenn wir daran glauben, es zu können? Wir können uns darauf verlassen, daß alle Gedanken, die uns helfen und anleiten können, bereits in irgendeiner Form, sei es in unserem Inneren, sei es irgendwo außerhalb von uns, existieren und darüber hinaus auch zugänglich sind: Wir sind imstande, die Kanäle der Kommunikation, durch die uns Ideen zufließen können, mit Hilfe der geschilderten Maßnahmen zu öffnen.

Einer derjenigen, die in die jüngeren Geschichte der Vereinigten Staaten von Amerika ihren Platz haben, ist Henry Ford. Sein Biograph Garet Garett, der ihn als nüchternen Denker charakterisiert, schildert folgende Begebenheit...

»Ich fragte Henry Ford einmal, wo unsere Ideen und Gedanken seiner Ansicht nach herstammen. Er nahm eine vor ihm auf dem Tisch stehende Untertasse, drehte sie um und klopfte mit den Fingern leicht auf den nach oben gewölbten Boden. ›Sie wissen‹, sagte er, ›daß ein atmosphärischer Druck von etwa siebenhundertsechzig Torr auf diesen Gegenstand einwirkt, obwohl Sie ihn weder sehen noch spüren können. Sie haben einfach das Wissen, daß es so ist. Ähnlich ist es mit Gedanken. Die Luft ist erfüllt davon. Gedanken stoßen an Ihren Kopf und wollen in Sie eindringen. Sie müssen sie nur hereinlassen. Ich selbst gehe folgendermaßen vor: Sobald ich weiß, was ich will oder wonach ich suche, vergesse ich es sofort wieder und gehe meinen Geschäften nach. Dann, irgendwann, ganz unvermittelt, wird ein Gedanke versuchen, zu mir durchzudringen. Vorhanden aber war er die ganze Zeit.‹

Eines Tages erlebte ich, wie sein Konzept in der Praxis funktionierte. Während einer angeregten Unterhaltung zwischen Henry Ford, William J. Cameron, dem Leiter der Rundfunkabteilung der Firma, und mir wurde Fords hagere Gestalt plötzlich starr. Sein bisher äußerst lebhaftes Gesicht nahm einen schlafwandlerisch abwesenden Ausdruck an. Ford murmelte vor sich hin, ohne jemanden direkt anzusprechen: ›Aha. Diese Sache habe ich also noch gar nicht bedacht.‹ Ohne ein Wort der Erklärung erhob er sich und entfernte sich schnellen Schrittes.

Ein Gedanke war dabei, zu ihm durchzudringen, und Ford nutzte die Gelegenheit auf seine Art. Cameron, der ihn scheinbar recht gut kannte, kommentierte den Vorfall gelassen: ›So geht es oft mit ihm. Vielleicht wird er eine ganze Woche lang nicht wieder auftauchen.‹«

Nüchternes und sachliches Nachdenken führt zum Erfolg

Wie kühles, rationales Denken zu erfolgreichen Lösungen führt, zeigt eine Begebenheit aus dem Leben eines Oberschülers. Freddie, so hieß der begabte Junge, war damals gerade sechzehn Jahre alt. Als die großen Schulferien näherrückten, meinte er zu seinem Vater: »Daddy, diesmal will ich euch nicht mehr den ganzen Sommer über auf der Tasche liegen. Ich möchte in den Ferien arbeiten und Geld verdienen.«

Nachdem der Vater sich von seiner ersten Überraschung erholt hatte, willigte er ein. »Also gut, Freddie, ich werde versuchen, dir eine Stelle zu besorgen, aber einfach wird es sicher nicht. Du weißt, daß Stellenangebote zur Zeit ziemlich dünn gesät sind.«

»Du verstehst mich falsch, Daddy«, entgegnete Freddie. »Ich will nicht, daß du mir einen Job besorgst. Ich suche mir die Arbeit selbst. Auch wenn die Stellen dünn gesät sind – warum bist du in dieser Hinsicht so pessimistisch? Ich werde schon etwas finden. – Weißt du, Daddy, es gibt nämlich Menschen, die stets ihre Ziele erreichen.«

»Und wodurch zeichnen sich diese Menschen aus?« fragte der Vater zweifelnd.

»Nun, es sind Menschen, die nüchtern und sachlich nachdenken können«, lautete die erstaunlich reife Antwort des Sechzehnjährigen.

Freddie studierte die Stellenangebote in der Zeitung und fand schließlich etwas, das ihm zusagte. Die Bewerber waren gebeten, sich um acht Uhr am folgenden Morgen an der angegebenen Adresse einzufinden. Freddie war bereits eine Viertelstunde vor der Zeit dort, doch nur um festzustellen, daß zwanzig andere Jungen denselben Gedanken gehabt hatten.

Wie sollte er es anstellen, daß gerade er die Stelle erhielt? Wie konnte er, der einundzwanzigste Junge in der Reihe, die nötige Aufmerksamkeit auf sich lenken? Ohne auch nur für einen Moment angesichts der großen Konkurrenz die Hoffnung zu verlieren, begann Freddie angestrengt nachzudenken. Es war nicht einfach, doch schließlich stellte sich eine Idee ein (wie es stets geschieht, wenn jemand wirklich konzentriert und ausdauernd nachdenkt): Er nahm ein Stück Papier, schrieb einige Zeilen darauf, faltete dann das Blatt zusammen, trat vor zur Sekretärin, verbeugte sich höflich und sagte: »Bitte, Fräulein, es ist sehr wichtig, daß Ihr Chef diese Nachricht sofort erhält.«

Die Sekretärin war erfahren genug, sein Manöver zu durchschauen. Doch statt ihn einfach mit den Worten »Schlag dir das aus dem Kopf und stell dich wieder hinten in der Reihe an« abzukanzeln, zögerte sie. Sie spürte wohl, jemanden vor sich zu haben, der sich von den anderen abhob und der durchaus ernst zu nehmen war. Also schaute sie sich kurz an, was er geschrieben hatte, und überbrachte schließlich die Notiz ihrem Chef. Auf dem Zettel standen die Worte: »Sehr geehrter Herr, ich bin der einundzwanzigste Junge in der Reihe. Bitte unternehmen Sie nichts, bevor Sie mit mir gesprochen haben.«

Die Frage erübrigt sich, wer die Arbeit erhielt. Auch die Auskunft über Freddies weiteren Werdegang kann nur eine positive sein. Wer in jungen Jahren seine Fähigkeit zu richtigem Denken schon so eindrucksvoll unter Beweis stellt, der wird in vielen Lebenslagen zurechtkommen, hat er doch gezeigt, wie er zu sachlichem, ruhigem Problemlösen in der Lage ist.

Die angeführten Beispiele zeigen, wie es durch die *Kraft des positiven Denkens* möglich ist, *Probleme in Erfolge umzuwandeln*. Trotzdem mag der eine oder andere der Überzeugung sein, daß es unlösbare, ausweglose Situationen gibt, die eben nicht zu meistern sind, wie sehr wir uns auch anstrengen und alle erdenklichen Kräfte aufbieten. Das ist gewiß richtig. Ich selbst habe in all den Jahren mit Menschen in den verschiedensten Lebenslagen zu tun gehabt und habe lernen müssen, daß es auch dunkle, schmerzvolle, entmutigende Probleme und leidvolle Schicksale gibt. Es gibt immer auch Unvermeidliches im Leben, wofür scheinbar keine Alternativen bestehen, und es gibt so manches Leid, das wir ertragen lernen und mit dem wir leben müssen.

Sigmund Freud sagte einmal: »Die Hauptaufgabe des Menschen besteht darin, das Leben zu ertragen.« Dies ist eine wahrhaft heroische Einstellung, die hier zum Ausdruck kommt. Dies ist jedoch auch eine Einstellung, die das passive Ertragen, ja das Erleiden unerträglicher Situationen geradezu idealisiert. Ein recht trüber Ausblick, oder nicht? Die Hauptaufgabe des Menschen sollte vielmehr darin bestehen, das Leben zu meistern. Bei allen Schwierigkeiten und bei allem Schmerz werden uns positives Denken, intensives

Gebet, durch das wir teilhaben an der unendlichen göttlichen Weisheit, und der daraus resultierende Glaube an unsere innere Kraft die Hilfe und die Unterstützung bringen, die wir benötigen, um allen Widrigkeiten erfolgreich zu begegnen. Dessen können wir sicher sein.

Eine Idee erregt weltweite Beachtung

Wer positives Denken anwendet, der verläßt sich darauf, daß es stets einen Ausweg gibt, der weiß, daß es gilt, in fester Entschlossenheit danach zu suchen. Damit spreche ich den dritten Faktor an, den Glauben. Wie der Glaube mit den bereits genannten beiden Faktoren, dem Wissen und dem Denken, zusammenwirkt, veranschaulicht das Beispiel des Ehepaares Hustead…

Der Apotheker Ted Hustead und seine Frau Dorothy, eine ehemalige Lehrerin, erwarben im Dezember des Jahres 1931 eine kleine Apotheke in der Ortschaft Wall in Süddakota. Wall zählte damals knapp dreihundert Einwohner. Dennoch entschieden sie sich für diesen Ort, weil es dort sowohl eine Schule als auch eine Kirche gab. Zudem konnte Wall voller Stolz auf einen eigenen Arzt verweisen, was für einen Apotheker gewiß nicht ohne Bedeutung war. Ansonsten bot das winzige Nest keinerlei Anziehungspunkte. Wall galt als der geographische Mittelpunkt eines Niemandslandes, und kaum jemand verirrte sich in jene Gegend. Diese Region, in der überwiegend Landwirtschaft betrieben wurde, war von mehreren Naturkatastrophen besonders hart getroffen worden: Dürren, Heuschreckenplagen, Mißernten und ähnliches mehr. Hinzu kam die allgemeine Verschlechterung durch die damalige erste große Weltwirtschaftskrise, so daß das Jahr 1932 für eine Geschäftsgründung alles andere als günstig war (selten findet jedoch derjenige, der handeln will, optimale Rahmenbedingungen vor).

In jenem Sommer bedeckten zentimeterhohe Staubschichten den ausgedörrten Boden. Wenn die Winde von den Badlands herüberfegten, wirbelten sie den Staub auf und verfinsterten den Himmel. Die wenigen Fremden, die durch diese Gegend reisten, litten unter der sengenden Hitze. Der Staub dörrte ihnen die Kehle aus, doch niemand besuchte die neu eingerichtete Apotheke.

Dorothy und Ted blieb viel Zeit, über ihre Situation nachzudenken und sich intensiv mit ihr auseinanderzusetzen. Die Kernfrage war, wie sie die matten und mißmutigen Durchreisenden zum Verlassen der Hauptstraße und zu einem Besuch in Wall bewegen konnten. Tag und Nacht suchten sie den richtigen Weg, suchten auch Hilfe im Gebet, in dem festen Glauben, daß es diesen Weg gab.

Die Idee, die ihnen schließlich weiterhalf, bahnte sich in Form einer Frage an: Was würden sich diese müden, staubigen und verschwitzten Reisenden wohl am sehnlichsten wünschen? Die Antwort darauf fiel nicht schwer, und der Wunsch sollte in der Apotheke von Wall erfüllt werden, und zwar kostenlos.

Die Anzeigetafeln, mit denen sie am Ortsrand warben, brachten den Stein ins Rollen. Bald fanden sich die ersten potentiellen Kunden in ihrem Laden ein. Dadurch ermutigt, stellten sie weitere Schilder auf. Noch vor Ende des Sommers war die Durchgangsstraße über eine Strecke von fünfzehn bis zwanzig Meilen mit Schildern gesäumt, die verkündeten: »Kostenloses Eiswasser! Erhältlich in der Apotheke von Wall, Süddakota.«

Zwar pflegten Drogisten und Apotheker von jeher kostenlos eisgekühltes Wasser anzubieten, aber Ted und Dorothy waren die ersten, die so verlockend damit warben. Der Erfolg gab ihnen recht: Ihr Umsatz stieg von Tag zu Tag, und die kleine Apotheke gelangte schließlich zu Weltruhm. Ihrem eigenen Unternehmungsgeist wie auch der begeisterten Unterstützung von Freunden und Fremden gleichermaßen war es zu verdanken, daß diese Werbetafeln bald das ganze Land überzogen. So unglaublich es klingt, die Schilder gelangten bis in die entlegensten Winkel der Welt. An den Wänden der kleinen Apotheke waren unzählige Photographien zu sehen, die die Tafeln an so ausgefallenen Orten wie der Cheops-Pyramide zeigten. Auf einem Photo, vor dem Tadsch Mahal nahe der indischen Stadt Agra aufgenommen, war ein Schild mit einem richtungweisenden Pfeil zu sehen. Der Text darunter verkündete: »10728 Meilen bis zur Hustead-Apotheke, Wall, Süddakota.«

Diesen phänomenalen Erfolg erzielten zwei Menschen, die in ihrer Notlage nicht emotional reagierten und sich nicht entmutigen ließen, sondern die sich statt dessen auf ihr Denkvermögen stützten und die Antwort im Gebet und im Glauben suchten.

Wenn Sie darauf vertrauen, daß jedes Problem auch eine Lösung hat, dann werden sich die richtigen Antworten auch zwangsläufig einstellen und Sie zu einem erfolgreichen Umgang mit Ihren Problemen anleiten. Ebenso wie Gedanken des Zweifels und des Mißtrauens dem Erfolg im Wege stehen, helfen positive Gedanken, den Weg zum Erfolg zu ebnen.

Vertrauen als wirksames Rezept

In Hongkong lernte ich vor Jahren einen wohlhabenden chinesischen Geschäftsmann kennen. Chan, so sein Name, gehörte zu denen, die ganz unten anfangen mußten. Zwanzig Jahre zuvor war er mit seiner Frau und zwei kleinen Kindern von der Volksrepublik China nach Hongkong geflohen. »Unsere Füße wählten die Freiheit«, sagte er mir während eines Gesprächs.

Er gehörte zu dem Millionen zählenden Flüchtlingsheer, das seit Beginn unseres Jahrhunderts die britische Kronkolonie überschwemmte. Allein die Nahrungsbeschaffung für diese Menschenmassen, von angemessenem Wohnraum ganz zu schweigen, stellte eine ungeheure Belastung für die Stadt dar. Wer das Hongkong der fünfziger Jahre kennt, der wird die äußerst harten Lebensbedingungen der Flüchtlinge wohl kaum vergessen: Alles, von Verpackungskisten angefangen über Wellblechstücke bis hin zu Pappkartons, wurde notdürftig zusammengeschustert, um sich vor Wind und Wetter zu schützen. Der seit 1954 von der Regierung forcierte Wohnungsbau führte schließlich zur allmählichen Reduzierung der Elendsquartiere, und nur die zahlreichen Hausboote, auf denen heute noch etwa achtzigtausend Menschen leben, erinnern an eine Wohnungsnot, die in den fünfziger Jahren zu einem nahezu unkontrollierbaren sozialen Unruheherd geführt hatte. Heute sucht der Besucher der britischen Kronkolonie dort vergebens nach Elendsquartieren.

Chan saß Abend für Abend niedergeschlagen vor seiner armseligen Hütte, nachdem er tagsüber vergebens nach Arbeit gesucht hatte. Die lebensnotwendigen Mahlzeiten erhielt seine Familie von der Armenküche. Chan fragte sich, was das Leben seiner Frau, seinen Kindern und nicht zuletzt ihm selbst zu bieten habe. Was für eine Zukunft erwartete sie? Wer verhalf ihm zu einer Arbeit? Wie waren diese tristen Verhältnisse zu ändern? Diese Fragen lasteten schwer und drückend auf ihm.

Auf ihrer Flucht aus der Volksrepublik China konnte die Familie nur das Allernotwendigste mitnehmen; man mußte sich auf das beschränken, was man am Leibe mit sich führen konnte. Unter den wenigen Habseligkeiten des bescheidenen Gepäcks befand sich lediglich ein Buch, und zwar eine kleine Ausgabe des *Neuen Testaments*. In der schweren Zeit las Chan tagtäglich in dem Buch der Bücher. Eines Tages stieß er in den *Briefen des Paulus* (Philipper 4,13) auf eine Stelle, die ihn in ihren Bann zog: »Alles vermag ich durch ihn, der mir Kraft gibt.« Diese Worte elektrisierten ihn.

›Alles zu vermögen‹ – das klang in seinen Ohren unvorstellbar, und dennoch begann er in diesem Moment daran zu glauben. Er spürte ein nie gekanntes Wissen in sich aufsteigen. Allerdings sah er auch die vielen Probleme in ihrem ganzen erdrückenden Ausmaß vor sich. Wie konnte er einen Anfang finden? Womit sollte er sein Brot verdienen? Was konnte er unternehmen?

Chan drang in sein Innerstes, dachte nach, lernte und glaubte. »Ich fand meine Formel«, berichtete er, »ein Rezept, das mir zu einem ersten bescheidenen Erfolg und zu etwas mehr Eigenständigkeit verhalf. Ich brauchte nur fest darauf zu bauen, das zu schaffen, was ich mir vorstellte. Laut sagte ich mir immer wieder die Worte: ›Warum auch nicht?‹ vor, obwohl sie mir damals sehr kühn und verwegen erschienen. Meine weitere Suche nach Arbeit war von der festen Überzeugung geprägt, etwas zu finden. Ich fühlte die Kraft in mir, weiterzumachen, weiterzudenken, weiterzusuchen.

Meine erste vorübergehende Arbeit verrichtete ich so, als sei sie die wichtigste Aufgabe auf der Welt. Weitere hoffnungsvolle Worte (›Ich kann und werde!‹) halfen mir ebenfalls. Schließlich wurde diese Formel, die mein Leben völlig umgestaltet hat und anderen Menschen ebenso helfen kann, noch ergänzt von dem Zusatz: ›Ich habe es erreicht!‹«

Wie die angeführten Beispiele immer wieder zeigen, können wir unsere Probleme nicht nur bewältigen, sondern auch Nutzen aus ihnen ziehen.

- Ein Problem ist an sich nichts Schlechtes, wie gemeinhin angenommen wird, sondern es hat durchaus auch etwas Gutes.
- Probleme sind ein Zeichen von Leben. Gehen Sie daher mit Mut und Energie an ihre Probleme heran.

- Sammeln Sie über jedes anstehende Problem soviel an sachlichen Informationen wie irgend möglich. Sachkenntnis ist ein wichtiger Schlüssel zu einer erfolgversprechenden Lösung.
- Behalten Sie die Nerven, wenn Sie sich mit einem schwierigen Problem konfrontiert sehen. Bleiben Sie ›cool‹, damit Geist und Verstand in Ruhe und Gelassenheit funktionieren können.
- Denken Sie immer daran: Die Idee zur Lösung ist bereits in Ihnen angelegt!
- Festes Vertrauen kann erstaunliche Dinge geschehen lassen. Wenn Sie daran glauben, die Antwort wird sich einstellen, so wird sie sich auch einstellen.

3

Aus dem Streß zu dauerhafter Entspannung

Streß – das Wort ist in aller Munde, scheint es doch heutzutage die Verfassung so vieler Menschen treffend zu charakterisieren. Vermutlich gab es noch nie eine Zeit, die streßgeplagter war als unsere heutige, und es erscheint deshalb keineswegs abwegig, uns als die ›Streßgeneration‹ zu bezeichnen.

Einer meiner Freunde, ein Angestellter einer Börsenhandelsfirma auf der Wallstreet, zeigte mir unlängst einige Zeilen aus einem Gedicht von Virginia Brasier mit dem Titel *Zeitalter des verrückten Atoms*, in denen die zermürbende Hektik unserer Zeit zum Ausdruck gebracht wird:

Zeitungsseiten – halb gelesen.
Essen verschlungen, vom Tisch aufgesprungen.
Taghelle Nacht, Nervenfetzen in Lichterpracht.
Das Flugzeug bekommen – Zwischenlandung genommen.
Ein dröhnender Kopf, ein zerberstendes Herz.
Schlafverzicht, bis die Feder bricht.
Aus der Traum und das Leben vergeben.

Sind diese Verse nicht eine kennzeichnende Beschreibung unserer Zeit? Beherrschen nicht, auch wenn es vielleicht nicht ganz so schlimm um uns steht, Streß und Hektik weitgehend unser Leben? Wenn dem so ist: Was unternehmen wir dagegen? Viele unter uns greifen immer häufiger zu Tabletten. Vor kurzem las ich, daß in den Vereinigten Staaten von Amerika jährlich ungefähr acht Milliarden Amphetaminerzeugnisse auf den Markt kommen. Es gibt Pillen für und gegen alles: Wachmacher, Schlankmacher, Aufputschmittel und nicht zuletzt all die vielen Schlaf- und Beruhigungsmittel.

Früher wurde einfach Aspirin genommen. Die heutigen Mittel aber sind wesentlich stärker und führen häufig zur Abhängigkeit. Solche Medikamente dienen als Krücken, mit deren Hilfe wir vor der Auseinandersetzung mit einem Problem fliehen oder den Kampf zu seiner Überwindung meiden. Die Pillen helfen, eine Weile alles zu vergessen. Viele Menschen greifen deshalb zu allen möglichen Mitteln – in der Hoffnung, auf diese Art ihre Probleme auflösen zu können, anstatt sich nüchtern und mit klarem Kopf den Erfordernissen zu stellen und schöpferisch eine geeignete Lösung zu suchen.

Die Ursachen unserer Überbelastung

Die Tatsache, daß das aus dem Englischen kommende Wort ›Streß‹ in seiner heutigen umfassenden Bedeutung eine Neuschöpfung unserer Zeit ist, läßt darauf schließen, daß auch das Leiden selbst recht jungen Ursprungs ist. Die verhängnisvolle Entwicklung nahm vor vier oder fünf Jahrzehnten ihren Anfang. Zu dieser Zeit, in der Mitte der dreißiger Jahre, begründete ja auch der in Montreal lebende bedeutende Arzt und Forscher Hans Selye aufgrund seiner endokrinologischen Untersuchungen die wissenschaftliche Lehre vom Streß.

Wir Amerikaner galten zwar schon immer als rastloser und aggressiver Menschenschlag, doch waren es sicher gerade auch diese Eigenschaften, die überragende Leistungen auf allen Gebieten begünstigten. Die souveräne Beherrschung unserer vitalen Kraft ist uns erst in jüngster Vergangenheit verlorengegangen. Hand in Hand damit ging die Zunahme der körperlichen und seelischen Belastung – eben des Stresses – bis zum heutigen Ausmaß, das für den Menschen so schädigend ist.

Was nun führte aber zu der eklatanten Überbelastung vor allem unserer Nerven und Gefühle? Gleich sind wir mit den Gründen bei der Hand; zu ihnen zählen der Erste und der Zweite Weltkrieg, die Kriegsereignisse im Nahen Osten und die weltweiten Unruhen; hinzu kommen die Weltwirtschaftskrisen der dreißiger und siebziger sowie achtziger Jahre, die Bedrohung durch steigende Arbeitslosenzahlen, Verunsicherungen durch den Siegeszug des Computers, weltweit um sich greifende Umwälzungen der gesellschaftlichen Verhältnisse, die stetige Abnahme religiöser Hinwendung des Menschen und – so banal es auch klingen mag – die ungeheure Zunahme des Lärms, eines uns ständig und überall umgebenden Lärms.

Es ist heute geradezu unmöglich, sich dem Einfluß dröhnender Motorengeräusche, eingeschalteter Fernsehgeräte oder plärrender Radios zu entziehen. Gerade der hohe Lärmpegel trägt maßgeblich zum Ansteigen von Spannungen und Streß bei – schließlich gilt die Lärmbelästigung heutzutage als Faktor der Umweltverschmutzung. Zum reinen Ärgernis tritt nachweislich eine gesundheitsschädigende Wirkung hinzu. In der Zeitschrift *US News & World Report* erschien ein Interview mit dem Vorsitzenden des amerikanischen Regierungsausschusses für Fragen der Umwelt- und Lebensqualität, in dem darauf hingewiesen wurde, daß eine langanhaltende Einwirkung von Lärm ernste Streßsymptome verursachen kann. Medizinische Fachleute sehen als bewiesen an, daß Lärm Nervenleiden oder sogar chronische Krankheiten wie Bluthochdruck oder Magengeschwüre hervorrufen kann. Es sind daher Bestrebungen im Gange, durch eine neue Gesetzgebung dem ständig größer werdenden Lärmproblem Einhalt zu gebieten.

Bei dem heute uns umgebenden Lärm kommt erschwerend hinzu, daß es sich fast ausnahmslos um aufreizende, schrille, rasselnde und durch Maschinen verursachte Geräusche handelt. In diesem Zusammenhang erinnere ich mich an den Bericht einer jungen Frau, der eines Tages plötzlich bewußt wurde, daß jeder Apparat und jede Maschine in ihrem Haushalt auf vollen Touren liefen. Mit einem Schlag spürte sie die entsetzliche Dissonanz des Lärmkonzerts, das von allen Seiten auf sie eindrang: Die Spülmaschine gab zischende Geräusche von sich, die Waschmaschine gurgelte, das Küchenradio plärrte; aus dem Fernseher hallte der Kugelhagel einer Wildwestszene durch das Wohnzimmer, und das ganze Getöse wurde noch übertönt von dem Gebrüll ihrer drei Buben; in diesem Augenblick klingelte die Türglocke, der Hund mischte sich kläffend ein, ein Motorrad röhrte vorbei, und der Rasenmäher ›von nebenan‹ ließ sein stotterndes Geknatter vernehmen.

Seit der Lärm zu einem nicht mehr wegzudenkenden Faktor in unserem Leben geworden ist, hat sich das von ihm verursachte Unbehagen tief in unserem Unterbewußtsein eingeprägt und wirkt dort als Ursache gefühlsmäßiger wie auch körperlicher Störungen fort.

Ein glückliches Volk

Es sind wohl keinerlei Überredungskünste notwendig, zu der Einsicht zu gelangen, daß unserer nervlichen Belastung eine Bedeutung zukommt, mit der wir uns ernsthaft auseinandersetzen sollten, wenn wir nicht zu guter Letzt die Nerven verlieren oder einen Zusammenbruch erleiden wollen. Wie können wir Nervosität aus unserem Leben verbannen?

Wie können wir den Streß wirksam beherrschen lernen? Wie können wir uns vor der Überbelastung schützen? Diese Fragen sollen uns hier beschäftigen, wobei die Betonung auf dem ›Wie‹ liegt, denn wir wollen davon ausgehen, daß wir es können, wenn wir glauben, es zu können.

Natürlich könnten wir beispielsweise auf Bali, diesem herrlichen Eiland des indonesischen Archipels, Zuflucht suchen. Ich erwähne Bali in diesem Zusammenhang, weil ich diese Insel vor nicht allzu langer Zeit besuchte und zutiefst beeindruckt war. Bali ist auf unserem rast- und ruhelosen Planeten der friedlichste und entspannteste Ort, den ich kenne. Welch ein herrliches Land! Sanfte weiße Sandstrände mit sich wiegenden Palmen säumen korallenumkränzte Lagunen, während das leicht anschwellende Meer zu einer Harmonie beiträgt, die in den hektischen Industriestaaten nicht zu finden ist. In diesem Frieden muß jegliche Nervosität einfach dahinschwinden.

Eines Tages – eines glücklichen Tages, so lautet mein Vorsatz – werde ich einmal ein halbes Jahr lang auf Bali ausspannen. Selbst wenn das Leben auch dort die alltäglichen Probleme kennt, so steht Bali für mich immer noch an erster Stelle aller zufriedenen Gegenden, die es auf dieser Erde noch gibt. Die Bevölkerung der Insel macht durchweg einen glücklichen und sorglosen Eindruck. Bei meiner Suche nach den Ursachen hierfür erhielt ich im wesentlichen stets die gleichen fünf Antworten: »Wir besitzen nichts«, »Wir führen ein einfaches Leben«, »Unsere Mitmenschen sind unsere Freunde«, »Wir haben genug zu essen«, »Wir leben auf einer wunderschönen Insel«.

Sehr wichtig im Leben der Bevölkerung sind die folkloristischen Tanzveranstaltungen, an denen sich mehr oder weniger alle Dorfbewohner aktiv beteiligen. Die Tänze werden meist im Innengelände der Tempel aufgeführt. Gegen neun Uhr abends ist bereits alles vorüber, und kurze Zeit später hüllt sich die Insel in Schlummer, während das zeitlose Meer mit seinen Wellen sanft gegen das Korallenschiff brandet und der Mond die Nacht mit seinem silbrigen Schein erfüllt.

Bali ist einer der wenigen Orte, wo der Fluch unserer Zivilisation noch nicht so deutliche Spuren hinterlassen hat. Zwar befindet sich ein Luxushotel auf der Insel, aber Bali ist bei weitem noch kein Miami Beach. Die Insel mutet an wie ein Stück Himmel auf Erden, ein Paradies, in dem von der Hektik unserer Industrie- und Leistungsgesellschaft noch keine Rede sein kann.

Natürlich ist es Ihnen und mir nicht vergönnt, nach Bali zu übersiedeln. Wir stehen hier, in der uns umgebenden Umwelt, vor der Aufgabe, Mittel und Wege zu einem weniger hektischen und aufreibenden Leben zu finden. Der erste Schritt in diese Richtung ist allerdings schon getan, sobald wir an die Möglichkeit eines Lebens in mehr Ruhe glauben können.

Ein Vorschlag wäre, all den Krach und Tumult hinzunehmen und sich damit abzufinden, hiermit leben zu müssen. Andere haben dies schließlich geschafft, warum also sollten das nicht auch Sie oder ich erreichen? Bei näherem Hinsehen erweist sich ein solcher Vorschlag jedoch als unzulänglich, da er am Kern des Problems vorbeigeht. Das beweist die nachfolgende Erfahrung, die ich mit einem Mann machte, der in der Einflugschneise des Kennedy-Airports wohnte und mir sein Leid klagte...

»Ich habe bereits alle möglichen Entspannungstechniken ausprobiert, um diesen unerträglichen Lärm nicht mehr wahrzunehmen, doch immer wenn ich gerade einschlafen will, donnert todsicher so ein Düsenjet geradewegs über mich weg. Ich habe mich bemüht, Ihre Anleitungen zur Entspannung und Entfaltung innerer Gemütsruhe in die Tat umzusetzen, aber wie kann ich unter diesen Umständen Erfolg haben?«

In meinem Bestreben, ihm zu helfen, dachte ich, daß für ihn der Gedanke tröstlich wäre, nicht allein mit diesem

Elend zu sein. Daher sagte ich zu ihm: »Vor nicht allzu langer Zeit flog ich in einem Jumbojet von Amsterdam nach London. Als wir kurz vor der Landung tiefer auf Londons Flughafen Heathrow zuflogen, fiel mein Blick auf die historischen Türme des Schlosses von Windsor, dem Stammschloß und der Sommerresidenz des englischen Königshauses. Wir flogen schon recht niedrig, und der Lärm unserer Maschine war dort unten wohl unüberhörbar. Ich fragte mich, ob sich Königin Elisabeth die Zweite nicht durch dieses Getöse beeinträchtigt fühlen muß. Wie Sie sehen«, schloß ich, »sind Sie nicht der einzige, der mit diesem Problem leben muß. Wenn die englische Königin im Schloß von Windsor übernachtet, wird auch sie von den über sie hinwegdröhnenden Flugzeugen geplagt.«

Der Mann hörte mir aufmerksam zu, aber ich vermochte ihm keinen rechten Trost zu spenden.

Streß muß nicht sein

Trotz alledem ist Streß nicht unvermeidlich. Dies zu behaupten wage ich deshalb, weil ich persönlich Menschen begegnet bin, die inmitten höchster Hektik und Anspannung leben können, ohne selbst in Mitleidenschaft gezogen zu werden. Ihre Erfahrungen beweisen, daß man den Streß tatsächlich ausschalten kann – wenn man nur daran glaubt, daß man es kann!

Im Herbst 1972 war ich zu Besuch bei dem damaligen US-Präsidenten Richard M. Nixon. Zwar standen die Friedensverhandlungen mit Nordvietnam kurz vor dem Abschluß, zwar zeichnete sich somit das Ende des dortigen Engagements der USA ab, doch innenpolitisch konnte der Präsident keineswegs zufrieden sein – soziale und wirtschaftliche Schwierigkeiten sowie die ungelösten Rassenprobleme ließen das Land nicht zur Ruhe kommen.

Ich saß gerade im Büro des Präsidenten, als vor dem Weißen Haus etliche Demonstranten aufzogen. Auf Spruchbändern und Plakaten waren wenig schmeichelhafte Parolen zu lesen, anstößige Schmährufe wurden laut, Särge wurden getragen und Nixon wurde als Mörder beschimpft. Der Krawall drang bis ins ›Allerheiligste‹ des Weißen Hauses, bis ins Präsidentenzimmer. Ich beobachtete den Präsidenten. Es war halb fünf Uhr nachmittags, und er hatte den ganzen Tag mit den verschiedensten Regierungsgeschäften zugebracht. Ich schaute auf seine Hände (die Hände eines Menschen geben viel über seine innere Verfassung preis), nahm jedoch keinerlei Bewegung an ihnen wahr. Er hielt sie völlig ruhig. Auch sein Gesichtsausdruck blieb locker und entspannt, und seine Stimme klang leise und ruhig. Das erregte meine Neugier, und ich fragte den Präsidenten, wie er es schaffe, bei all den weltweiten Problemen und zudem noch angesichts des Tumultes, der sich vor seinen Augen und Ohren abspiele, so ruhig zu bleiben.

»Ganz einfach, weil ich ruhig bin«, war die Antwort.

Ich wollte wissen, wie er sich vor derlei Aufregungen schütze. Er erklärte mir: »Schauen Sie, die Leute dort draußen auf der Straße dürfen demonstrieren und rufen, ja, ihren Unmut geradezu herausbrüllen, soviel sie wollen – sie haben das Recht dazu. Wir leben in einem freien Land, und sie sind amerikanische Staatsbürger. Ich meinerseits handle so, wie ich es für rechtens erachte. Wenn man tut, was man für richtig befunden hat, gibt es doch eigentlich keinen Grund zur Aufregung.«

Ganz ähnlich erging es mir, als ich einst bei Präsident Harry S. Truman zu Gast war. Ich mochte Truman sehr gern, weil er so natürlich und menschlich wirkte. Mein Besuch fiel in eine Zeit großer Umwälzungen im Land wie auch in der übrigen Welt, und wer der Presse Glauben schenken wollte, mußte den Untergang der Menschheit befürchten.

Ich fragte Präsident Truman, ob er denn nie aus der Fassung geriete. »Eine historische Heldengestalt aus einem Epos bin ich auf keinen Fall«, antwortete er. »Ich wurde in dieses Amt gewählt und beabsichtige, mein Bestes zu geben. Also begebe ich mich jeden Morgen hierher an meinen Arbeitsplatz und bleibe so lange, bis getan ist, was getan werden muß. Im Rahmen meiner Fähigkeiten bemühe ich mich natürlich, es so gut wie möglich zu machen. Wenn man sein Bestmögliches gegeben hat, dann gibt es nichts hinzuzufügen. Am Abend, wenn ich mich schlafen lege, vertraue ich mein Werk Gottes Führung an und stelle einmal getroffene Entscheidungen nicht mehr in Frage. Ich spreche mein Gebet, etwa so: ›Allmächtiger, ich habe versucht, mein Bestes zu geben, und bitte dich nun, von jetzt an mein Werk zu übernehmen.‹ Dann kann ich ruhig schlafen. Natürlich«, fügte er lächelnd hinzu, »machen die Wähler nach wie vor mich für alles verantwortlich. Darüber muß ich mir im klaren sein.«

Beide Male verließ ich das Weiße Haus mit dem Gedanken: Wenn selbst der Präsident der Vereinigten Staaten von Amerika bei all den Unruhen und Problemen, die auf ihn einstürmen, das Gefühl zu bewahren vermag, es gäbe keinen Grund für Aufregung und Streß, wie sollte ich mich dann von meinen soviel geringfügigeren Sorgen aus der Fassung bringen lassen?

Das richtige Rezept gegen Nervosität

Es ist in der Tat so, daß wir nicht zwangsläufig zu Nervenbündeln oder Streßopfern werden müssen. Wer sich aber bereits in einer solchen Verfassung befindet, kann gleichwohl neuen Mut schöpfen, denn es gibt ein wirksames Heilmittel gegen dieses Übel. Es ist freilich nicht in der Apotheke erhältlich, sondern es ist im *Evangelium nach Johannes*

(14,27) nachzulesen: »Frieden hinterlasse ich euch, meinen Frieden gebe ich euch; nicht einen Frieden, wie die Welt ihn gibt, gebe ich euch. Euer Herz beunruhige sich nicht und verzage nicht.«

Zuweilen kann auch die Natur solchen Frieden bringen. Ein Sonnenuntergang oder die Spiegelung des Mondlichtes im Wasser erfüllt uns mit einem Gefühl des Friedens. Ist die Sonne dann versunken oder das Mondlicht verloschen und wenden wir uns wieder unseren Problemen zu, schwindet meist auch die friedliche Stimmung. Friede, den uns die materielle Welt schenkt, dieser Friede ist vergänglich – nur unsere Hinwendung zu Gott kann uns zu einem dauerhaften Frieden verhelfen.

Der vorstehend zitierte Bibelvers ist nicht nur von großer poetischer und philosophischer Schönheit, ihm kommt auch ein immenser therapeutischer Wert zu. Wer sich den suggestiven Inhalt dieser (oder ähnlicher) Worte fest ins Gedächtnis einprägt und sie sich immer wieder vergegenwärtigt, so daß sie tief ins Unbewußte einsinken können, dem erwachsen mit der Zeit aus dem Inneren spürbare Heilkräfte gegen Nervosität und Streß. Worte können bemerkenswerte therapeutische Kräfte freisetzen. Machen Sie von den wirksamen Heilmitteln aus der ›Apotheke Gottes‹ Gebrauch!

Zweifellos hat vielen Menschen auch der *Dreiundzwanzigste Psalm* zum Abbau ihrer nervösen Leiden und ihrer Streßbelastung verholfen. Diesen Psalm, der Balsam für fieberhafte, erregte Gemüter sein kann, gibt es in einer in heutige Sprache umgesetzten Version, die der Japaner Toki Miyashina verfaßt hat:

Der Herr bestimmt meine Schritte, ich brauche nicht zu hasten;
In stillen Pausen läßt er mich ausruhen und Kraft schöpfen,
Er beschenkt mich mit Bildern der Stille,
Die mir gelassene Heiterkeit bringen.

Er leitet mich an zu wirksamem Handeln
Durch die Ruhe meines Gemüts.
Frieden ist seine Führung.
Muß ich auch mannigfaltige Dinge
Tag für Tag zuwege bringen,
Werde ich nicht murren, denn ich bin ihm nahe.
Seine Zeitlosigkeit, seine Allgegenwart wird mich im Gleichgewicht halten.
Er bereitet mir Erfrischung und Erneuerung
Inmitten meiner Betriebsamkeiten,
Er salbt mein Gemüt mit dem Öl seiner Stille,
Und mein Becher freudevoller Energie fließt über.
Gewiß werden die Früchte meiner Stunden
Harmonie und Leistung sein,
Denn ich bewege mich im Rhythmus meines Herrn
Und werde auf immer in seinem Hause wohnen.

Vielleicht klingt so ein Gedicht für Ihren Geschmack zu religiös? Es mag sein, daß Sie ähnlich empfinden wie die Frau, die mir schrieb: »Ich lese Ihre Bücher sehr gern, aber ich übergehe all dieses religiöse Zeug.« Allerdings fügte sie hinzu: »Ich versuche, das von Ihnen immer wieder empfohlene positive Denken auf mich und meine Situation anzuwenden, doch ich bin ein fürchterliches Nervenbündel. Was können Sie mir raten?«

Entspannung ist möglich

Als Antwort möchte ich hier das Schreiben einer anderen Frau anführen, die ebenfalls unter nervlichen Störungen litt, die aber dem ›religiösen Zeug‹ nicht so abgeneigt war:

»Früher habe ich mich nie so richtig entspannen können. Ich wanderte von Arzt zu Arzt, wobei ich jedesmal von neuem zu hören bekam: ›Sie müssen unbedingt entspannen!‹ Einer sagte mir: ›Sie sind ja verkrampft und angespannt, als ob Sie eine Steinmauer einrennen wollten!‹ – ›Ich kann nicht anders‹, gab ich zur Antwort. Ab und zu griff ich zu Beruhigungsmitteln, um mir Erleichterung zu verschaffen.

Dann kam die kritischste Phase meines Lebens. Ich mußte mich einer schwierigen Operation, nämlich einer vollständigen Gebärmutterentfernung, unterziehen. Im Anschluß an diese griff ich immer häufiger zu Beruhigungsmitteln; jede Nacht brauchte ich zwei Schlaftabletten. Ich war ein einziges Nervenwrack; wenn jemand mich nur ansah, brach ich schon in Tränen aus – kurz, ich war unausstehlich! Außer den engsten Angehörigen wollte ich niemanden sehen oder hören und schluckte Nerventabletten noch und noch, immer in der Hoffnung, entspannen zu können.

Eigentlich hätte ich mit meinen drei Kindern und einem liebevollen Ehemann glücklich sein müssen, doch verbrachte ich die meiste Zeit in ärztlichen Sprechstunden, und unter der Wirkung all der Medikamente lief ich herum wie eine Schlafwandlerin. Am Ende mußte ich wieder für eine Woche ins Krankenhaus – wegen ›Medikamentenmißbrauchs und eines drohenden Nervenzusammenbruchs‹.

Mein Arzt sagte mir später, er hätte, falls sich zu diesem Zeitpunkt mein Zustand verschlechtert hätte, als nächstes Elektroschocks einsetzen müssen. Gott sei Dank blieb mir das erspart!

Während meines Krankenhausaufenthaltes bekam ich vierzig Nervenspritzen – ich hatte mitgezählt – und vier Beruhigungstabletten pro Tag. Nach meiner Entlassung konnte die tägliche Gesamtdosis nach und nach verringert werden, bis ich mich auf die Einnahme von Tabletten beschränken konnte.

Als ich etwa eine Woche wieder zu Hause war und auf der Couch lag, um auszuruhen, kam etwas in mich – ich mußte aufstehen und mich bewegen. Dabei gingen mir schreckliche Gedanken durch den Kopf. Das schlimmste war die Angst vor einem neuerlichen Rückfall. Damals war ich gewiß, mir beim nächsten Mal das Leben zu nehmen, so sterbenselend fühlte ich mich.

An jenem Tag erreichte mich Ihr Buch *Aufforderung zum Glücklichsein* (Ariston Verlag), das mir die Mutter meines Schwiegersohnes zugeschickt hatte. Das war der Zeitpunkt, von dem an ich wieder auflebte. Besonders haben mir die Kapitel ›Wie Sie sich körperlich und geistig entspannen‹ und der dort zitierte dreiundzwanzigste Psalm geholfen. Ich hatte zwar noch viele Wochen hart zu kämpfen, doch heute – Gott sei's gedankt! – bin ich nicht mehr von Tabletten abhängig. Gewiß gerate ich gelegentlich noch in Erregung, doch ich bin nun in der Lage, mich richtig entspannen zu können.

Wenn ich anderen von Ihren Methoden berichte, so antworten mir einige, sie hätten zwar versucht, Ihre Ratschläge zu beherzigen, doch sei der Erfolg letztendlich ausgeblieben. Meiner Meinung nach waren sie wohl nicht hartnäckig genug in ihrem Bemühen.

Später, als der Arzt sah, daß ich wieder obenauf war, wollte er den Titel Ihres Buches wissen und es in Zukunft auch anderen Patienten in ähnlicher Verfassung als Hilfe anbieten.«

Wie dieses ausführlich geschilderte Beispiel zeigt, kann ›all das religiöse Zeug‹ zu einer spirituellen ›Medizin‹ von großem therapeutischen Wert werden, falls nur die Bereitschaft da ist, sie ›einzunehmen‹.

Diese Auffassung teilt ein prominenter Herzspezialist mit mir, der mir einmal Röntgenaufnahmen von einigen seiner Patienten zeigte und erklärte, es handle sich um Herzaufnahmen zweier Männer und einer Frau, die alle drei zum Zeitpunkt der Aufnahme die Fünfziger schon überschritten hatten. Gleichzeitig machte er mich auf Einzelheiten an den Krankheitsbildern aufmerksam.

»Nach diesen Röntgenbildern müßten sie längst gestorben sein«, bemerkte ich.

»Keineswegs«, entgegnete er. »Die Patienten sind inzwischen über siebzig Jahre alt und stehen dabei noch aktiv im Leben.«

»Sie müssen ein Wunderdoktor sein«, sagte ich anerkennend.

»Durchaus nicht. Ich gab ihnen lediglich den Rat, sich die großen Wahrheiten und Heilsbotschaften ihrer Religion regelmäßig zu vergegenwärtigen und diese auch in ihrem Leben zu praktizieren. Der eine Patient war ein orthodoxer Jude, die anderen beiden waren Christen; es gelang ihnen, zu einem für sie neuen inneren Frieden und einer positiven Geistes- und Gefühlshaltung zu finden. Ihr Zustand besserte sich zusehends; sie wurden gesund und sind es bislang geblieben.«

So etwas kann auch Ihnen gelingen – vorausgesetzt, Sie glauben an Ihre eigenen Fähigkeiten und an das spirituelle Rezept, das diesen herzkranken Patienten half.

Ein etwas anders gearteter Fall, der die erfolgreiche Bewältigung von Streßsymptomen zeigt, wurde mir von dem Direktor eines Ingenieurbüros geschildert...

»Eine ungewöhnliche Wandlung ging in einem unserer tüchtigen, aber allzu ungestümen jungen Mitarbeiter unserer Firma vor.

Phil – so hieß er – trug bereits die Verantwortung für zahlreiche Mitarbeiter. Seinem Führungsstil hafteten aber stets Druck, Härte und nochmals Druck an. Er nahm weder auf die Nerven seiner Mitarbeiter noch auf seine eigenen Rücksicht.

Eines Tages bekam er innerhalb der Firma einen neuen Posten zugewiesen: Er sollte mit eingerissenen Mißständen und verfehlten Geschäftspraktiken aufräumen und alles ins rechte Lot bringen. In seinem maßlosen Ehrgeiz und mit seinem rücksichtslosen Durchgreifen steigerte er sich in einen

Zustand hinein, der ihn an den Rand eines Nervenzusammenbruchs brachte.

Was er durchsetzen wollte, war an sich völlig richtig, aber mit Gewalt sind Mitarbeiter nicht umzustimmen, nicht für neue Ideen zu gewinnen, nicht zu führen. Mein Sohn gab ihm drei Bücher, in der Hoffnung, daß er sich wenigstens eines von ihnen anschaute. Eines Nachts erwachte Phil um drei Uhr – wie schon so oft in letzter Zeit – mit rasenden Kopfschmerzen. Er setzte sich im Bett auf. Einen Augenblick lang verspürte er den Drang, aufzustehen und sich sinnlos zu betrinken. Er erwog, seine Arbeit hinzuwerfen, um irgendwo neu anfangen zu können. Das war ein Verhaltensmuster, das sich in seiner beruflichen Laufbahn schon mehrmals wiederholt hatte.

Als er so hilflos dasaß, fiel sein Blick auf die drei Bücher. Er ergriff das erste, schaute es flüchtig an und schleuderte es dann quer durch sein Zimmer. Mit dem zweiten Buch verfuhr er genauso. Beim dritten – das war Ihr Buch – hielt er inne… vielleicht, weil es das letzte war. Blindlings schlug er es auf und begann planlos, hier und da etwas zu lesen. Doch dann vertiefte er sich ganz in ein bestimmtes Kapitel und ertappte sich schließlich dabei, wie er die dort angegebene Entspannungsformel vor sich hinmurmelte. Als er sich schließlich hinlegte, war er auch schon in der nächsten Sekunde eingeschlafen.

Am folgenden Morgen wachte er frisch und ausgeruht auf; aber seine Lektion hatte er noch nicht gelernt. Was seine Arbeit anging, machte er im gleichen nervenaufreibenden Stil weiter; neue Spannungen und stärkere Kopfschmerzen waren die Folge. Wieder wurde er nachts aus dem Schlaf gerissen; ein Dröhnen wie von Preßlufthämmern erfüllte seinen Kopf. Als er sich aufsetzte, kam ihm das Buch wieder in den Sinn; doch er konnte es nirgends entdecken. Seine Frau, ordnungsliebend, wie sie nun einmal war, hatte tags zuvor ihr Haus auf Hochglanz gebracht; dieser Zustand sollte jedoch von kurzer Dauer sein. Auf seiner fieberhaften Suche nach dem Buch stellte Phil die ganze Wohnung auf den Kopf, bis er es schließlich in Händen hielt; schnell fand er die Stelle, an der er nachts zuvor aufgehört hatte, um von da an weiterzulesen. Wieder taten die Worte ihre heilsame Wirkung; und richtig, nach einem weiteren Kapitel kam der Schlaf ganz sanft und natürlich.

Nach dieser zweiten Erfahrung dämmerte es Phil, daß er ohne einen neuen Denkanstoß seine Schwierigkeiten nicht meistern konnte. Also begann er, weiterzulesen und über sich selbst nachzudenken, was längerfristig erstaunliche Wirkungen zur Folge hatte. Er hatte die gefährliche Klippe umschifft und entwickelte sich darüber hinaus zu einem erfolgreichen Organisator, der es verstand, seine Mitarbeiter so zu führen, wie er es lernte, sich selbst zu organisieren und zu führen.«

Ein weiterer Gesichtspunkt, der beim Abbau von Verspannungen eine große Rolle spielt, ist der, sich über die Ursachen oder Quellen der jeweiligen Spannung klarzuwerden. Die Wissenschaftler George S. Stevenson und Harry Milt von der *National Association for Mental Health* (Gesellschaft für geistige Gesundheit) schreiben zu diesem Thema: »Reine Spannungen, also das Gefühl, daß die Nerven zum Zerreißen gespannt sind, treten selten unvermischt auf. Meist werden sie im Zusammenwirken mit anderen, die ganze Person ergreifenden Gefühlsregungen empfunden. Wir reden zwar davon, nervlich ›angespannt‹ zu sein, aber wenn wir diesem Gefühl auf den Grund gehen, zeigt sich, daß wir eigentlich so verschiedene Regungen wie Trauer, Kummer, Aufregung, Besorgnis, Ärger, Gereiztheit oder mehrere Kombinationen derselben miteinbeziehen. Um uns ein klares Bild unserer eigenen Verfassung machen zu können, müssen wir daher zunächst prüfen, welche Arten von Gemütsbewegungen im Einzelfall einer nervlichen Verspannung zugrunde liegen.«

Die Innenschau

Betrachten Sie einmal kritisch Ihre geistigen Einstellungen, Ihre Verhaltensweisen und Ihren Lebensstil. Fürchten Sie sich vor neuen, überraschenden Situationen? Haben Sie manchmal ein Gefühl der Unzulänglichkeit? Fühlen Sie sich gelegentlich deprimiert, ohne zu wissen, warum? Sind Sie fähig, die kleinen Freuden des Alltags zu genießen? Haben Sie dagegen stets das Bedürfnis nach Gesellschaft mit abenteuerlichen Menschen und nach ›verrückten‹ Unternehmungen, um sich erst so richtig lebendig zu fühlen? – Schauen Sie einmal etwas tiefer in Ihr Innenleben. Vielleicht gelingt es Ihnen, vermöge einer solchen Innenschau etwas zutage zu fördern, was Ihnen wertvolle Aufschlüsse über Ihre eigene Natur und Ihre Veranlagungen geben kann.

Vor langer Zeit war ein extrem nervöser Mensch einmal bei mir zu Gast. Er nahm ein Gummiband in die Hand und dehnte es bis zum Äußersten.

»So bin ich«, sagte er, »nervös und angespannt bis zum Letzten, genau wie dieses Gummi hier.«

»Die Elastizität des Gummis hat ihre Grenzen!« gab ich zu bedenken. »Es kann nur ein gewisses Maß an Spannung aushalten. Das gleiche gilt auch für Sie. Wie sind Sie nur in diesen Zustand geraten?«

»Ach, das Leben ist so kompliziert«, seufzte er.

»Ja, aber was ist es im einzelnen?« bohrte ich weiter.

»Ein Arbeitskollege hat meine Beförderung vereitelt. Ich kann den Mann nicht ausstehen, schlimmer noch – ich hasse ihn regelrecht.« Nach einer kurzen Pause fügte er hinzu: »Und meine Frau versteht mich auch nicht.«

»Aber die andere Frau versteht Sie?« wagte ich einen Schuß ins Blaue.

Er fuhr erschrocken zusammen. »Woher wissen Sie davon?«

»Nur eine Vermutung«, entgegnete ich.

Plötzlich traten ihm zu meiner Überraschung Tränen in die Augen, und seine aufgestauten Gefühle brachen aus ihm hervor: »Ich habe alles verpfuscht«, weinte er. »Das Leben ist mir unerträglich geworden. Ich weiß nicht mehr aus noch ein.«

»Das muß aber nicht sein, das wissen Sie sehr wohl«, entgegnete ich. »Zweierlei können Sie jetzt gleich in Ordnung bringen: Sie können aufhören, diesen Mann in Ihrer Firma zu hassen, und Sie können sich von der anderen Frau trennen. Ihre Nerven sind ja in einem derart zerrütteten Zustand, daß Sie weder zu echter Sammlung noch zu intensiver Entspannung imstande sind. Sie dürfen in Zukunft derartige Probleme nicht mehr vor sich herschieben, wenn Sie nicht wollen, daß sich die Schwierigkeiten wie Berge vor Ihnen auftürmen. Gehen Sie eines nach dem anderen an: Suchen Sie zunächst die Aussprache mit Ihrem Arbeitskollegen – Sie werden sich danach bedeutend wohler fühlen; besprechen Sie dann die Sachlage offen und nüchtern mit Ihrer Frau – geben Sie ihr die Gelegenheit, Verständnis für Sie aufzubringen.«

Ich schaute ihn prüfend an – seine Augen schienen Bereitschaft zu signalisieren.

»Und noch etwas anderes«, bemerkte ich abschließend, »Sie könnten darüber hinaus versuchen, spirituellen Frieden zu finden.«

Meine eindringlichen Worte schienen ihre Wirkung nicht zu verfehlen. Lange saß er still da, und ein Gefühl der Ruhe erfüllte ihn. Das Gummiband baumelte locker an seinem Finger.

Und so unglaublich es auch klingen mag: Später rahmte er es ein und hängte es in seinem Büro an die Wand. Unter dem Gummiband standen die Worte aus *Jesaja* (26,3) zu lesen: »Wer festen Herzens ist, dem bewahrest du Frieden; denn er verläßt sich auf dich.«

Nehmen Sie sich Zeit!

Eine weitere Methode zum Abbau von Spannungen, die sich stets als sehr hilfreich erweist, ist die Technik des ›Sich-Zeit-Nehmens‹. Nicht von ungefähr hat der Volksmund Weisheiten wie ›Gut Ding will Weile haben‹ oder ›Eile mit Weile‹ geprägt, die auch heute noch gegenwärtig sind. Ein arabisches Sprichwort behauptet sogar: »Eile ist des Teufels.« Wer von uns hat nicht schon irgendwann am eigenen Leibe erfahren, daß übereilte Entschlüsse und hastiges Handeln mehr schaden als nützen? Wenn wir uns die Zeit einteilen und auf ein zwar forsches, aber nichts überstürzendes Tempo achten, es ferner verstehen, unsere Ungeduld im Zaum zu halten, dann werden wir mit der Zeit arbeiten – und nicht gegen sie.

Der Rabbiner Sam Silver aus Stamford im US-Staat Connecticut schilderte am Beispiel des Baseballstars Ron Blomberg, wie die praktische Anwendung und Durchführung des Zeitnehmens eine sportliche Karriere vor dem Scheitern bewahrte...

»Er wollte seine sportlichen Ziele schon aufgeben, da er es einfach nicht ertragen konnte, immer nur in der untersten Liga zu spielen«, schrieb der Rabbiner. »Zu Beginn seiner Karriere war Blomberg von seinen Fähigkeiten restlos überzeugt. Für ihn kam daher nur eine Mannschaft in Frage: ›New York Yankees‹. Sie spielten damals in der obersten US-Liga. Als er nicht in dieses Team aufgenommen wurde, wurde er zunehmend ungehaltener und reagierte mit Trotz: Er schloß sich einer unbedeutenden Mannschaft an. Sein Ziel hieß: Ich bringe diese Mannschaft nach oben – ob als Pitcher, als Werfer, als Catcher (Fänger) oder als Batter (Schläger), das ist mir egal. Das Ergebnis: Ron scheiterte kläglich.

Nach diesem Mißerfolg kehrte er niedergeschlagen in seine Heimatstadt Atlanta zurück. Dort führte er intensive

Gespräche mit Dr. Harry Epstein, seinem Rabbiner, der ihm zum Schluß den Rat gab, sich Zeit zu nehmen: Bewahre die Ruhe, und halte deine Ungeduld im Zaum!

Ron Blomberg beherzigte die Mahnung, drosselte sein Tempo und lernte, auf seine Chance zu warten. Von Tag zu Tag fühlte er sich gelassener und entspannter. Als er schließlich doch noch in die Mannschaft der ›Yankees‹ geholt wurde, gelang ihm der große Durchbruch – er stieg zu einem der besten Spieler der obersten Liga auf.«

Wenn Sie es verstehen, sich stets genug Zeit zu nehmen, werden Sie erfahren, daß diese Fähigkeit erheblich zum Abbau nervöser Spannungen beiträgt. Am Anfang muß natürlich die entsprechende geistige Haltung stehen, mit deren Hilfe Sie sich – sowohl in seelischer als auch in körperlicher Hinsicht – ein ›gemütliches Tempo‹ zu eigen machen. Damit Sie diese Kunst auch erfolgreich anwenden können, ist es hilfreich für Sie, sich in weisheitsvolle Gedanken zu versenken. Solche die Meditation anregende Gedanken finden Sie beispielsweise in den Werken des amerikanischen Philosophen Ralph W. Emerson, des geistigen Führers der amerikanischen Transzendentalphilosophen des neunzehnten Jahrhunderts, aber auch in den Niederschriften des Marcus Aurelius und anderer klassischer Autoren.

Ich nenne diese Methode der geistigen Versenkung die »Herbeiführung von Seelenruhe«, nämlich eines entspannten Zustandes seelischer Ausgeglichenheit. So sind beispielsweise Sätze wie die folgenden, die dem Werk des Marcus Aurelius, des Philosophen auf dem römischen Kaiserthron, entstammen, für die meditative Übung hervorragend geeignet:

Die erste Regel ist, einen ungetrübten Sinn zu bewahren.
Die zweite, den Dingen ins Gesicht zu schauen,
um sie als das zu erkennen, was sie wirklich sind.
Gräme dich nicht über den Lauf der Welt –

die Welt kümmert sich nicht um deinen Gram.
Wie lächerlich und weltfremd wirkt ein Erstaunen
über irgendein Geschehnis, das im Leben auftreten mag.

Eine ähnliche Haltung ist in Emersons folgendem stoischen Ausspruch erkennbar: »Bleibe nur gelassen – in hundert Jahren wird alles eins sein.«

Vor Jahren traf ich in Hongkong auf ein altes chinesisches Sprichwort, dessen Weisheit mir immer wieder aufs neue hilft, mit Erregungs- und Spannungszuständen fertig zu werden, besonders in plötzlich auftretenden Krisen und Notfällen, in denen die erste Reaktion oft übertriebene Hektik oder gar Panik ist. Dieses chinesische Sprüchlein, das zu tiefem Nachdenken anregen kann, lautet: »Gehe an eine Krise mit Muße heran.« Es will uns ermahnen, uns durch nichts in Bestürzung oder Erregung versetzen zu lassen, sondern gerade in Krisen einen kühlen Kopf und Gelassenheit zu bewahren; es will uns ferner darauf hinweisen, uns die Zeit zu nehmen, die wir benötigen, um bedächtig und umsichtig zu reagieren. Hetze führt fast immer zu unüberlegten Handlungen; ein Vorgehen in Muße aber führt dazu, den ersten Gefühlsaufruhr abflauen und vernunftgetragene Einsichten sichtbar werden zu lassen.

Einen weiteren wertvollen Gedanken enthält der Ausspruch des schottischen Essayisten und Geschichtsschreibers Thomas Carlyle, den er vor mehr als zweihundert Jahren tat: »Schweigen ist das Element, aus dem Großes geboren wird.« Die Reflexion dieses Satzes kann uns zu einem tiefgreifenden Verständnis des Wesens schöpferischer Stille führen!

In ähnlicher Weise wie die oben zitierten philosophischen Prosaworte sind es auch Gedichte, die uns berühren und eine Stimmung dauerhaften Friedens in uns erzeugen können, die jede Verspannung aus unserem Gemüt dahinschwinden läßt. Verse wie die folgenden von Robert W. Service (aus *Der Zauber des Hohen Nordens*, Gedichte von R. W. Service, übersetzt von Erich Luft. Verlag Erich Luft, Wetzlar 1987) haben auf mich über Jahre hinweg eine solche Wirkung ausgeübt:

Als einstmals am Tor einer mächtigen Höhle ich stand,
Die voll war mit Stille und Schweigen bis oben zum Rand,
Da hab' ich die starke, die mächtige Sonne gesehn,
Ich sah sie dort blutrot und golden am Himmel sich drehn,
Und als dann der Mond hat die Gipfel zum Leuchten gebracht,
Da strahlten die Sterne hernieder in glitzernder Pracht.
Und ich, der ich dachte, daß dieses ein Traumbild nur sei,
Ich wußt' es genau: Uns're Welt ist hier friedlich und frei.

Die Fähigkeit zur Entspannung, zu innerer Lockerung und Gelassenheit hängt allerdings von ausdauernder Übung und ständiger Pflege ab. Wir sollten uns daher vor der Vorstellung hüten, die souveräne Beherrschung unserer Gefühle sei allein durch die Lektüre dieses Buches oder durch zehn einfache Lektionen zu erlangen. Unsere Gefühle sind, besonders wenn wir ihnen schon zu lange freien Lauf gelassen haben, nicht ohne Kraftanstrengungen und eiserne Disziplin unter Kontrolle zu bringen. Doch mit festem Willen können wir zu neuen und förderlichen Denkmustern gelangen – vorausgesetzt, wir sind bereit zu Fleiß und Übung.

Die Kraft der Ruhe

Einem Admiral der US-Marine verdanke ich ein kostbares Stück Lebensweisheit. Dieser Admiral verkörperte den Inbegriff von Beherrschung und innerer Ausgeglichenheit.

Nachdem ich vor zweitausend jungen Soldaten, die in dem Marine- und Luftfahrtstützpunkt Pensacola, Florida, ausgebildet wurden, eine Rede gehalten hatte, nahm ich an der anschließenden Abendfeier teil. Zu vorgerückter Stunde erwähnte dann ein anwesender Offizier eine hochinteressante Episode aus der Laufbahn dieses Admirals.

Der Admiral, seinerzeit im Rang eines Kapitäns, befehligte einen Flugzeugträger und war von San Francisco nach Pearl Harbour unterwegs. Das Schiff führte einsatzbereite und vollgetankte Flugzeuge mit. Zusätzlich befanden sich riesige Mengen Reservetreibstoff auf dem Hangardeck. Während der Kapitän mit seinem Flugzeugträger durch die enge Reede auf den inneren Hafen zusteuerte, nahm zur gleichen Zeit ein Handelsschiff Kurs aufs offene Meer. Zwei Schiffe von so beachtlichen Ausmaßen aneinander vorbeizumanövrieren, erforderte unter diesen Bedingungen beachtliches Geschick und äußerste Umsicht – es kam auf jeden Zentimeter an. Gerade erreichte der Flugzeugträger unter der behutsamen Leitung des Kapitäns die Höhe des Handelsschiffes, als der leitende Offizier auf die Kommandobrücke stürzte und in Panik rief: »Kapitän! Auf dem Hangardeck ist ein Feuer ausgebrochen!«

Was könnte es Schlimmeres geben als einen Brand in der Nähe von Bezintanks! Jedem war klar: Gelänge es nicht, das Feuer rechtzeitig einzudämmen, bräche die Katastrophe über sie herein. Der Kapitän verzog jedoch keine Miene, sondern konzentrierte sich weiter voll und ganz auf das Manöver. In der Annahme, der Kapitän habe ihn nicht gehört, schrie der Offizier in höchster Erregung: »Feuer! Feuer auf dem Hangardeck!« Ohne die Stimme zu heben oder den Kopf zu wenden, antwortete der Kapitän: »Das habe ich bereits gehört. Geh und lösche es!«, während er weiter seine ganze Aufmerksamkeit darauf richtete, seinen Träger sicher in den Hafen zu steuern.

Zutiefst beeindruckt fragte ich den Admiral, der selbst an diesem Abend zugegen war, wie es ihm angesichts dieser Bedrohung möglich gewesen sei, so bewundernswert gelassen und beherrscht zu reagieren.

Eine Erklärung lautete: »Sehen Sie, meine Aufgabe bestand zunächst darin, den Flugzeugträger sicher in den Hafen zu steuern. Ferner war ich davon überzeugt, daß der leitende Offizier sehr wohl selbst in der Lage war, das Feuer zu löschen. Also zwang ich ihn, eigenverantwortlich zu handeln. Es gibt ja Menschen, die von sich aus keine Verantwortung übernehmen, solange es sich irgendwie vermeiden läßt. Und er gehörte wohl trotz seiner Fähigkeiten zu denen, die erst unter Druck ihr vorhandenes Potential entfalten.«

»Und wie«, fragte ich weiter, »haben Sie sich die innere Ruhe, die Sie ausstrahlen, erworben?«

»Nun, indem ich stets darum gerungen habe. Als ich Offizier wurde, begriff ich, daß ich niemals imstande wäre, Menschen zu befehligen, solange ich nicht fähig wäre, in Krisen und Notfällen kühlen Kopf zu bewahren. Also übte ich mich bei jeder Gelegenheit in dieser Kunst. Das war eigentlich schon alles.«

Ein Mensch, der Nervosität und Streß durch innere Ruhe ersetzen kann, wird nach außen hin als eine vernunftbestimmte und praktisch veranlagte Persönlichkeit auftreten, er wird seine Ziele kennen – und er wird wissen, wie er sie erreichen kann. Auch eine noch so bedrohliche Situation wird ihn nicht dazu bringen, sich unnütz aufzuregen oder sich übermäßig zu beunruhigen. Er hat sich selbst geistig und gefühlsmäßig in der Hand und wird in einem gleichmäßigen Tempo, ohne Hast und Hetze, zielstrebig seinen Weg gehen.

Es waren nicht allein ihre Romane, in denen sie vor allem den chinesischen Menschen im Konflikt zwischen Tradition und Moderne schilderte, die weltweite Beachtung fanden, nein, viele bewunderten ebenso die gelehrte Lebensphilosophie der 1973 verstorbenen amerikanischen Schriftstellerin Pearl S. Buck, deren dichterisches Werk mit der Verleihung des Nobelpreises für Literatur im Jahre 1938 seine höchste Auszeichnung erfuhr.

In einem Interview kurz vor ihrem Tode wurde sie nach dem Geheimnis ihres außergewöhnlich konstruktiven Lebens gefragt. Als Antwort darauf schilderte sie eine kleine Familienepisode, die bei aller tiefen Weisheit durch ihre Einfachheit bestach: Ihr Vater hatte in seiner Eigenschaft als Missionar in China aus der Heimat eine Geldsumme für den Bau einer Kapelle erhalten. Praktiker, der er war, gab Dr. Buck jedoch der Anschaffung eines Flußbootes für den Lebensmitteltransport in abgelegene Armengebiete den Vorrang. Diese Entscheidung löste in seiner Heimat einen Sturm der Entrüstung und der Kritik aus. »Aber«, kommentierte Pearl S. Buck, »meinen Vater rührte das überhaupt nicht. Er ging einfach in Ruhe seinen Weg.« Dann fügte sie hinzu: »Und ich habe es in meinem Leben genauso gehalten. Ich bin einfach ganz ruhig meinen Weg gegangen.«

Ersetzen auch Sie Nervosität und Streß durch Gelassenheit und Ruhe. Gehen Sie in Ruhe Ihres Weges. Es wird Ihnen gewiß gelingen, wenn Sie glauben, es gelingt.

Abschließend noch einmal die wichtigsten Gesichtspunkte zum Abbau von Spannungen und zur Erlangung echter Entspannung:

- Streß ist nicht unvermeidlich. Sie können ihn beherrschen lernen. Glauben Sie daran – und Sie werden ihn beherrschen!
- Ein entspanntes und dabei doch kraftvolles Leben fällt uns nicht in den Schoß, sondern erfordert ständige Übung und Disziplin.
- Die ›Herbeiführung der Seelenruhe‹ ist von unschätzbarem Wert. Sie können diese erlangen, wenn Sie offen sind für friedvolle Worte und Gedanken. Beschäftigen Sie sich daher intensiv mit Worten und Gedanken solchen Inhalts, lassen Sie sie an Ihrem inneren Auge vorüberzie-

hen – und sie werden sich in Ihnen festsetzen. Denn: Worte haben – wie Gedanken – ungewöhnliche Heilkräfte!

- Vermindern Sie den Lärmpegel in Ihrer unmittelbaren Umgebung, wann immer sich Ihnen die Möglichkeit hierzu bietet!
- Durch religiöse Versenkung kann uns ein dauerhafter Seelenfriede zuteil werden, wenn wir uns nur bereitwillig diesem Quell der Ruhe öffnen.
- Schauen Sie nach innen, um die tieferen Ursachen nervöser Leiden und Spannungen aufzudecken!
- Nehmen Sie sich Zeit – und gehen Sie an jede Krise mit Muße heran!
- Vertrauen Sie getrost auf Gott, gehen Sie einfach in Ruhe Ihren Weg!

4

Gestalten Sie Ihr Leben neu durch innere Motivation!

»Ich werde den Kerl feuern!« Der Mann war erzürnt. Er sprach von einem Handelsvertreter seiner Firma. »Er ist einfach zu langsam. Er hat kein Interesse an der Arbeit, ihm fehlt der Schwung, er ist träge – eine ausgesprochene Schlafmütze!«

»Wie wäre es«, entgegnete ich, »wenn du, statt ihn aus deinem Unternehmen hinauszufeuern, ihn ›hineinfeuern‹ würdest?«

»Wie meinst du das – ›hineinfeuern‹?« fragte er. »Meinst du, ich soll ihm die Hölle heiß machen?«

»Ganz und gar nicht«, erklärte ich, »sondern ein Feuer der Begeisterung in ihm entfachen. Wecke sein Interesse an der Arbeit. Motiviere ihn, verhilf ihm zu neuem Unternehmungsgeist!«

Das sollte sich, wie der weitere Verlauf bestätigte, als kein schlechter Rat herausstellen. Heute sagt mein Freund voll Bewunderung über seinen ehemals so glanzlosen Mitarbeiter: »Der Mann ist völlig verwandelt. Er ist ein einziges Energiebündel. Ich hätte nie geglaubt, daß er das Zeug dazu hätte.«

Tatsächlich können wir nie mit Sicherheit sagen, welche Anlagen in einem Menschen verborgen sind, bis sie nicht durch dynamische und schöpferische Motivation aus ihm herausgelockt werden. Jeder Mensch läßt sich begeistern und zu größeren Leistungen anspornen, nur gilt es, die richtige Kombination zu finden, die das ›Schloß knackt‹ und die wahre Persönlichkeit zum Vorschein kommen läßt.

Um die Motivation seines Angestellten zu wecken, also das verschlossene Schloß zu knacken, ging der Chef zwar hart, aber psychologisch äußerst geschickt vor. Er ließ den Vertreter zu sich kommen und sagte: »Nehmen Sie Platz, Jim, ich will Sie mal näher unter die Lupe nehmen. Ich hoffe, Sie können es vertragen, wenn ich Klartext rede. Es tut mir leid, das sagen zu müssen, aber Sie sind der erbärmlichste Vertreter, der mir je begegnet ist! Sie sind faul, Sie haben keinen Ehrgeiz, keine Energie, keine Phantasie! Ihnen ist alles gleichgültig, jegliches Interesse an der Arbeit geht Ihnen ab. Andererseits erwarten Sie von mir einen Vorschuß, obwohl Sie kaum genug Aufträge hereinbringen, um die Spesen zu decken. Aber das schlimmste ist, daß Sie das Zeug zu einem Spitzenverkäufer hätten. Sie könnten erstaunliche Leistungen bringen, doch Sie stellen Ihr Licht lieber unter den Scheffel. Vermutlich leisten Sie auch sonst nicht viel.«

Bei diesen Worten stieg dem jungen Mann die Zornesröte ins Gesicht, und seine Augen funkelten vor Wut. Er sprang auf und schlug mit der Faust energisch auf den Tisch. »Verflixt noch mal!« brüllte er. »So können Sie mit mir nicht reden. Sie sollen mich kennenlernen!« Er ging auf die Tür zu. »Ich pfeife auf den Job!«

Der erstaunte Chef sprang auf und packte den jungen Mann an den Armen. »Großartig! Sie haben's in sich. Ich habe es immer gewußt, daß in Ihnen ein ganzer Kerl steckt – wenn Sie erst einmal motiviert sind. Bleiben Sie so – so wie Sie jetzt sind – und machen Sie sich an Ihre Arbeit! Sie sind nicht gefeuert, sondern angefeuert.«

Natürlich reichte dieses Gespräch allein nicht aus, um in Jim eine dauerhafte Wandlung herbeizuführen. Er erhielt von seinem Chef Literatur zur Lebensorientierung, wurde auf Tagungen geschickt und durfte ihn zu den jährlichen Messen und Kongressen begleiten, in deren Verlauf er die bedeutendsten Hersteller seiner Branche kennenlernte. Meinem Freund gelang es sogar, das Interesse des jungen Mannes für eine Kirchengemeinde zu wecken, die ein ungewöhnlich einsatzfreudiger Geistlicher betreute – das war Öl für sein inneres Feuer. Doch sein Chef erreichte noch mehr: Jim trat in seinen Golfclub ein, nachdem er angedeutet hatte, wie notwendig ein solcher Schritt sei, da er dort auf wichtige Geschäftspartner treffen würde. Die in Aussicht gestellten Begegnungen mit wichtigen Geschäftspartnern war jedoch nur ein vordergründiges Argument – der ehemals als Schlafmütze titulierte Verkäufer sollte ein Gefühl für den ihn fordernden Wettkampf erhalten. Jim hatte nie Golf gespielt, doch mein Freund, Jims Talent ahnend, sorgte dafür, daß er gegen die besten Golfspieler des Vereins antrat. »Zeigen Sie es den Burschen mal!« stachelte er ihn an. Tatsächlich gelang Jim ein Erfolg nach dem anderen, bis er am Ende der Saison ganz oben auf der Vereinsliste rangierte.

Diese Strategie erwies sich als äußerst wirksam. Jim lernte, aus seiner Begeisterung für Sport und Wettkampf immer neue Energien zu schöpfen. Ungeahnte Anlagen entfalteten sich. Sein anfänglich so vages Interesse an neuen Aufgaben wurde zu echter Begeisterung. Er ging in seinen Aufgaben auf. Ob im Beruf, im Umgang mit Menschen, an sich selbst – er spürte sich getragen von der Kraft einer inneren Motivation.

Dieses Beispiel einer Wandlung kann unseren Glauben an das menschliche Potential bekräftigen. Es lehrt, nie jemanden abzuschreiben, da immer die Hoffnung besteht, zum Inneren eines Menschen vorzudringen und ihm zu einer der größten menschlichen Erfahrungen zu verhelfen, nämlich zu sich selbst zu finden und sich in einen neuen Menschen zu verwandeln, in dem alte Schwächen überwunden sind und der mit neuem Leben erfüllt ist.

Über ›Drückeberger‹ und ›Draufgänger‹

Was für andere gilt, gilt erst recht für uns selbst. Der Erfolg ist bereits in uns angelegt und wartet nur auf seine Verwirklichung. Oft bedarf es lediglich eines richtigen Anstoßes, also einer Motivation, die unserem Wesen entspricht.

Doch warum bringen so viele Menschen scheinbar nichts Rechtes zuwege, obwohl es ihnen nicht an Fähigkeiten mangelt? Liegt es vielleicht daran, daß sie eher zu Drückebergerei als zu Draufgängertum neigen? Oder, anders formuliert: liegt es daran, daß diese Menschen sich einer Sache nie ganz hingeben, sondern daß sie stets darauf bedacht sind, einen Teil ihres Wesens zurückzuhalten? So, als ob sie Angst davor hätten, ganz aus sich herauszugehen? Es liegt auf der Hand, daß unsere Anlagen nicht zum Besten genutzt werden können, solange wir scheu und zaghaft an eine Aufgabe herangehen.

Zur Veranschaulichung dieses Gedankens möchte ich den Fall eines ›Drückebergers‹ anführen, der am Ende, von einer mächtigen Motivation beflügelt, über sich hinauswuchs und sich sogar größere Ziele setzte, als er selbst jemals für möglich gehalten hätte.

Ich traf Charlie, so hieß der Mann, zum ersten Mal nach einem Vortrag auf einer Geschäftsversammlung in Chicago. Als ich mich in mein Hotelzimmer zurückgezogen hatte, klingelte das Telefon, und eine Frauenstimme, die keinen Widerspruch duldete, kündete an: »Ich komme mit meinem Mann, der Sie sprechen möchte.«

»Ich muß in wenigen Minuten gehen, um mein Flugzeug zu erreichen«, protestierte ich.

»Wenige Minuten werden reichen«, konterte sie unbeirrt. »Wir haben Sie reden hören und möchten Sie kurz sehen.« Damit legte sie auf.

Wenig später erschien eine burschikose kleine Person in Begleitung ihres verlegen lächelnden Mannes. »Ich bin

Mabel«, stellte sie sich vor. »Und das ist mein Mann, Charlie, um den es geht.«

»Er scheint ein netter Kerl zu sein«, bemerkte ich.

»Das ist er«, sagte sie, »und das ist ja gerade das Problem. Charlie ist einfach viel zu nett. Ihm fehlt jede Widerstandskraft, er hat keine Energie und kein Durchsetzungsvermögen. Also bitte, reden Sie mit ihm!« befahl sie. Sie nahmen beide Platz.

»Nun, Charlie, wie sehen Sie selbst die Angelegenheit?« begann ich.

»Mabel hat wahrscheinlich recht«, sagte Charlie, »vermutlich brauche ich tatsächlich Hilfe.«

Seine Frau fiel ihm ins Wort: »Er ist ein guter Mensch, er ist fähig und intelligent, aber er kann sich nicht zusammenreißen. Er lebt in einer Traumwelt und bringt es einfach zu nichts. Ich habe mich bemüht, ihm gut zuzureden, ihn anzuspornen, doch ohne Ergebnis. Als wir Ihren Vortrag hörten, kam mir der Gedanke, daß Sie ihm vielleicht ins Gewissen reden könnten.«

Ich mochte Charlie auf Anhieb. Mabel gefiel mir ebenfalls. Auf ihre aggressiv-dominierende Art drückte sie ihre Liebe zu ihm aus. Sie glaubte an ihn und wünschte ihm jeden Erfolg. Ich entschloß mich, den beiden zu helfen, soweit sich Gelegenheit dazu bot.

In den folgenden Monaten hatten Charlie und ich mehrere Unterredungen, in deren Verlauf mir etwas auffiel: Ich stellte fest, wie ihm des öfteren Einfälle zur Verbesserung seiner beruflichen Tätigkeit kamen. Beispielsweise sagte er: »Ich hätte halbwegs Lust, dieses zu unternehmen.« Ein andermal hieß es: »Jenes erscheint mir halbwegs sinnvoll.« Erkundigte ich mich später danach, was aus seinem letzten Vorhaben geworden war, kam stets dieselbe Antwort: »Ach, das... ja... ach... inzwischen habe ich mich eines Besseren besonnen.« Unweigerlich nahm er dann jedesmal zu einem neuen Plan Zuflucht. »Aber jetzt kommt mir eine großartige Idee. Ich will sie Ihnen einmal kurz erläutern, denn ich habe halbwegs Lust, das und das zu probieren.«

Nachdem sich dieses wiederkehrende Schema abgezeichnet hatte, lag die Schwierigkeit offen auf der Hand. Ich sagte ihm, sein Problem sei seine Halbherzigkeit. Er schaute mich sichtlich erstaunt an. »Ja«, wiederholte ich, »so kommen Sie nicht weiter. Sie gehen am Erfolg vorbei, weil Sie so halbherzig bei der Sache sind.«

»Ich verstehe nicht ganz«, murmelte Charlie ratlos.

»Ich will es Ihnen erklären. Die meisten Menschen kämpfen mit dem gleichen Problem wie Sie, das in einer Aufsplitterung der Person und ihrer Kräfte besteht. Sobald Sie die Vielschichtigkeit Ihres Wesens verstehen lernen, können Sie an sich arbeiten und eine Änderung herbeiführen. In Ihrem Fall nämlich ist ein Teil von Ihnen unternehmungslustig nach außen gewandt, besitzt Ehrgeiz, steckt voller Ideen, während ein anderer Zug Ihres Wesens vor jeder Initiative scheut, ja, sie letztendlich vermeidet. Deshalb erwarten Sie unterbewußt im voraus bei jedem neuen Unterfangen einen Fehlschlag. Es mangelt Ihnen an Selbstvertrauen, und Sie fürchten sich vor dem Risiko. Doch wenn Sie im Leben mehr erreichen wollen, als Sie bisher erzielt haben, dann müssen Sie auch einmal etwas aufs Spiel setzen. So wie Sie jetzt sind, stehen Sie nur halbherzig hinter Ihren Plänen. Kein Wunder, daß nichts Rechtes dabei herauskommt.

Jener Teil in Ihnen, der schöpferische Ideen entwickelt, macht Ihr wahres, Ihr eigentliches Selbst aus. Der Zug an Ihnen, der vor dem Handeln zurückscheut, ist eine zerstörerische Tendenz, die stets passende Entschuldigungen anführt, warum Sie Ihre Pläne nicht weiterverfolgen sollten. So mag beispielsweise der Gedanke auftauchen, der richtige Zeitpunkt sei noch nicht gekommen oder die Sache habe einen Haken. In Wirklichkeit fehlt Ihnen nur eine Motivation, die stark genug ist, Ihr kreatives Wesen zum Zuge kommen zu lassen.

Die Lösung Ihres Problems, so wie ich es sehe, besteht darin, daß Sie diese halbherzige Haltung überwinden. Stellen Sie sich mit ganzem Herzen hinter Ihre Ideen!«

Ich erinnerte ihn dann an einen vielversprechenden Plan, den er wiederholt erwähnt hatte, und sagte: »Sie sehen selbst, wie Sie sich mit dieser halbherzigen Haltung immer wieder Knüppel zwischen die Beine werfen. Führen Sie Ihr Vorhaben doch einfach aus! Sicher wird es Mut und Vertrauen von Ihnen erfordern, aber ohne Wagnis gibt es auch keinen Gewinn. Befreien Sie sich aus dem Teufelskreis dieser ewigen Zauderei, indem Sie handeln. Am besten noch heute! Tun Sie es nicht, werden Sie Ihr ganzes Leben auf der Reservebank verbringen und von Ihren großen Taten nur träumen. Doch Sie können dem ein Ende bereiten. Bitten Sie Gott um seinen Beistand – und machen Sie sich ans Werk!«

Charlie nahm meinen Ratschlag an. Auch wenn die Durchführung seines Plans nicht ohne Risiko war – er handelte und nahm das Wagnis in Kauf. Sein Unternehmen nahm schließlich eine noch günstigere Wendung, als er je zu hoffen gewagt hatte. Damit war der Bann gebrochen. Schon bald darauf nahm er ein neues konstruktives Vorhaben in Angriff, und es dauerte nicht mehr lange, bis seine Unentschlossenheit der Vergangenheit angehörte. Charlie wurde zu einem Menschen voller Motivation und Unternehmungsgeist.

»Es gibt kaum eine traurigere Gestalt«, schrieb der Philosoph und Psychologe William James, der richtungweisendste Vertreter des amerikanischen Pragmatismus, »als die, der nichts außer der eigenen Unentschlossenheit zur Gewohnheit geworden ist.« In diesen Worten ist einmal mehr die Mahnung enthalten, keine Halbherzigkeiten aufkommen zu lassen. Unsere Gedanken und Pläne wollen unter ganzem Einsatz der Person zur Durchführung gebracht werden. Wenn wir aus uns herausgehen und uns fest hinter unseren Entschluß stellen, dann werden wir auch sehen, wie die Pläne letztendlich Wirklichkeit werden.

Ein Erlebnis, das uns tief innerlich motiviert und unserem Wesenskern entspricht, kann einschneidend und nachhaltig die Zukunft bestimmen. Es empfiehlt sich daher, für solche motivierenden Erlebnisse stets empfänglich zu sein. Öffnen wir uns also immer wieder neuen Anregungen und suchen wir nach belebenden Einflüssen, insbesondere solchen, die uns geistig beflügeln können. Als wertvolle Anregung in diesem Sinne dient beispielsweise Lesestoff lebensbejahender Art, etwa die Biographien herausragender Gestalten der Weltgeschichte, die dank ihres außergewöhnlichen Könnens schwerste Probleme lösten. Solche Lebensbeschreibungen veranschaulichen die Prinzipien erfolgreichen Handelns. Bücher, die der wachen Intelligenz Nahrung bieten und uns neue Bereiche erschließen, sind in diesem Zusammenhang von unschätzbarem Wert. Oder lernen Sie Menschen kennen, deren Erfolge und überragende Leistungen Ihnen ein Beispiel sein können. Achten Sie auf deren Geisteshaltung und Lebensphilosophie, sobald Sie mit ihnen ins Gespräch kommen. Sie werden vieles entdecken, was Sie selbst für Ihr Handeln übernehmen können. Und nicht zuletzt sollten wir auch unsere spirituellen Bedürfnisse nicht vernachlässigen, denn gerade aus solchen Quellen empfängt die Motivation die allerstärksten Impulse.

Lassen Sie mich hierzu ein persönliches Erlebnis schildern. Ich erinnere mich noch gut, wie ich während meiner Collegezeit kein rechtes Ziel, keine konkreten Pläne hatte, wenn ich auch viele Möglichkeiten in Betracht zog. Am ehesten konnte ich mich für den Journalismus begeistern, doch die echte, tiefgreifende Motivation fehlte auch hier.

Eines Tages besuchte ich als Abgesandter in der *Memorial Hall* in Columbus, Ohio, ein Treffen großen Stils, eine Veranstaltung der seinerzeit weitverbreiteten Jugendorganisation der ›Student Volunteers‹. Es handelte sich um eine religiöse Bewegung, die damals Amerikas Universitäten erfaßt hatte.

In dem riesigen, bis auf den letzten Platz besetzten Saal herrschte eine unbeschreibliche Atmosphäre, deren Intensität sich niemand entziehen konnte. Über der Bühne war ein weithin sichtbares Banner angebracht, auf dem in riesigen Lettern zu lesen war: DIE JUGEND VERKÜNDET DER WELT DAS EVANGELIUM! Ich wurde von einer tiefgreifenden Regung erfaßt. Ob es die Atmosphäre war oder die schlichte und doch so mutige Darbietung dieser Botschaft, die in meinem Inneren ihre Wirkung taten, das weiß ich heute nicht mehr zu sagen – auf jeden Fall sah ich mit einemmal mein Lebensziel in aller Klarheit vor mir. Vor meinen Augen stand die Lebensaufgabe, die, so spürte ich es in diesem Augenblick, meinem innersten Wesen entsprach. Ich wollte alle Kraft aufbieten, meine Mitmenschen auf ihre großartigen, von Gott verliehenen Talente hinzuweisen, ich wollte ihnen zeigen, wie sie in der Entfaltung ihrer wunderbaren Fähigkeiten zu einem erfüllten glücklichen Leben finden. Diese Motivation, so kann ich rückblickend sagen, hat mich mein Leben lang begleitet und mit immer neuer Kraft beseelt.

Seither habe ich alle möglichen Mittel und Wege genutzt – sei es durch Bücher oder Zeitschriften, sei es von der Rednertribüne oder der Kanzel, sei es durch Fernsehen oder Rundfunk – die Menschen anzusprechen und zu motivieren. Ob im Zwiegespräch oder vor großen Zuhörerschaften, ich bemühte mich stets, den Menschen zu zeigen, wie sie über ihre bisherigen Leistungen hinauswachsen können, sobald sie von einer Motivation ergriffen werden, die wirklich motiviert.

Jeder, der ernsthaft bestrebt ist, seinem Leben einen tiefen Sinn abzugewinnen, sollte ähnlich bedeutsame und anspornende Erfahrungen suchen, denn sie können von einem planlosen, oberflächlichen Dasein zu einem Leben in Erfüllung und Begeisterung führen.

Vielleicht sind Sie der Meinung, daß Ihnen selbst so etwas wenig sagen kann, da Sie sich als ›ein ganz gewöhnlicher Durchschnittsmensch‹ fühlen? Vielleicht wollen Sie einwenden, daß Sie einer ganz gewöhnlichen Beschäftigung nachgehen, die keinerlei Ansprüche an besondere Motivation oder Begeisterung an der Aufgabe stellt? Doch die Botschaft, die ich meine, wendet sich in erster Linie an Menschen wie Sie und ich, da gerade sie uns Anleitungen gibt, wie wir das weniger spektakuläre Alltagsleben leichter bewältigen können. Sie will uns zeigen, wie wir die Einstellung zu unserer Arbeit, zu unseren ›gewöhnlichen‹ Aufgaben und Pflichten ändern konnen, um mehr daraus zu machen.

Gehen wir also motiviert und mit Begeisterung an unsere Arbeit heran, setzen wir uns voll dafür ein, dann gewinnt auch unser Werk an Bedeutung. Die Aufgaben wachsen mit uns und halten in dem Maße Anregungen bereit, wie wir selbst uns regen.

Entdecken Sie Bergeshöhen!

Eine junge Frau, die Ratgeber- und Selbsthilfebücher im Versandgeschäft vertreibt, sagte während einer Unterhaltung zu mir: »Unglaublich, was eine tiefe Motivation ausmachen kann. Ich bin richtig in Fahrt gekommen, seit ich die Bergeshöhen entdeckt habe.«

»Was meinen Sie mit Bergeshöhen?« fragte ich.

Sie klärte mich auf: »Wie Sie sehen, sitze ich hier und vertreibe Bücher im Direktversand, eine alltägliche Arbeit. Doch ich glaube an die Botschaft dieser Bücher und freue mich, wenn sie ein weites Publikum finden. Kürzlich schickte mich mein Chef zu einem einwöchigen Seminar über die Möglichkeiten des Versandgeschäfts...«

Sie schäumte über vor Begeisterung. Wer würde erwarten, daß ein Mensch soviel Schwung und Elan von einem

Marketingkurs mitbringt wie diese junge Frau? Offensichtlich waren ihr die ungeheuren Möglichkeiten, die das Versandgeschäft bietet, in diesem Kurs zu Bewußtsein gebracht worden – sie hatte gelernt, wie man das Interesse der Leser weckt, wie man die Kunden gezielter ansprechen kann, kurz, wie man den gesamten Verkaufsprozeß effektiver gestalten kann.

»Als ich zurückkam«, fuhr sie mit ihrer Schilderung fort, »schwebte ich förmlich über dem Boden. Wie herrlich das Leben sein kann! Wenn ich daran denke, was ich für Möglichkeiten habe...« Ihr Gesicht glühte. Sie war Feuer und Flamme – ein überzeugendes Beispiel für das Feuer der Begeisterung. »*Das* sind Bergeshöhen!« wiederholte sie. »Was wäre das Leben ohne solche Höhen? Leider ist es uns ja nicht vergönnt, ständig in solchen Höhen zu verweilen, da die eintönigen Pflichten des Alltags uns dieses Hochgefühl allzuschnell wieder vergessen lassen. Doch wenn mich negative Gefühle überkommen oder wenn die Eintönigkeit der täglichen Routine jede Kreativität abwürgt, versetze ich mich im Geiste zurück auf die Bergeshöhen. Ich tue alles, um die Motivation, die mir zeigte, was ich wirklich sein und tun kann, wieder aufleben zu lassen.«

»Ihre Einstellung ist bewundernswert«, sagte ich. »Sie verkörpert eine Lebensphilosophie, die schon vor über zweitausend Jahren in der Bibel, in einer der herrlichsten Passagen, die ich kenne, mit den folgenden Worten beschrieben wurde: ›Die aber, die dem Herrn vertrauen, schöpfen neue Kraft, sie bekommen Flügel wie Adler...‹ Das sind die Bergeshöhen, die Sie meinen. Doch es geht noch weiter: ›Sie laufen und werden nicht müde...‹ Und selbst das ist noch nicht das Ende: ›...sie gehen und werden nicht matt.‹«

Wenn wir die Botschaft dieser Worte aus *Jesaja* (40,31) auf unsere Situation übertragen, so bedeutet sie doch wohl: Derjenige, der einmal die Bergeshöhen der Motivation kennengelernt hat, der kann auch die leidige Eintönigkeit und den Verdruß des Alltagslebens ertragen, ohne seine einmal gewonnene Kraft zu verlieren.

Das Feuer der Begeisterung kann jedoch nicht ewig brennen, wenn wir es nicht schüren und ab und zu ein paar neue Scheite auflegen. Ohne Erneuerungsprogramm wird selbst die stärkste Motivation schwächer, bis sie schließlich verglimmt. Eine Erneuerung der Motivation kann beispielsweise so aussehen, daß wir – wie bereits angedeutet – inspirierende Lektüre zur Hilfe nehmen, anregende Gesellschaft und die Nähe begeisterungsfähiger Menschen suchen. Zynikern, Nörglern und Negativisten sollten wir hingegen aus dem Weg gehen, denn solche Menschen haben uns nichts Konstruktives zu bieten.

Ein Motivationserlebnis kann auch durch eine besondere innere Eingebung ausgelöst werden – in Form eines ›magischen Wortes‹. Solche Momente lassen sich allerdings nie vorhersehen oder vorausplanen, deshalb ist es ratsam, unsere Sinne und vor allem unser Denken für solche neuen Impulse stets offenzuhalten. Das ›magische Wort‹ vermag tatsächlich Änderungen herbeizuführen, die mitunter das ganze Leben neugestalten.

Steve Carlton ist ein Beispiel dafür. Carlton war der Starspieler der Baseballsaison von 1972, obwohl er in einer völlig unbedeutenden Mannschaft, bei den ›Phillies‹, spielte.

Zwei Jahre zuvor spielte Carlton als Aufschläger bei den ›Saint Louis Cardinals‹. Auch in dieser Spielzeit war er in aller Munde: Er verlor nämlich regelmäßig! Eines Tages erreichte ihn dann das magische Motivationswort. Es stand in einem Brief eines Baseballfans, der ganz offen und direkt Carlton seine Meinung schrieb. Er sei überzeugt, schrieb er, daß er die Anlagen zu einem Bombenspieler habe, doch scheinbar fehle ihm die richtige positive Einstellung. Diese Worte setzten bei Steve Carlton einen Prozeß in Gang, der dem bislang so mittelmäßigen Spieler zu einem großartigen Erfolg verhalf.

»Von dem Zeitpunkt an war ich wie verwandelt«, sagte Steve Carlton. Durch einfache, jedoch überaus motivierende Worte spornte er sich zu überragenden Leistungen an. Steve gewann in dem gleichen Jahr vier der restlichen fünf Spiele, und im folgenden Jahr ging es mit neuen Rekorden weiter.

»Verlieren? Ich denke einfach nicht mehr daran«, sagte Carlton. Er verdankte seinen Erfolg allerdings nicht allein seiner neugewonnenen positiven Denkweise. Ein weiteres kam hinzu, das ihm die bahnbrechenden Siege einbrachte: ein harter Aufschlag, der jeden Ball am Gegner vorbeisausen ließ; ein gedrallter Schnittball, der dem Gegenspieler den Kopf verdrehte; und ein schnittiger Flachschlag, der unter mehrmaligem Aufprallen die ganze Strecke bis zum Ziel zurücklegte. Willie Stargell, Mannschaftskapitän der ›Pittsburgh Pirates‹, der häufig gegen Carlton antreten mußte, bemerkte grimmig, der Versuch, Carltons Aufschlag zu treffen, sei so hoffnungslos wie das Unterfangen, Kaffee mit der Gabel zu löffeln.

Schon als Carlton noch zu den Verlierern zählte, besaß er die technischen Voraussetzungen zu einem Starspieler. Was ihm jedoch fehlte, das war der innere Ansporn, diese Fähigkeiten auch wirklich voll einzusetzen. Nachdem aber die Motivation, die innere Beteiligung, erst einmal erwacht war und er sich in einem neuen Licht gesehen hatte, gelang ihm auch die überzeugende Umsetzung seiner spielerischen Fähigkeiten.

Das ›magische Wort‹

Das magische Wort, also das Wort, das eine tiefgreifende Motivation auslösen kann, wirkt auf wunderbare, ja geheimnisvolle Weise. Wer seine Sinne für eine solche Erfahrung wachhält, befindet sich auf dem Wege zu neuen Entwicklungen. Wir können uns öffnen, indem wir unser Denken einsetzen, Interesse entfalten, Gebete verrichten und unsere Träume bewahren – und eines Tages kann uns ein magisches Motivationswort erreichen und zu unserem Inneren sprechen.

Welche großartigen Veränderungen sich daraus für das weitere Leben ergeben können, zeigt der folgende Fall eines Mädchens aus ärmsten Verhältnissen...

Mary B. Crowe, um die es hier geht, war täglich damit beschäftigt, die rußverschmierten Overalls ihres Vaters zu waschen. Die Arbeitskleidung ihres Vaters, der als Bergmann unter Tage sein Geld verdiente, mußte täglich gewechselt werden. Unter den ärmlichen Verhältnissen jener Zeit, in der Mary aufwuchs, stand ihr nichts als eine Schüssel und ein Waschbrett zur Verfügung. Es gab weder Waschmaschine noch Wäschetrockner, die die harte Schrubberei erleichtern konnten.

Eines Tages, als Mary die schmutzstarrenden Kleidungsstücke durchwalkte, geschah das Außergewöhnliche. In ihrem Kopf, dem Schauplatz erstaunlicher Vorgänge, nahm das magische Wort Gestalt an und wurde von ihren wachen Sinnen und ihrem empfänglichen, gläubigen Gemüt aufgenommen. Während des Schrubbens blitzte eine Eingebung vor ihrem geistigen Auge auf und drang ihr klar und deutlich ins Bewußtsein mit dem Wort: *College!*

Woher kam nun dieser plötzliche Einfall, dieses magische Wort? Aus der Luft? Aus den Tiefen des Unterbewußtseins? Von Gott? Ein Gedanke, den sie nie zuvor gehegt hatte, war mit einemmal da und ließ sie nicht mehr los.

Mary Crowe sah bereits vor sich, wie sie in Hut und Talar auf das Podest zuschritt, um ihr Diplom entgegenzunehmen, ein Collegediplom! Wie töricht sie war! Ohne Geld, ohne jede Unterstützung – es war völlig aussichtslos. Niemand aus ihrer Familie hatte je ein College besucht. Aber, so unvorstellbar es war, sie hielt dennoch an diesem Gedanken fest. Eine Motivation, die sich in dieser bildhaften Vorstellung in ihr regte, hatte ihre Begeisterung entfacht. Zugleich erfuhr sie einen Zustrom an Kraft. Und Kraft würde sie benötigen, um ihren Plan weiterzuverfolgen.

Während sie weiter tagein, tagaus die schmutzigen Overalls wusch, besuchte sie nebenher die Oberschule. Schließlich kam die Abschlußprüfung, die sie mit Auszeichnung bestand! Der Gemeindepfarrer ließ Mary zu sich kommen. In einem Umschlag, den er seit mehreren Jahren in seinem Schreibtisch aufbewahrt hatte, überreichte er ihr das begehrte Stipendium für das *St. Mary of the Springs College!* Ein entscheidender Schritt auf die Verwirklichung ihres Ziels zu war getan.

Mary besuchte das College mit wahrer Begeisterung. Nebenher arbeitete sie als Kellnerin, als Hausmädchen, als Köchin, als Mädchen für alles, um für ihr Studium das erforderliche Geld aufzutreiben. Sie verlor ihr Ziel nie aus den Augen und schaffte schließlich ihren Abschluß. Dann absolvierte sie noch einen Aufbaukurs im Versicherungswesen, um sich für die Anstellung bei einer Versicherungsgesellschaft zu qualifizieren. Als sie sich das erste Mal bei einer Versicherungsagentur bewarb, rümpfte der Direktor nur die Nase: »Was wissen Sie denn schon über Lebensversicherungen? Was über das Verkaufsgeschäft?« Außerdem, und das war der springende Punkt, sei sie eine Frau. Die Antwort war ein deutliches Nein. Mary gab jedoch nicht auf und sprach immer wieder bei ihm vor, mit der Bitte, ihr doch eine Chance zur Bewährung zu geben. Schließlich wurde es dem Direktor zu dumm – er willigte aus schierer Verzweiflung ein: »Also gut, hier haben Sie die Tabellen der Prämiensätze und einen Schreibtisch, aber Sie können weder mit einem Spesenkonto noch mit sonstiger Unterstützung rechnen. Von mir aus können Sie hier verhungern!« Den Gefallen tat sie ihm jedoch nicht – vielmehr wartete sie bereits ein paar Tage später mit ihrer ersten Versicherungspolice auf.

Fünfundzwanzig Jahre nach ihrer ersten harterkämpften Anstellung wurde sie von ihren Kollegen bei einem Abendessen anläßlich ihres Jubliäums als eine der erfolgreichsten Vertreterinnen des Versicherungsgeschäftes gefeiert. Das Erfolgsrezept, das sie auf ihrem Weg begleitet hatte, hieß: bildhaftes Vorstellen, Glauben, Beten, positives Denken, unterstützt durch Begeisterung und Motivation.

Ändern Sie Ihr Denken!

»Jeder kann sein Denken und dadurch sein Leben ändern«, sagt Mary Crowe. »Der Mensch befindet sich fortwährend in einem Zustand des Werdens, und er wird so, wie er denkt. Will er sein Leben ändern, muß er zunächst sein Denken in neue Bahnen lenken. Das wird erreicht, indem er lebendige Bilder in sein Unterbewußtsein einsinken, indem er positive Bildvorstellungen an die Stelle negativer treten läßt.« Allerdings kann diese Philosophie nicht bedeuten, daß ein Leben ohne alle Probleme verläuft. Doch sie betont, daß der Mensch jedem Problem voller Vertrauen entgegentreten kann, da er in sich die Anlagen trägt, es vermöge der Kraft des Denkens auch zu meistern.

Mary Crowe und ihre Geschäftspartnerin Gladys Bowen sind der beste Beweis dafür. Sie haben beide ihr Leben lang die Methode des bildhaften Vorstellens praktiziert, und der Erfolg hat ihnen recht gegeben. In einem Brief jüngeren Datums schildert Mary Crowe Einzelheiten ihres Erfolgsrezeptes…

»In den vergangenen zehn Jahren sind Wunder geschehen, eine Folge der praktischen Anwendung der Lebensweisheit, die sagt: ›Glauben ist sehen.‹ Lassen Sie mich unsere Methode kurz erklären. Wir entwickeln zunächst ein Bild oder eine Vorstellung dessen, was wir brauchen oder wünschen. Wir bringen diese Gedanken dann zu Papier und halten sie uns täglich wieder vor Augen. Dann verinnerlichen wir die Vorstellung und glauben fest an sie. Was ebenso wichtig ist, wir handeln stets so, als ob das Ergebnis bereits Wirklichkeit sei. Unerläßlich ist jedoch eine echte Begeisterung an der Sache, weshalb wir uns auch immer um die ›richtige Wellenlänge‹ bemühen. Sind alle diese Faktoren vorhanden, begeben wir uns an die Arbeit und tun alles, was uns zur Erreichung unseres Zieles erforderlich erscheint.

Unsere Gesundheit hat sich mit zunehmendem Alter erstaunlicherweise ständig verbessert. Allein schon diese Tatsache erfüllt uns mit Optimismus – wenn man bedenkt, daß wir beide die Sechzig schon überschritten haben! Wir denken uns in eine Vorstellung vollständiger Gesundheit hinein (ein Schildchen an der Kühlschranktür dient als ständige Erinnerung). Außerdem sind wir beide begeisterte Naturkostanhänger. Wir führen unsere blühende Gesundheit und nie nachlassende Schaffenskraft darauf zurück, daß wir strikt darauf achten, was in unseren Magen, aber auch was in unser Gemüt gelangt.

Im Jahre 1957 beispielsweise litt ich an einer unerklärlichen Entzündung der Rippenmuskulatur, die mir höllische Schmerzen verursachte, sobald ich auch nur einen Arm etwas bewegte. Damals besaß ich keinen roten Heller, und die Zukunft sah schier trostlos aus, weil ich meiner Arbeit nicht mehr nachgehen konnte. Andererseits wollte ich niemandem zur Last fallen. Da fiel mir ein Buch über die Macht unserer Denkprozesse in die Hände, in dem ausführlich geschildert wurde, wie wir unsere Gedankengänge selbst steuern können. Das Buch war Gold wert! Es lehrte mich positives Bilddenken, vermöge dessen ich den Weg zur richtigen Behandlung meines Leidens und zu einer erstaunlich schnellen Genesung fand.

Die Anwendung positiver Bildvorstellungen auf unser Versicherungsgeschäft hat uns erstaunliche Rekorde eingebracht. In den vergangenen zwölf Jahren haben wir zwei

Frauen mehr Policen im Wert von einhunderttausend Dollar verkauft als alle männlichen Kollegen zusammen. Kein schlechtes Ergebnis, wenn man bedenkt, daß uns am Anfang unserer Karriere niemand einstellen wollte, mit dem Argument, daß wir keine sechs Monate überstehen würden!«

Mary Crowes Bericht bestätigt einmal mehr, wie eine kraftvolle Motivation zum richtigen Einsatz des Denkens und damit zum Gelingen führt. Gilt es für sie, so gilt es auch für jeden von uns. Wenn wir offen sind für das magische Motivationswort, dann werden wir es auch vernehmen und uns über alle vermeintlichen Grenzen hinwegsetzen.

Hindernisse: ein Synonym für Ansporn

Die überaus harten Schicksalsschläge – wer fürchtet sie nicht? Wer kennt nicht die Situationen, die uns ratlos werden lassen, die uns dazu verleiten, all das aufzugeben, was uns lieb und teuer ist, wofür wir gearbeitet, wofür wir Entbehrungen auf uns genommen haben? Doch jeder noch so harte Schicksalsschlag trägt den Kern des Ansporns in sich, jede noch so große Erschwernis kann das Signal zu gesteigerten Anstrengungen geben. William A. Ward formulierte dies treffend mit den Worten: »Am Unglück zerbricht so mancher – ein anderer aber bricht Rekorde.« In dem gleichen Sinne ließ William Shakespeare uns wissen: »Süß sind die Früchte der Not.« Er schien zu wissen, welcher Ansporn zu immer größeren Leistungen dem starken Menschen aus einer Notlage erwachsen kann.

Ich fragte einmal J. C. Penney nach dem Geheimnis seines Erfolges. Ohne Zögern erwiderte er: »Hindernisse! Aus mir wäre nie etwas geworden, wäre ich nicht stets gezwungen gewesen, den steilen, dornigen Pfad emporzuklimmen.« An diesen Ausspruch wurde ich wieder erinnert, als ich vor einiger Zeit die Nathan Road in Kowloon, Hongkong, entlangging und in einem Fenster die Nachbildung en miniature eines alten, teuren Freundes, des berühmten Colonel Harland Sanders, entdeckte.

Dieser Colonel hatte einen weiten Weg zurückgelegt, und zwar nicht allein in geographischer Hinsicht. Wie weit hatte er den verhängnisvollen Tag damals in Corbin, Kentucky, hinter sich lassen können! Welch eindringlicher Beweis einer starken Motivation, als er nach einem vernichtenden Schlag, den er im Alter von fünfundsechzig Jahren hinnehmen mußte, noch zu einer weltweit bekannten Persönlichkeit wurde!

Der Vater war Bergmann gewesen, die Mutter hatte in einer Hemdenfabrik gearbeitet. Als eines von vielen Geschwistern, die die Mutter im Haushalt unterstützten, war es die Aufgabe des jungen Harland, für die ganze Familie zu kochen (was sich später bezahlt machen sollte).

Harland Sanders war harte Arbeit von klein auf gewohnt; die Schule mußte er mit Abschluß der sechsten Klasse verlassen. In jener Zeit herrschte in den Bergen von Kentucky große Armut; wie so viele andere war auch Harland hiervon betroffen. Arbeitslosigkeit, Armut, Hunger – diesen Teufelskreis, der sich mit unerbittlicher Regelmäßigkeit wiederholte, konnten nur die wenigsten durchbrechen. Harland gehörte zu den wenigen; er eröffnete schließlich ein Restaurant (»Die Menschen müssen immer essen«, so seine Überlegung). Doch mit der Überlegung allein war es nicht getan; viele Jahre knochenharter Arbeit mußte er investieren, bis sein Geschäft einen bescheidenen Betrag abwarf. Als aber dann der nahe gelegene Highway durch ein anderes Gebiet geführt und die alte Trasse stillgelegt wurde, blieben die Gäste aus. Harland Sanders stand vor einem Scherbenhaufen; er verlor alles. Zu jenem Zeitpunkt war er bereits fünfundsechzig Jahre alt.

Da saß er nun auf seiner Veranda in Corbin, Kentucky, Mitte Sechzig, bankrott und mittellos, auf die monatlichen einhundertfünfzig Dollar Sozialrente vom Staat angewiesen. Doch als Sozialfall wollte sich Colonel Harland nicht sehen. Es mußte doch einen Weg geben, so überlegte er, aus eigener Kraft etwas für seinen Lebensunterhalt zu tun. Er dachte lange und tief nach und stieß am Ende auf eine Lösung – die Idee der ›Kentucky Fried Chicken‹ war geboren.

Ihm war das Spezialrezept seiner Mutter für gebratene Hähnchen in den Sinn gekommen, ein altes Familienrezept, das er immer als etwas Besonderes angesehen hatte. Wie wäre es, wenn er versuchte, Lizenznehmer für dieses Brathähnchenrezept zu finden? Colonel Sanders machte sich gleich an die Verwirklichung dieser Idee und fand schließlich, nachdem er zuvor von zahllosen Restaurants abgewiesen worden war, seinen ersten Interessenten. Die erste Lizenz, die an ein Restaurant in Salt Lake City vergeben wurde, brachte prompt einen Bombenerfolg. Zehn Jahre später, im Alter von fünfundsiebzig Jahren, verkaufte er seine Anteile an dem Unternehmen, blieb aber als Ehrenpräsident weiter tätig. Heute überziehen Tausende von Brathähnchenstationen mit der Aufschrift ›Kentucky Fried Chicken‹ die Vereinigten Staaten von Amerika.

Nicht der enorme finanzielle Erfolg des Colonels ist so bemerkenswert, sondern es ist vielmehr sein Lebensweg, der uns zeigt, wie jemand nie aufzugeben braucht, ganz gleich, in welchem Lebensabschnitt er sich befindet. Colonel Harland Sanders hat nämlich eines bewiesen: Das Leben hält stets Möglichkeiten für uns bereit, die den Grundstein für einen Neubeginn legen können – sofern wir die richtige Motivation aufbringen.

Hier noch einmal im Überblick die wesentlichen Anhaltspunkte zur Erlangung und Bewahrung einer inneren Motivation, die uns unsere Fähigkeiten aufzeigt und uns die Kraft gibt, sie in die Tat umzusetzen:

- Was immer Sie tun, tun Sie es nie halbherzig.
- Suchen Sie anregende, Begeisterung fördernde Gesellschaft.
- Bewahren Sie Ihre Motivation auch angesichts eines Hindernisses oder eines Unglücks, denn aus jeder Not erwächst etwas Neues, Gutes.
- Formen Sie eine bildhafte Vorstellung von Ihrem Ziel und halten Sie diese im Bewußtsein lebendig, bis Sie Ihr Ziel erreicht haben.
- Seien Sie empfänglich für ein magisches Motivationswort. Es kann zu einer Neugestaltung Ihres ganzen Lebens führen.
- Lassen Sie sich von positiven Gedanken, etwa aus geeignetem Lesestoff, zu neuen Taten beflügeln.
- Die stärkste Motivation erwächst uns aus dem spirituellen Bereich. Wer sich den spirituellen Einflüssen öffnet, dem wird die Kraft der Motivation immer aufs neue zuteil.

5

Der Schlüssel zu gesundem Selbstvertrauen

»Der Mensch ist zum Erfolg und nicht zum Scheitern geboren«, sagte der amerikanische Schriftsteller Henry D. Thoreau, ein radikaler Nonkonformist.

Und Ralph W. Emerson verkündete: »Selbstvertrauen ist der erste Schritt zum Erfolg.«

Doch wie vielen Menschen mangelt es an gesundem Selbstvertrauen! Wie viele unter uns mißtrauen ihren eigenen Fähigkeiten und werden von quälenden Zweifeln geplagt! Millionen von Menschen leiden unter Minderwertigkeitsgefühlen, fühlen sich wertlos und unzulänglich. Sie stehen sich häufig selbst im Wege und verhindern mit ihrer Einstellung ›Ich bin zu nichts zu gebrauchen‹ jegliches Fortkommen und jede gesunde Weiterentwicklung.

Neulich erreichte mich ein Anruf aus Übersee. Eine mir unbekannte Männerstimme drang durch den Äther und verkündete mir in einem halb verängstigten, halb klagenden Tonfall: »Ich stecke in einer Klemme, in einer Situation, der ich nicht gewachsen bin. Ich weiß, diesmal ist es zuviel für mich. Ich kann damit nicht fertig werden. Ich… ich schaffe es nicht…« Hier brach die Stimme verzweifelt ab.

»Halten Sie sich selbst für normal?« nahm ich das Gespräch auf.

»Meinen Sie, ob ich geistig gesund bin? So etwas bin ich noch nie gefragt worden, aber ich bin nicht verrückt.«

»Gut. Sind Sie krank, haben Sie körperliche Gebrechen?« fragte ich weiter.

»Ganz und gar nicht. Ich bin jung und kerngesund.«

»Wunderbar. Wie steht's mit Ihrer Ausbildung?«

»Ich habe einen Universitätsabschluß, und meine Zeugnisse waren eigentlich immer recht ordentlich.«

»Also gut, junger Mann, lassen Sie mich Ihre Lage einmal näher betrachten. Sie sind sowohl in geistiger als auch in körperlicher Hinsicht ein gesunder Mensch, und Sie haben eine gute Ausbildung vorzuweisen. Was veranlaßt Sie, das viele Geld für ein Ferngespräch über den Atlantik zum Fenster hinauszuwerfen, nur um mir mit schwacher, verängstigter Stimme mitzuteilen, daß Sie in einer Klemme stecken, die Sie vermeintlich nicht bewältigen können?«

»Wissen Sie, bei dem Gedanken an meine bevorstehenden Schwierigkeiten überkam mich plötzlich ein Gefühl der Ausweglosigkeit, das mich völlig erdrückte. Ich wußte mir keinen Rat mehr. Da fiel mein Blick auf eines Ihrer Bücher. Ich nahm es aus dem Regal und begann zu lesen. Schließlich rechnete ich mir aus, daß es bei Ihnen in New York ungefähr Mittag sein muß – und kurzentschlossen griff ich zum Telefon. Fünf Minuten später waren Sie bereits in der Leitung, und nun spreche ich mit Ihnen persönlich! Ist das nicht großartig?«

»All das«, entgegnete ich, »läßt eine beachtliche Entschlußfreudigkeit Ihrerseits vermuten. Ihr schnelles Handeln zeugt von einer gesunden Tatkraft. Sie haben sich nicht lange gefragt, ob Sie es wagen sollten, anzurufen, oder was wäre, wenn ich nicht zu Hause wäre, oder ob ich Sie womöglich für einen ›Spinner‹ halten würde. Solche oder ähnliche Zweifel kamen Ihnen zum Glück erst gar nicht. Sie faßten einen Entschluß, den Sie ohne langes Zögern in die Tat umsetzten. Und das verrät mir die Wahrheit über Sie. Ihre einleitende Behauptung, Sie seien Ihrer jetzigen Lage nicht gewachsen und würden mit der bevorstehenden Schwierigkeit nicht fertig, entspricht nicht Ihrem eigentlichen Wesen. Ich will aber keineswegs abstreiten, daß Ihr Problem äußerst schwierig ist. Vielleicht wird es Ihnen sogar alle Kraft abverlangen, die Sie nur aufbringen können. Doch Sie sollten sich eines klarmachen: Wie hart es auch werden mag, Sie können diese Situation bewältigen. Zum Schluß noch eine andere Frage: Glauben Sie an Gott?«

»Doktor Peale«, entgegnete er, »wie könnte ich Sie, einen Theologen, um Rat bitten, wenn ich nicht an Gott glaubte?«

»Großartig. Dann lassen Sie uns einfach, hier am Telefon, ein Gebet sprechen. Wahrscheinlich wird es das kostspieligste Gebet werden, das Sie je gehört haben, aber sei's drum.«

Ich formulierte ein Gebet, in dem ich Gott in einfachen Worten bat, ihm bei der Überwindung seiner Verunsicherung und seiner Zweifel beizustehen und sein Selbstvertrauen wiederherzustellen. Ich dankte Gott dafür, daß er den jungen Mann mit Gesundheit und Entschlußkraft ausgestattet hatte, die ihm bei der Bewältigung seiner Aufgabe eine große Hilfe sein würden. Abschließend brachte ich die Vermutung zum Ausdruck, daß sich seine Wandlung innerlich bereits vollzogen habe.

»Schreiben Sie mir bei Gelegenheit«, sagte ich abschließend, »wie Sie Ihre Schwierigkeiten bewältigt haben. Denken Sie daran, daß Sie es schaffen, wenn Sie daran glauben, daß Sie es schaffen!«

Einige Zeit später meldete er sich mit einem erfreulichen Bericht, der erste Erfolge andeutete und seine veränderte Einstellung durchschimmern ließ. »Nachdem Sie mir gezeigt hatten, daß ich mir vertrauen kann«, schrieb er, »strömte meine Zuversicht zurück. Ich lenke meine Gedanken in eine positive Richtung und verlasse mich darauf, daß sich die Kraft, mit den Problemen umgehen zu können, einstellen wird.«

Das wird sie gewiß. Jeder kann seine Schwierigkeiten bewältigen, und zwar in dem Maße, wie er lernt, Vertrauen in die eigene Person zu entwickeln. Mit einem genügend starken Selbstvertrauen sind wir im Besitz des Schlüssels, der uns die Tür zum Erfolg öffnet. Trauen wir uns den Erfolg zu, indem wir an uns selbst glauben, dann wird er sich auch zwangsläufig einstellen.

Sie können gelegentlich an Ihren Mitmenschen beobachten, wie sie überragende Leistungen vollbringen, wenn sie erst einmal an ihre eigenen Fähigkeiten glauben. Gleichzeitig ist ein gesundes Selbstvertrauen, ein wirklichkeitsnaher und uneigennütziger Glaube an die eigene Person auch für ihre Umgebung von großem Wert, denn diese positive Haltung ist ansteckend und überträgt sich auf alle, die damit in Berührung kommen.

Setzen Sie sich mit Ihrer ganzen Kraft ein!

Wann immer ich über die Frage des Selbstvertrauens nachdenke, kommt mir der überragende Footballcoach Vince Lombardi in den Sinn. Er war ein wunderbarer Mensch, der mich ebenso in seinen Bann zog, wie er auch Spieler und Zuschauer stets begeisterte. Als langjähriger Bewunderer dieses großartigen Coachs wußte ich um seinen Ruf, ein ausgemachter ›Schinder‹ zu sein, der seine Spieler mit unerbittlicher Härte trainierte. Bis ich ihn persönlich kennenlernte, stellte ich ihn mir daher als einen ziemlich schroffen und harten Menschen vor. Doch dann mußte ich feststellen, daß er äußerst warmherzig, freundlich und ausgesprochen gesellig sein konnte. Als ich diesen Eindruck einem seiner Spieler schilderte, knurrte der nur: »Zum Kuckuck auch, Sie gehören ja nicht zu seiner Mannschaft!«

»Eines habe ich mir immer sehnlicher gewünscht als alles andere«, sagte mir Lombardi, »und das war zu siegen. Was für einen Sinn hat das Spiel, wenn ich mir nicht den Sieg zum Ziel setze? Alles, das Spiel, die Arbeit, das Denken, sollte stets auf Gewinnen ausgerichtet sein.« Über seine Aufgabe als Footballcoach sagte Lombardi: »Es geht darum, aus diesen Jungen ganze Kerle zu machen, die gewinnen wollen und die bereit sind, ihre gesamte Physis und Psyche nur auf dieses eine Ziel auszurichten. Sie sollen an sich selbst und an ihre Mannschaft glauben – ihr Denken muß stets von Zuversicht geprägt sein. Echtes Vertrauen überrollt alle Hindernisse.«

Vince Lombardi war von der Bedeutung einer gewissen Härte sowie strikter Regeln überzeugt. »Wenn ihr für mich arbeitet«, sagte er seiner Mannschaft in entschiedenem Ton, »darf es für euch nur drei Dinge geben, um die sich eure Gedanken drehen: euren Glauben an Gott, an eure Familie und an die ›Green Bay Packers‹ – und zwar in dieser Reihenfolge.«

Jerry Kramer, ein ehemaliger Abwehrspieler der ›Green Bay Packers‹ hielt seine Erinnerungen an die Zeit unter diesem großartigen Trainer in einem Buch fest. Er hat beispielsweise nicht vergessen, wie Lombardi eines Tages seinen Angriffspielern sagte: »Das Spiel verlangt euren ganzen Einsatz. Ihr müßt mit völliger Hingabe spielen. Schert euch um nichts und niemanden. Je tiefer ihr in die gegnerische Hälfte eindringt, desto größer soll euer Eifer werden. Und nichts, kein Panzer, keine Mauer, keine noch so dichte Abwehr darf euch davon abhalten, den Ball über die Torlinie zu bringen!« Ist es da ein Wunder, wenn diese Mannschaft unter Lombardis Führung die Sportbegeisterten immer wieder in Erstaunen versetzen konnte?

Wenn wir einen Vergleich zu unserer eigenen Arbeit ziehen, ist es nicht auch unser Ziel, die uns gestellten Aufgaben in der hier geschilderten Art und dem beschriebenen Geist zu erfüllen? Gewöhnlich geben wir uns nicht damit zufrieden, an einer Arbeit stümperhaft herumzupfuschen. Wir wollen einfach keine halbfertige Aufgabe vor uns herschieben, sondern setzen alles daran, ein vorgestecktes Ziel auch zu erreichen. Hierzu befähigt uns ein gesundes Selbstvertrauen. In dem Maße, wie wir unseren Fähigkeiten vertrauen, werden wir erfahren, daß der Glaube an die eigenen Fähigkeiten wie ein kraftvoller Magnet wirkt, der erfreuliche Resultate und positives Gelingen unweigerlich anzieht.

Eine gewinnbringende Erfolgsformel: Glauben und handeln!

Auf einer Handelstagung erzählte mir einmal ein junger Verkäufer, welch positive Wandlung ihm widerfuhr, als er eines Tages die Bedeutung echter Hingabe begriff. Er lernte, aus sich herauszugehen und sich mit seiner ganzen Person für seine Aufgaben einzusetzen. Heute zählt er zu den Spitzenkräften seiner Verkaufsgruppe. Er habe sich, so versicherte er mir, im Vergleich zu früher in sein genaues Gegenteil verwandelt.

»Jahrelang war ich ein ausgesprochener Versager. Ich war verbittert, beklagte mich bei jeder Gelegenheit und hatte das Gefühl, vom Leben ungerecht behandelt zu werden. Immer ließ ich den Kopf hängen und wartete auf eine Veränderung. Doch nichts geschah, und allmählich verlor ich jeglichen Glauben an mich selbst. Ich sah keine Zukunft vor mir. Eines Tages hörte ich durch Zufall folgende Bemerkung: Es habe keinen Zweck, untätig nur zu warten, vom Leben etwas geschenkt zu bekommen, denn nichts geschähe, bis der einzelne nicht selbst etwas unternähme und etwas in sein Leben investiere! Da verstand ich, daß das Leben uns nur soviel geben kann, wie wir selbst an das Leben gegeben haben. Die große Frage, die das Leben an jeden von uns stellt, lautet: ›Bist du mit von der Partie? Bist du bereit, dich zu geben? Glaubst du aufrichtig an dich selbst?‹ Nur wer sich vertrauensvoll dem Leben stellt, kann auch die Preise davontragen.

Genau das aber war mein wunder Punkt. Ich hatte alles andere als Zutrauen zu meinen eigenen Fähigkeiten und konnte mir so natürlich keine Sporen verdienen. Plötzlich sah ich mich in einem völlig neuen Licht und erkannte, welch klägliche Figur ich bis dahin abgegeben hatte. Hier Abhilfe zu schaffen war – wenn es mir anfangs auch nicht leichtfiel – letzten Endes gar nicht allzu kompliziert. Ich setzte mir in den Kopf, mich mit allem Elan, den ich aufbringen konnte, meinen Aufgaben zu widmen. Ich brachte den Willen auf, an meine Arbeit und an mich selbst zu glauben. Seither lebe ich nach dem Motto: ›Glauben und handeln!‹

Was nützt jedoch ein Glauben ohne entsprechendes Handeln? Ich beschloß also, zu handeln. Das begann damit, daß ich am nächsten Morgen eine Stunde früher als gewöhnlich aufstand. ›Heute werde ich mich einmal richtig ins Zeug legen‹, sagte ich laut vor mich hin. Ich warf einen Blick auf meine Kundenliste und machte mich auf den Weg. Bei der ersten Adresse war ich angelangt, bevor das Geschäft geöffnet hatte. So hatte ich Gelegenheit, dem Inhaber beim Öffnen behilflich zu sein, was mir erstaunlicherweise sogar Spaß machte. Ich begann mich für sein Geschäft zu interessieren, und schon bald waren wir in eine angeregte Unterhaltung über seine Arbeit vertieft. Die Folge davon war, daß ich an diesem Tag meinen ersten Geschäftsabschluß bereits zu einem Zeitpunkt hinter mich gebracht hatte, zu dem ich früher noch im Bett gelegen hatte. Es lief plötzlich allcs wic von selbst.

Den ganzen Tag über ging es so weiter. Die Welt schien wie verwandelt. Ich staunte. Zugegeben, später mußte ich oft genug dagegen ankämpfen, nicht in meinen alten Trott zu verfallen, doch mit der Zeit wurde ich gegen meine frühere Schwäche immun. Heute macht mir meine Arbeit große Freude, und ich merke, es lohnt sich einfach. Nachdem ich einmal entdeckt habe, wozu ich fähig sein kann, fühle ich mich wie beflügelt. Alles sieht so anders aus. »Vielleicht«, fügte er gedankenvoll hinzu, »weil ich mich selbst geändert habe.«

Diese Beobachtung ist richtig. Wenn Sie eine Veränderung Ihrer Lage wünschen, können Sie sie wahrscheinlich dadurch herbeiführen, daß Sie sich selbst ändern. Entdecken Sie Ihren Glauben an sich selbst und bauen Sie Ihr Handeln auf der realistischen Zuversicht auf, daß Sie die Fähigkeiten und Kenntnisse besitzen, genau das zu tun, was getan werden muß.

Ein zuverlässiges, souveränes Selbstvertrauen, das uns auch in heiklen Situationen nicht im Stich läßt, stellt sich allerdings nicht von heute auf morgen ein. Es setzt vielmehr ein gewisses Maß an praktischer Erfahrung im Umgang mit unseren geistigen Vorgängen voraus. Wir müssen uns die Fähigkeit erwerben, unsere geistigen Kräfte in eine sinnvolle Richtung zu steuern. Es wird gesagt, Geist sei alles. Ob Sie dem ohne Einschränkung zustimmen wollen oder nicht, die Erfahrung bestätigt jedenfalls immer wieder aufs neue, daß geistige Prozesse den Verlauf der Geschehnisse deutlich beeinflussen und mitgestalten.

Die schöpferische Erwartungshaltung

Wie entscheidend die eigene geistige Haltung den Ablauf des Geschehens wie auch das schöpferische Leistungsvermögen beeinflußt, kann das Beispiel eines jungen Mannes veranschaulichen, dessen Entwicklung ich über längere Zeit hinweg aus nächster Nähe verfolgen konnte…

Er hatte schon allen Glauben an sich verloren. Seine Selbstsicherheit war ihm abhanden gekommen, was in gewisser Weise verständlich war, denn eine mehrjährige Erfahrung wiederholten Scheiterns und immer neuer Fehlschläge lag bereits hinter ihm. Eine Anstellung nach der anderen hatte er verloren. Der besorgte Vater bat uns wegen der vielen Mißerfolge seines Sohnes um Rat. »Ich habe ihn aufs College geschickt. Ich machte meinen Einfluß geltend, um ihm eine gute Anstellung zu besorgen, doch er verlor sie. Ich besorgte ihm eine neue, aber binnen kürzester Zeit verlor er sie ebenfalls. Bei einem Dutzend weiterer Stellenangebote war es immer dieselbe traurige Geschichte. Jedesmal versagte er, und inzwischen ist er schon fast dreißig Jahre alt.« Der Vater war der Verzweiflung nahe.

Wir leiteten zunächst die Teilnahme an einem umfassenden Berufseignungstest in die Wege. Den Ergebnissen zufolge besaß er Begabung für die Arbeit im Personalbereich. Hiervon überrascht, erklärte sich der junge Mann bereit, einen Versuch in dieser Richtung zu unternehmen. Der beratende Psychologe vertrat die Ansicht, in seinem Fall sei außer dem Wechsel der Fachrichtung noch etwas grundlegend anderes erforderlich – was er dringend lernen müsse, sei eine schöpferisch-konstruktive Erwartungshaltung. Andernfalls bestünde die Gefahr, daß sich seine alten Verhaltensmuster des Versagens weiter fortsetzten, wenn auch unter jeweils neuen Vorzeichen.

Schöpferische Erwartungshaltung... ich vernahm diesen Ausdruck zum ersten Mal. Der Psychologe erklärte: »Das Fatale an diesem jungen Mann ist, daß er immer das Schlimmste befürchtet. Seine Gedanken haben die Tendenz, sich die jeweils negativste Möglichkeit auszumalen, was natürlich einem Scheitern Tür und Tor öffnet. Er muß umdenken und positive Ergebnisse erwarten lernen. Eine schöpferisch-konstruktive Erwartungshaltung bedeutet, sich voller Zuversicht in das eigene Potential bessere Möglichkeiten auszumalen und ihr Eintreffen fest zu erwarten.« Eigentlich ist es eine Binsenweisheit, daß jeder das erhält, was er innerlich erwartet. Es sind ebendiese inneren Erwartungshaltungen – ob wir uns ihrer bewußt sind oder nicht –, die die entsprechenden Ereignisse auch herbeiführen.

In dem Maße, wie der junge Mann eine positive Erwartungshaltung methodisch anzuwenden lernte, nahm auch seine Entwicklung den Weg zum Positiven. Hatte er früher in den Tag hineingelebt, in der ständigen Befürchtung, wieder neues Unheil anzurichten, so begannen sich jetzt neue, schöpferische Vorstellungen in ihm zu regen. Er bemühte sich um eine zuversichtliche Denkweise, bis ihm allmählich, trotz anfänglicher Rückschläge, das neue Verhaltensmuster zur festen Gewohnheit geworden war. Die Einsicht, daß man etwas kann, wenn man erwartet, daß man es kann, machte einen ganz neuen Menschen aus ihm.

Inzwischen sind seit seiner bemerkenswerten Wandlung einige Jahre vergangen. Heute bekleidet er als Vorgesetzter über eine große Zahl Angestellter einen verantwortungsvollen Posten. »Das Prinzip der schöpferischen Erwartungshaltung ist Gold wert«, erklärte er mir. »Es hat nicht nur meine berufliche Laufbahn gerettet, sondern obendrein mein Privatleben unsagbar bereichert. Die Hinwendung meiner Gedanken zum Positiven hat mir den richtigen Weg gewiesen. Aus einem verzagten Menschen, der in ständiger Furcht vor dem nächsten Fehlschlag lebte, wurde jemand, der sein Leben erfolgreich in die Hand nahm.«

Ebenso wie in den exakten Wissenschaften der Mathematik oder Physik waltet auch in allem Denken und Handeln die Gesetzmäßigkeit von Ursache und Wirkung. Alles im Leben läuft nach festumrissenen Kausalgesetzen ab. Machen wir uns daher die gesetzmäßige Verknüpfung zwischen geistiger Haltung und deren Folgen zunutze, indem wir mit einer schöpferischen Erwartung sowie einem gesunden Selbstvertrauen positive Wirkungen herbeiführen.

»Die größte Entdeckung meiner Generation«, sagte einer der Wegbereiter der modernen Psychologie, William James, »ist die, daß die Menschen gestaltend und verändernd auf ihr Leben einwirken können, indem sie ihre geistigen Haltungen und Einstellungen gestalten und ändern.«

Erreichen Sie Ihr Ziel durch bildhaftes Vorstellen!

Ein Mensch, der sich vor seinem geistigen Auge bildhaft ausmalt, wie er etwas vollbringt und wie er es vollbracht hat, statt aufzugeben und zu versagen, und der sich dabei nicht scheut, den Preis intensiver Arbeit und großer Mühen zu zahlen, der wird unaufhaltsam in Richtung auf sein Ziel voranschreiten. Das Erzeugen von Bildvorstellungen ist für unsere persönliche Entwicklung von großer Bedeutung. Wie wir uns selbst sehen, was wir denken, was wir uns bildlich ausmalen – das gibt uns Aufschluß über den eingeschlagenen Weg und führt uns ans Ziel.

Manche unscheinbaren Begebenheiten oder Erzählungen hinterlassen in unserem Denken einen bleibenden Eindruck, weil sie uns zu irgendeinem Zeitpunkt vielleicht einen neuen Anstoß lieferten oder eine neue Botschaft übermittelten. Einen solchen Stellenwert hat für mich die folgende Begebenheit, die mich noch Jahre danach beschäftigte.

Ein berühmter Trapezkünstler unterrichtete einmal eine Gruppe junger Leute, die genug Ehrgeiz und einen gewissen Hang zum Abenteuer mitbrachten, um die gleiche Laufbahn wie er anzustreben. Zunächst studierte die Gruppe einfachere Kunststücke ein. Nach einigen Monaten war dann der entscheidende Zeitpunkt gekommen: Jeder sollte sein Können auf dem Hochseil unter Beweis stellen. Alle bestanden die Probe, doch als der letzte Anwärter an die Reihe kam, schaute er zum Trapez auf – und erstarrte. Unvermittelt drängte sich ihm eine negative Bildvorstellung auf: »Der geringste Patzer – und ich stürze in die Tiefe!« Er war unfähig, auch nur einen Muskel zu bewegen, so stark sah er das Bild seines Versagens vor sich. Schreckensbleich stammelte er: »Ich kann es nicht. Ich sehe mich bereits hinunterfallen. Ich wage es nicht.«

»Wäre ich nicht sicher, daß du dazu imstande bist, würde ich es nicht von dir verlangen, oder?« sagte sein Lehrer.

»Ich will dir sagen, wie du es anstellen mußt. Wirf dein Herz über die Trapezstange dort droben, und dein Körper wird wie von selbst nachfolgen!« Mit diesen Worten brachte der Meister zum Ausdruck, daß der Junge sein Vertrauen einsetzen und die bildhafte Vorstellung der vollbrachten Leistung über das Hindernis ›vorauswerfen‹ sollte, da die Umsetzung in die Tat sich dann mit Leichtigkeit einstellen würde. Es war ein sehr weiser Rat. Das Denken des jungen Artisten erwachte aus seiner Erstarrung, sein gedankliches Bild nahm nach und nach neue Gestalt an, bis er schließlich in der Lage war, die Probe ohne jeglichen Zwischenfall hinter sich zu bringen.

Jeder von uns muß Krisen durchmachen! Doch die Befürchtung eines Unheils versetzt uns in eine seelische Erstarrung, die uns der Fähigkeit beraubt, richtig zu handeln. Setzen wir an dieser Stelle die Gabe der Phantasie und des bildlichen Vorstellens ein, ›werfen‹ wir also Verstand und Herz über das Hindernis, dann werden wir die Krise überwinden. Der geistige Anstoß zieht die tatsächliche Ausführung nach sich. Was Sie geistig vollzogen haben, werden Sie auch handelnd bewältigen!

Doch schon weit geringeres als ein Trapez in luftiger Höhe kann den Menschen in Erstarrung versetzen. Wenn jemand einen schwerwiegenden Fehler begangen oder sich ausgesprochen töricht verhalten hat, so kann dies schnell zu einer verheerenden Störung des Selbstbewußtseins führen, zu Selbstvorwürfen, zu Selbstanklagen. Fragen wie ›Warum habe ich das nur getan?‹ oder ›Warum habe ich nicht jenes unternommen?‹ tauchen dann unweigerlich auf und unterhöhlen unser Selbstvertrauen ganz erheblich. Doch statt uns selbstquälerisch mit einem einmal begangenen Fehler auseinanderzusetzen, ist es bedeutend hilfreicher, den Blick bereits auf den nächsten Schritt zu lenken – in dem Bewußtsein, daß das Geschehene zwar nicht mehr rückgängig zu machen ist, die Zukunft aber neue Herausforderungen zu unserer Bewältigung bereithält – und damit die Chance, es besser zu machen.

Das nachfolgende Beispiel berichtet daher von einem Menschen, dessen Selbstvertrauen wegen eines begangenen Fehlers zunächst tief erschüttert worden war, dem es jedoch gelang, zu neuer Zuversicht und zu neuem Glauben an sich selbst zu finden, nachdem er seine Einstellung neu überdacht hatte.

Der neunundzwanzigjährige Mann, der vor mir saß, war verzagt und mutlos. Eine an Verzweiflung grenzende Niedergeschlagenheit hatte sich seiner bemächtigt. »Wie konnte mir nur so ein schrecklicher Fehler unterlaufen?« wiederholte er immer wieder. »Was für eine beispiellose Dummheit! Ich hatte eine einmalige Chance, und was habe ich daraus gemacht? Alles ist verpfuscht, meine Zukunft ist hin! Wozu bin ich überhaupt noch zu gebrauchen?«

Wegen dieses Fehlers war ihm, der eine ausgezeichnete Stellung bekleidet hatte, gekündigt worden. Der Vorfall ging ihm sehr nahe, und er war völlig verzweifelt, weil er meinte, seine berufliche Laufbahn sei nun unwiderruflich zu Ende.

»Gewiß«, mußte ich zustimmen, »das ist ein harter Schlag für Sie. Doch vielleicht sollten Sie, statt nur zu jammern, einmal Ihre Fehlerphilosophie neu überdenken.« Ich mache ihn darauf aufmerksam, daß es uns Menschen nicht gegeben ist, ohne Fehler durchs Leben zu gehen: »Mitunter können Fehler sogar sehr kostspielig sein, doch grundsätzlich gilt, daß wir aus nichts bessere Lehren ziehen können als aus unseren eigenen Irrtümern. Der Persönlichkeitstyp, der vorwärtskommt und Leistungen erbringt, ist auch imstande, sich zusammenzureißen und jeweils neue Einsichten aus einmal begangenen Fehlern abzuleiten. Er trägt die Konsequenzen, sammelt die Scherben auf und nimmt unverdrossen das nächste Projekt in Angriff. Jede Bestrebung aber, Fehler vermeiden zu wollen, verhindert den wirklichen Erfolg. Ich will Ihnen hierzu ein Beispiel erzählen: Ein namhafter Firmenchef betrieb eine aus dem gewöhnlichen Rahmen fallende Personalpolitik. Er manövrierte junge Mitarbeiter absichtlich in heikle Situationen hinein, in denen sie ohne Anleitung oder Unterstützung einer höheren Instanz ungewöhnliche Aufgaben und Problemstellungen bewältigen mußten. Dabei stellte sich heraus, ob der fragliche Mitarbeiter den Nerv besaß, einen Fehler zu riskieren. Fehlte ihm der Mut zum Risiko, kam er nicht länger für höhere, leitende Positionen in Betracht, da die übermäßige Vorsicht ihn als zu wenig entschlußfreudig kennzeichnete. Mit dieser Methode erzielte der Direktor überdurchschnittliche Erfolge in der Ausbildung selbstsicherer und leistungsstarker junger Leute.«

Ich wies meinen niedergeschlagenen Besucher nun auf folgenden Gesichtspunkt hin: Während Fehler im Normalfall aus Unerfahrenheit resultieren, entspringen manche Fehler jedoch aus einem im Denken angelegten Muster, sozusagen aus einem Hang zu Fehlern oder zu Fehlleistungen. Diese Fehleranfälligkeit äußert sich beispielsweise darin, daß derselbe Fehler immer wiederholt wird. In einem solchen Fall ist eine unter psychologischer Anleitung vorzunehmende Untersuchung der inneren Haltungen und Reaktionsmuster angebracht. Immer jedoch liegt die Hauptbedeutung von Fehlern für uns darin, aus ihnen etwas lernen zu können. Unsere Erfolge bestätigen uns, daß wir etwas richtig gemacht haben – in gleicher Weise enthalten begangene Fehler die Lehre, daß wir etwas falsch gemacht haben. Sie zeigen uns, wie wir es nicht machen sollen.

»Sobald Sie einen Fehler begangen haben«, sagte ich zu meinem Besucher, »sollten Sie herauszufinden versuchen, welche Lehren Sie daraus ziehen können. Nun, da Sie eine erweiterte Kenntnis der Lage besitzen, sollten Sie einen neuerlichen Versuch unternehmen.«

Grove Patterson, ein Zeitungsverleger aus Ohio, hatte vor Jahren einen Leitartikel mit dem Titel ›Wasser unter der

Brücke‹ verfaßt, der mir nun zufällig in den Sinn kam. Da ich hoffte, dieser Bericht könne dem jungen Mann etwas vermitteln, las ich ihn laut vor, denn ich fühlte, dieser nahezu klassische Beitrag zur Wiederherstellung eines erschütterten Selbstwertgefühls würde seine Wirkung nicht verfehlen:

»Ein Junge lehnte am Geländer einer Brücke und schaute in die Strömung des unter ihm dahinrauschenden Flusses. Ein Ast, ein Stück Treibholz, ein Blatt schwammen vorüber. Die Oberfläche des Wassers glättete sich wieder. Das Wasser floß unaufhörlich dahin, wie es schon seit Jahrtausenden, vielleicht seit Jahrmillionen geschah. Mitunter nahm die Strömung an Heftigkeit zu, um dann wieder abzuschwellen, in immerwährendem, unaufhaltsamem Fluß. An jenem Tag wurde dem Jungen eine Erkenntnis zuteil – keine Entdekkung materieller Art, so daß er sie mit den Händen hätte fassen oder mit den Augen hätte sehen können, sondern ein Gedanke, der sich unvermittelt, aber doch ganz sanft in seiner Vorstellung bildete. Es war die Erkenntnis, daß eines Tages alles in seinem Leben vorübergeflossen und verschwunden wäre – wie das Wasser dort unten im Fluß. Die Vorstellung ›wie Wasser unter einer Brücke‹ gefiel ihm. Sie begleitete ihn auf seinem weiteren Lebensweg und leistete ihm gute Dienste. So konnte er in schwierigen Situationen stets auf diesen Vergleich zurückgreifen: Das Leben geht weiter, es fließt unaufhörlich dahin. Wenn er einen nicht vermeidbaren Fehler begangen oder etwas Kostbares unwiederbringlich verloren hatte, wenn Sorgen vor der Zukunft sich seiner zu bemächtigen drohten, stets half ihm dieser Gedanke: ›Wie das Wasser unter einer Brücke.‹«

Der junge Mann saß lange in tiefem Schweigen da. Schließlich erhob er sich. »Also gut«, sagte er, »wie das Wasser unter einer Brücke… Ich werde einen neuen Versuch unternehmen.«

Dieser neue Versuch war von Erfolg gekrönt, weil er die tiefe Wahrheit begriffen hatte, daß kein Versagen endgültig ist. Kein Scheitern, kein Fehler, kein Mißlingen besagt, daß es uns am nötigen Sachverstand oder an grundlegenden Fähigkeiten mangelt. Es ist einfach eine Tatsache des Lebens, daß jeder mitunter ins Stolpern geraten kann. Nur dürfen wir daraus eines nicht folgern: Mit mir stimmt etwas nicht. Sammeln wir also die Scherben auf und kehren der Vergangenheit den Rücken! Das Geschehene ist vorbei und braucht uns nichts von unserem Selbstvertrauen zu nehmen! Richten wir einfach zuversichtlich unseren Blick auf den nächsten Schritt, auf die Zukunft!

Ein bedeutsames Kriterium in dem weiteren Werdegang dieses jungen Mannes war, daß er zu sich selbst fand. Er lernte sich selbst kennen und entdeckte das schlummernde Potential in seinem Inneren. Eine neue Selbstsicht und ein neues Selbstverständnis brachten bislang brachliegende Fähigkeiten zur Entfaltung und verhalfen ihm zu einer harmonischen Selbtverwirklichung. Der Prozeß der Selbstentdeckung, des Zu-sich-selbst-Findens, kann häufig schon durch bestimmte Gedanken ausgelöst werden, wie etwa durch die Vorstellung, das zu verwirklichen, was wir uns vorgestellt haben. Solche oder ähnliche Gedanken können in uns wie ein geistiger Funke aufglimmen und zu einem Leitgedanken werden, der unser ganzes Leben erhellt.

Denken Sie stets an das Senfkorn!

In Australien waren meine Frau und ich einmal bei einer Versammlung des ›International Rotary Club‹ zu Gast, als wir im Anschluß an die Feierlichkeiten von einem Ehepaar eingeladen wurden. Diese erste Begegnung mit dem Ehepaar – er war Generaldirektor einer großen Ladenkette – legte den Grundstein für eine langjährige Freundschaft.

Ihr ausnehmend stilvolles Haus liegt an dem Küstenstreifen des Hafens von Sydney, von dem aus sich dem Betrachter eine unbeschreiblich schöne Sicht über die Stadt und ihre Wasserwege bietet. Entlang prachtvoller exotischer Pflanzen führte von der Höhe der Straße aus eine Miniaturzahnradbahn bis zu ihrem Haus. Obwohl in Australien gerade die sogenannte Winterszeit war, stand alles in üppiger Blüte. Von der großzügigen Terrasse schlängelte sich ein Weg hinunter bis zu einer Anlegestelle, wo die kleine Jacht des Eigentümers vor Anker lag.

Unsere charmanten Gastgeber waren auf entwaffnende Art bescheiden. Ihren einflußreichen Platz im Leben hätten sie, wie sie beteuerten, einem einfachen Erfolgsprinzip zu verdanken. »Ich bin überzeugt davon«, sagte der Mann, »daß dieses Prinzip, welches bei mir Wunder bewirkte, für jeden anderen die gleiche Bedeutung gewinnen kann, sofern er bereit ist, es wirklich anzuwenden und danach zu leben.«

Am folgenden Tag stattete er mir einen Besuch in meinem Hotel ab. »Ich bin ein ganz gewöhnlicher Durchschnittsmensch«, gestand er. »Mein Vater schickte mich auf eine Schule nach der anderen, aber da ich scheinbar nur mit einem äußerst mittelmäßigen Verstand begabt war, kam nicht viel dabei heraus. Im Gegenteil, ich hatte eine beachtliche akademische Durchfallquote vorzuweisen. Schließlich, um meinen Lehrern weitere Qualen zu ersparen, verließ ich die Schule mit einer halbfertigen und unzureichenden Ausbildung. Im späteren Berufsleben ging es im gleichen Stil weiter – ich versagte bei einer Stelle nach der anderen. Mir schien jede besondere Begabung abzugehen, vor allem aber fehlte mir der Glaube an mich selbst. Ich erhielt schließlich eine Anstellung bei der australischen ›National Cash Register Company‹, aber dennoch blieb ich ein potentielles Opfer des eingefahrenen und sich stets wiederholenden Versagensschemas, bis eines Tages eine entscheidende Wende eintrat: Aus der Zentrale der Firma in den Vereinigten Staaten von Amerika kam ein energiegeladener Manager zu einer Vortragsreise in unser Land. Er vertrat die Ansicht, der grundlegende Faktor für jeden Erfolg sei *positives Denken*. Davon hatte ich bislang noch nie gehört. Er kleidete sein Konzept in eine bestechend einfache Wendung:

›Du kannst, wenn du glaubst, du kannst!‹

Diese Worte trafen mich tief in meinem Inneren. Ich war wie elektrisiert. Der Redner appellierte an uns, uns von unseren Wunsch- und Zielvorstellungen ein geistiges Bild zu formen und daran zu glauben, daß wir sie verwirklichen können. Auf der Stelle beschloß ich, daß ich ein erfolgreicher Mensch sei. Ich begann, mich in diesem neuen Licht zu sehen.«

Später besuchte mein australischer Freund im Zuge eines Fortbildungsprogramms die Vereinigten Staaten. Während seines dortigen Aufenthaltes war er auch bei der New Yorker Gemeinde der *Marble Collegiate Church* zu Gast. Durch Zufall las er in dem Kirchenblatt etwas von einem Schlüsselanhänger, der als ›Senfkornerinnerung‹ bezeichnet wurde. Es handelte sich schlicht um eine Plastikkugel, die ein kleines Senfkorn enthielt. Als er mir davon erzählte, holte er ebendiesen Anhänger aus der Tasche, um ihn mir zu zeigen. Er hatte ihn seither stets bei sich getragen. Die Plastikoberfläche wies bereits zahlreiche Kratzspuren auf, doch das Senfkorn war noch deutlich zu erkennen. »Ich begriff die Worte des Evangeliums nach Matthäus (17,20): ›Wenn euer Glaube auch nur so groß ist wie ein Senfkorn, …dann wird euch nichts unmöglich sein.‹ Die Botschaft war zu mir durchgedrungen, und ich begann, den spirituellen Lehren zu folgen. Ihnen zu ›folgen‹ bedeutete für mich, sie zu ›befolgen‹ und auf mich persönlich anzuwenden.«

Seine neue Glaubenshaltung hatte ganz erstaunliche Auswirkungen auf sein weiteres Leben, und nicht zuletzt durch sie stieg er zum Generaldirektor seiner Firma auf. »Ich setzte mir Ziele und glaubte daran, daß sie zu verwirklichen waren. Ausgerechnet ich, der ich doch nur einen mittelmäßigen Verstand besaß! Später befaßte ich mich mit dem Warenvertrieb, und heute haben wir Absatzmärkte im ganzen Land und konnten unser Geschäft bereits um einundzwanzig Filialen erweitern.«

Nachdem ich mir den Bericht seines Werdeganges – von den Anfängen eines sich wiederholenden Versagensmusters bis zu den schließlich überragenden gesellschaftlichen und wirtschaftlichen Erfolgen – zu Ende angehört hatte, wollte ich noch eines klarstellen. »Bert«, sagte ich zu ihm, »Sie waren nie ein gewöhnlicher Durchschnittsmensch mit einem mittelmäßigen Verstand! Sie hielten sich nur dafür. Es war das Bild, das Sie von sich selbst entworfen hatten. Dabei war in Ihnen von vornherein eine ungewöhnliche Persönlichkeit mit vielen überragenden Begabungen angelegt. Es bedurfte nur eines Funkens, eines Auslösers, um Sie auf den richtigen Weg zu bringen und die schlummernden Kräfte freizusetzen.«

Welch große Anerkennung unserem einstigen ›Durchschnittsmenschen‹ schließlich zuteil wurde, läßt sich wohl auch daran ablesen, daß Königin Elisabeth II. ihn mit der Verleihung des Titels ›Sir‹ adelte. Und im Grunde verdient jeder diesen Ehrentitel eines ›Sir‹ oder einer ›Lady‹, der, in seinem bescheidenen Rahmen, sein Leben in Glauben und Vertrauen meistert.

Nachfolgend finden Sie einige Punkte des Kapitels, die Ihre besondere Aufmerksamkeit verdienen, noch einmal zusammengestellt:

- Selbstvertrauen ist der erste Schritt zum Erfolg.
- Denken Sie an die Richtlinien, die der Footballcoach Lombardi seinen Spielern mit auf den Weg gab: Gehen Sie das Leben mit Hingabe an, und setzen Sie Ihre *ganze* Person, Ihre *ganze* Kraft ein.

- Praktizieren Sie die ›schöpferische Erwartungshaltung‹ – in dem Vertrauen darauf, daß Ihre Gedanken das Gute und nicht das Schlechte anziehen werden.
- Entwickeln Sie geeignete bildhafte Vorstellungen, die auf Gelingen ausgerichtet sind.
- Kein Fehler soll Sie je in Ihrem zuversichtlichen Glauben an sich selbst erschüttern können. Lernen Sie aus Fehlern, um weiter voranzuschreiten.
- Versuchen Sie, zu sich selbst zu finden. Dann werden Sie sich auch mögen, und das mit gutem Grund.
- Denken Sie stets an das Gleichnis vom Senfkorn, nutzen Sie die Kraft, die aus Ihrem Glauben sprießt: Handeln Sie aus der Überzeugung: Du kannst, wenn du glaubst, du kannst!

6

Sie können, was Sie zu denken vermögen

George Reeves, Lehrer der fünften Klasse an der Williams Avenue School in Norwood, Ohio, war ein fabelhafter Mensch, der seinen ehemaligen Schülern – ich war einer von ihnen – unvergessen bleiben wird. Lehrer Reeves war einen Meter neunzig groß und an die zwei Zentner schwer. Sein Gesicht war von Wind und Wetter zerfurcht, aber er konnte strahlen wie der Sonnenschein und uns alle mit seiner Begeisterung anstecken. Ebenso eindrucksvoll wie seine Statur war seine Persönlichkeit, und seine oberste Aufgabe sah er darin, aus uns Kindern Erwachsene zu machen, die auf eigenen Beinen stehen konnten. Tatsächlich gab er seinen Schülern Lebensregeln mit auf den Weg, an die sie sich noch Jahrzehnte später erinnerten und die sie auch anwandten.

Manchmal unterbrach Lehrer Reeves ganz unvermittelt seinen Unterricht und befahl absolute Ruhe, die sich auch prompt einstellte, wenn wir merkten, daß es ihm ernst war. Dann schrieb er in großer Schrift an die Tafel: ICH KANN NICHT und schaute uns dabei erwartungsvoll an. Wir wußten bereits, worauf er hinauswollte, und riefen im Chor: »Das NICHT muß verschwinden!« Mit einer ausladenden Handbewegung wischte Reeves das Wörtchen NICHT aus, so daß nunmehr groß und deutlich die Worte ICH KANN auf der

Tafel zu lesen waren. »Merkt euch das!« sagte er dann jedesmal, während er sich die Kreide von den Fingern klopfte. »Aus euch sollen starke und tüchtige Menschen werden, die an sich selbst, an ihr Vaterland und an Gott glauben. Haltet euch nicht für kleine, schwache Wichte. Ihr könnt stark sein und etwas Großes aus euch machen. Vergeßt nie die Grundregel für jeden Erfolg: Ihr könnt, wenn ihr glaubt, ihr könnt.«

Damit wir diese Regel auch bestimmt im Gedächtnis behielten, trichterte er sie uns wieder und wieder ein. Gleichzeitig mit diesem Wahlspruch übertrug sich seine feste Überzeugung von der Wahrheit dieses Prinzips auf uns Kinder, denn eines spürten wir: Lehrer Reeves lebte nach diesem Prinzip!

Eine erstaunliche Aussage

Diese Formel des *Du kannst, wenn du glaubst, du kannst* setzt natürlich stillschweigend voraus, daß jeder Mensch die hierfür erforderlichen Fähigkeiten bereits in sich birgt. Diese Voraussetzung kann gar nicht genug betont werden, denn wir haben tatsächlich mehr Talente und Begabungen, größere Anlagen und größeres Leistungsvermögen in uns, als wir glauben. Thomas Alva Edison war als Vertreter der exakten Naturwissenschaften sicher kein Mensch, der sich zu oberflächlichen oder leeren Behauptungen hinreißen ließ, und doch war er es, der einmal sagte: »Führten wir alles aus, wozu wir imstande sind, würden wir buchstäblich über uns selbst staunen.«

An diese Bemerkung anknüpfend, stellt sich für jeden von uns die Frage: Habe ich schon einmal die Gelegenheit wahrgenommen, mich selbst mit meinen Leistungen in Erstaunen zu versetzen? Haben Sie sich diese Frage noch nicht gestellt? Dann wird es Zeit! Denn Sie können es nämlich, wenn Sie glauben, es zu können!

Bei einem dramatischen Zwischenfall während des Koreakrieges setzte ein junger amerikanischer Matrose seine Umwelt in Erstaunen, als er in einer lebensbedrohlichen Situation im entscheidenden Moment die richtige Lösung lieferte. Er verstand, die tief in seinem Inneren angelegten Kräfte zur rechten Zeit nutzbar zu machen, was in seinem Falle sogar über Leben und Tod entschied...

Doch zu unserem Bericht: Während des Koreakrieges lag im Hafen von Wonsan ein amerikanischer Zerstörer vor Anker. Es war eine klare Nacht, erhellt durch den Mond, und es war sehr still. Der Quartiermeister machte gerade seinen Routinegang auf dem Schiff, als er plötzlich erstarrte: Ein großer schwarzer Gegenstand trieb langsam mit der abebbenden Flut auf das Mittelschiff zu – eine Kontaktmine, die sich vermutlich aus einem Minengürtel losgerissen hatte!

Entsetzt rief der Quartiermeister über Sprechfunk den wachhabenden Offizier, der sofort zum Schauplatz gestürzt kam. Der Kapitän wurde benachrichtigt und allgemeiner Alarm gegeben. Im Nu war die ganze Schiffsbesatzung auf den Beinen.

Offiziere wie Mannschaft starrten entgeistert auf den langsam sich nähernden Sprengkörper. Fieberhaft wurde versucht, das drohende Unheil abzuwenden. In rasender Eile prüften die Offiziere alle Möglichkeiten. Sollten sie den Anker lichten? Nein, dazu blieb keine Zeit mehr. Sollten sie die Maschinen starten, um die Position des Schiffes zu verändern? Das war ebenfalls nicht möglich: Die Schiffsschrauben würden durch den Sog, den sie verursachten, die Mine nur noch rascher heranziehen. Sollten sie die Mine durch Beschuß zum Explodieren bringen? Das kam auch nicht in Frage, weil sie sich schon zu nah am Schiffsmagazin befand. Aber was dann? Ein Boot zu Wasser lassen und versuchen, den Sprengkörper mit Stangen vom Schiff fernzuhalten? Unmöglich, da es sich um eine Kontaktmine handelte, die bei der leisesten Berührung explodieren würde. Die Katastrophe schien unabwendbar.

Ein einfacher Matrose übertraf alle seine Vorgesetzten an Geistesgegenwart, als ihm der rettende Einfall kam. »Holt die Feuerwehrschläuche!« rief er. Jeder begriff, wie sinnvoll der Vorschlag war. Der Wasserstrahl wurde aufs Meer gerichtet, und die so entstehende Strömung trug den Sprengkörper in entfernteres Gewässer, wo er sicher zur Explosion gebracht werden konnte.

Dieser ungewöhnliche Einfall eines gewöhnlichen Matrosen verdient Bewunderung. Wir alle wissen, wie schwer es ist, in einer Gefahrensituation einen kühlen Kopf zu bewahren und sich nicht verwirren zu lassen. Doch der Matrose verließ sich auf sein nüchternes Denken – allein seiner Besonnenheit war die rettende Lösung zu verdanken.

Die Anlagen zu erstaunlichen Leistungen sind in jedem Menschen vorhanden; sie nutzbringend zu entfalten, dazu bedarf es der richtigen Einstellung; so kann auch eine positive Selbsteinschätzung ungemein förderlich sein.

In diesem Zusammenhang denke ich an den Fall eines deutschen Jungen, der sich in den Vereinigten Staaten mit seiner Rolle als Ausländer anfangs nicht abfinden konnte. Hans, so hieß er, wollte gern das College besuchen, doch Minderwertigkeitsgefühle und Zweifel an seinem Können standen ihm im Wege. Er fürchtete, die neue Sprache werde ihm Schwierigkeiten bereiten und seine Mitschüler würden ihn wegen seines fremden Akzentes hänseln. Der starke Wunsch nach einer College-Ausbildung und der nötige Ehrgeiz waren zwar vorhanden, doch seine geringe Selbsteinschätzung hatte ihn zutiefst verunsichert.

Während einer Unterhaltung mit dem Jungen erinnerte ich mich an ein Zitat des Literaturnobelpreisträgers Rudyard Kipling: »Wir haben vierzig Millionen Erklärungen für ein Versagen, aber keine einzige echte Entschuldigung.« Ich sagte ihm, er brauche sich vor nichts und niemandem zu fürchten, schon gar nicht vor sich selbst, schließlich sei er intelligent und lernfähig. »Male dir nie einen Mißerfolg aus«, riet ich ihm, »weil solche Gedanken zur Verwirklichung streben. Stell dir statt dessen vor, daß du erfolgreich sein wirst. Du wirst es schaffen, wenn du dir vorstellst, daß du es schaffst. Auch gibt es keinen Grund, dich wegen deines deutschen Akzentes minderwertig zu fühlen. Lachen deine Mitschüler über dich, so lache einfach mit ihnen. Du wirst sehen, sie werden dich mögen.«

Hans ließ sich zum Collegebesuch überreden und entwikkelte sich zu einem zuversichtlichen, selbstbewußten Schüler. Er war bei seinen Klassenkameraden sehr beliebt und fand viele Freunde. Auch seine Lehrer waren mit seinen schulischen Leistungen sehr zufrieden.

Wohl kaum etwas kann größere Qualen bereiten als Gefühle der eigenen Minderwertigkeit! Dabei ist das Leiden völlig unnötig. Gleichgültig, wie lange jemand schon von diesem Übel geplagt wird, er kann sich von ihm befreien. Die Heilung beginnt, sobald er den festen Entschluß gefaßt hat, sich zu ändern.

Das Gefühl der Unzulänglichkeit resultiert zumeist aus einem Mangel an Kenntnis unserer wahren Fähigkeiten, aus einer viel zu geringen Selbsteinschätzung, deren Folge Zweifel und Unsicherheit sind. Es ist doch meist nur unsere Vorstellung, die alle möglichen Hindernisse erzeugt. Haben wir aber erst einmal unsere wahren Fähigkeiten entdeckt, weichen die alten Minderwertigkeitsgefühle einem neuen Selbstbewußtsein. Wollen wir also die nagenden Zweifel an unserem Können erfolgreich aus unserem Denken fernhalten, ist es wichtig, ihnen schon im Entstehen ganz bewußt und willentlich positive Gedanken an ein Gelingen entgegenzusetzen. Tritt dann einmal ein wirkliches Hindernis auf, können wir es, im Vertrauen auf das eigene Können, mit kühlem Kopf untersuchen und auf seine Beseitigung hinarbeiten.

Die Parabel vom Adler

Kennen Sie die Parabel vom Adler, der glaubte, er wäre ein Huhn?

Eines Tages kletterte ein unternehmungslustiger Bub unweit der elterlichen Farm in die Berge, wo er auf einen Adlerhorst stieß. Vorwitzig stahl er ein Ei aus dem Nest und trug es behutsam nach Hause. Dort legte er es zwischen die Eier einer Bruthenne.

Als die Eier ausgebrütet waren, schlüpfte ein Adlerjunges zusammen mit den anderen Küken aus. Es wuchs mit den Hühnern auf, ohne im entferntesten zu ahnen, daß es anders war als sie. Als der Vogel jedoch größer wurde, verspürte er zunehmend ungewohnte Regungen in seinem Inneren. Dann und wann hegte er den Gedanken: Ich bin mehr als ein gewöhnliches Huhn... Eines Tages, als ein gewaltiger Adler über den Hühnerhof hinwegflog, spürte er, wie sein Herz wild zu pochen begann.

Noch während er den majestätischen Vogel in der Ferne entschwinden sah, kam ihm die Erkenntnis: Das bin ich! Meine Bestimmung liegt nicht in diesem Hühnerhof, sondern in der Weite des blauen Himmels.

Seine Flügel erbebten in ungeahnter Kraft. Obwohl er nie in seinem jungen Leben geflogen war, breiteten sich seine Schwingen nun wie von selbst aus und hoben ihn in die Luft. Die neue Kraft trug ihn zu einem nahe gelegenen Hügel. Unendlicher Jubel erfüllte ihn, als er höher und höher stieg, bis er den höchsten Gipfel eines gewaltigen Berges erreichte. Er hatte sein ureigenstes großartiges Selbst gefunden.

Bedenken Sie bitte eines: Niemand kann Ihr Leben so gut leben wie Sie selbst. Wenn Sie, wie der Adler in der Geschichte, Ihr wahres Selbst entdecken, werden Sie wissen, wozu Sie fähig sein können. Um die kleine Parabel abzurunden: Wie denken Sie darüber, sich nicht länger mit einem

›Hühnerdasein‹ zufriedenzugeben und den ›Adler‹ in sich zu entdecken? Es könnte ein großes Abenteuer werden!

Wer daran zweifelt, daß diese Parabel auf sein eigenes Leben übertragbar ist, weil er meint, nichts Überdurchschnittliches an sich entdecken zu können, oder wem es zu vermessen scheint, sich für etwas Besonderes zu halten, der sollte bedenken, daß in jedem Menschen sehr wohl etwas Besonderes angelegt ist – wie es auch unser gutes Recht ist, hohe Erwartungen an unser Schicksal zu stellen! Auch sollten wir nicht vergessen, daß wir uns mit unseren Erwartungen auf eine bestimmte Handlungsebene festlegen. Wer sich mit niedrigen Erwartungen begnügt, schränkt sich selbst in seiner Entfaltung ein, während derjenige, der seine Ansprüche stets höherschraubt, den Weg zu immer neuer Weiterentwicklung ebnet.

Weigern wir uns doch einfach zu glauben, daß es Dinge außerhalb unserer Reichweite gibt, und stecken wir unsere Ziele entsprechend höher! Die größten Erfolge der Menschheit waren schließlich denjenigen zu verdanken und werden stets diejenigen erreichen, die in der Verfolgung noch so großer Ziele und noch so schwerer Aufgaben nie an ihren eigenen Fähigkeiten zweifeln, sondern einfach handeln, ohne Wenn und Aber.

Ein Handikap braucht kein Handikap zu sein

Das beste Beispiel für ein unbeschwertes Handeln frei von allen Komplexen liefert uns der Footballstar Tom Dempsey, der gegen Ende der sechziger Jahre mit einem sensationellen Rekordschuß die Sportwelt verblüffte.

Toms rechter Fuß war von Geburt an verkrüppelt, ebenso wie seine rechte Hand. Seine Eltern ließen ihn sein Handikap jedoch nie auf unangenehme Weise spüren, so daß er frei und unbekümmert aufwuchs und sich ebenso verhielt wie andere Jungen seines Alters. Wenn die Pfadfinder beispielsweise eine Wanderung über zehn Meilen unternahmen, war Tom mit von der Partie. Im Grunde fehlte ihm ja auch nichts, und er war ebenso kräftig und geschickt wie seine Kameraden.

Eines Tages überraschte er seinen Vater mit dem Wunsch, sich einer Footballmannschaft anzuschließen. Seine Eltern unterstützten auch in diesem Fall den Jungen und ließen für ihn einen Spezialschuh anfertigen. Bald entdeckte Tom, daß er den eiförmigen Ball sogar weiter schießen konnte als die meisten seiner Kameraden. Ohne je einen Gedanken an seine Mißbildung zu verlieren, erschien er im Trainingslager, um Weitschießübungen mitzumachen. Der Leiter versuchte ihm so schonend wie möglich beizubringen, daß er sich doch besser etwas anderes als ausgerechnet Football aussuchen sollte, doch Tom ließ sich nicht beirren. Er bewarb sich bei der Mannschaft der ›New Orleans Saints‹. Obwohl der Trainer große Bedenken hatte, gab er dem Jungen eine Chance und nahm ihn in seine Mannschaft auf, nicht zuletzt wohl auch deshalb, weil in Toms starkes Selbstvertrauen mächtig beeindruckte.

Zwei Wochen später erzielte Tom Dempsey während eines Freundschaftsspiels ein Tor mit einem Schuß über fünfundzwanzig Meter! Von nun an wurde er regelmäßig als Kicker eingesetzt, und bereits in seiner ersten Saison brachte er den ›New Orleans Saints‹ neunundneunzig Punkte ein.

Seine große Stunde kam, als ihm vor über sechzigtausend Zuschauern der neue Rekord gelang. Jeden Augenblick wurde der Abpfiff erwartet, als den ›Saints‹ noch ein Freistoß zugesprochen wurde. Es schien jedoch aussichtslos: Über sechzig Meter lagen zwischen Ball und gegnerischem Tor, und aus dieser Entfernung war noch nie ein Tor erzielt worden. Den weitesten je gemessenen Torschuß in der Geschichte des amerikanischen Footballs hatte ein gewisser

Bert Rechichar mit fünfundfünfzig Metern erzielt. Der Trainer feuerte Dempsey an: »Los, Tom, Direktschuß!«

Tom rannte los und trat mit ganzer Wucht zu. Atemlos verfolgten die Zuschauer den Ball, der hart und gerade auf das fünf Meter fünfzig breite Tor zuschoß. Hatte er genügend Durchschlagskraft? Da zeigte auch schon der Linienrichter den gelungenen Treffer an. Der Ball hatte haarscharf die Latte passiert und damit den ›Saints‹ den Sieg eingebracht. Auf den Tribünen tobte alles vor Begeisterung: Sieg durch Rekordschuß! Und dazu von dem Spieler mit dem halben Fuß!

Tom Dempsey war überglücklich. Voller Liebe und Dankbarkeit dachte er in diesem Augenblick an seine Eltern. Sie hatten ihm nie einzureden versucht: »Das kannst du nicht« oder »Das ist zu schwer für dich«, sondern ihn stets ermutigt und in seinen Plänen bestärkt.

Wenn wir uns einreden, etwas nicht zu können, wird uns das mehr behindern als jedes Handikap. Sagen wir uns aber, daß wir etwas können, ist schon der erste und wichtigste Schritt getan. Wenn wir allen Ernstes an unser Können glauben und auch damit verbundene Mühen nicht scheuen, wird jedes Vorhaben gelingen.

Diese Behauptung ist nicht übertrieben, selbst wenn immer wieder eingewendet wird: »Das ist einfach nicht machbar!« Solche oder ähnliche Äußerungen werden dann laut, wenn die echte Motivation fehlt. Wer aber von einer starken Motivation getragen ist, wird erfahren, daß sich das Motto ›Du kannst, wenn du glaubst, du kannst‹ selbst in unvorstellbar schwierigen oder entmutigenden Situationen bewährt – wie auch das folgende Beispiel wieder zeigt...

Ein besonders tragisches Unglück widerfuhr einem Mann namens John McWethy, als er am 22. Februar des Jahres 1971 die Schnellstraße bei Saint Louis entlangfuhr. Auf der eintönigen Fahrstrecke war er am Steuer eingenickt. Die Folge: Der Wagen überfuhr den Mittelstreifen, geriet ins

Schleudern und überschlug sich. John McWethy erlitt erhebliche Verletzungen, und es grenzte an ein Wunder, daß er überlebte.

McWethy blieb von der Brust abwärts gelähmt. Er konnte seine Hände nicht mehr gebrauchen, und der größte Teil seines Körpers war empfindungslos. Der Unfall hatte ihn zum völligen Krüppel gemacht!

Es folgte ein Stadium abgrundtiefer Verzweiflung. Er schwankte zwischen Angst, Hoffnungslosigkeit und Selbstmitleid. Doch in dieser ohnmächtigen Lage entdeckte er in sich neue Lebenskraft. In mutiger Entschlossenheit trat er seinen mühsamen Wiederaufstieg aus der Verzweiflung an. So erstaunlich es klingt: Knapp ein Dreivierteljahr nach seinem Unfall nahm er seine Arbeit als Abteilungsleiter des *Wallstreet Journal* wieder auf. Auch wenn er an den Rollstuhl gefesselt blieb und offiziell als Vollinvalide galt, so fand er doch den Weg zurück in ein aktives Leben, und sein Platz in der Gesellschaft stand nie in Frage.

Es finden sich immer und überall Pessimisten, die gerne dieses positive Lebenskonzept anzweifeln und betonen, dem Menschen seien seine Grenzen gesteckt. Sie behaupten etwa, der Mensch könne seinem Schicksal nicht entgehen; er könne sich nicht aus seiner Armut befreien; oder er könne ein körperliches Gebrechen nicht ungeschehen machen. Doch wie schnell müssen solche Stimmen angesichts der vielen John McWethys dieser Welt verstummen! Zahllose Beispiele von Menschen, die an sich und an ihre Kraft glauben, belegen immer wieder, wie die Macht positiver Gedanken jedes Schicksal meistern kann.

Auch Schicksalsberge sind zu bezwingen

Betrachten wir noch ein ähnlich gelagertes Beispiel, die Geschichte des jungen Ben B. Franklin aus Topeka in Kansas:

»Ich war achtzehn Jahre alt, als der Berg mich bezwang. Bis zu diesem Erlebnis wähnte ich mich als Bezwinger der Berge. Bergsteigen war meine große Leidenschaft. Jeden Sommer bestieg ich neue Gipfel, und im Winter träumte ich bereits wieder vom nächsten Sommer und neuen Bergtouren.

Am 14. April 1963 geschah das Unglück, während ich mit zwei Studienkameraden von der Colorado University auf einer Bergtour war. Wir befanden uns an einer Steilwand, als plötzlich das Seil riß und ich wohl an die zwanzig Meter in die Tiefe stürzte.

Ich hatte das Gefühl, in schwarzer Watte zu schweben. In meinem Schmerz kam mir nur ein Gedanke: Das Seil! Was ist mit dem Seil? Die verzweifelten Rufe meiner Freunde drangen nur undeutlich an mein Ohr. Als der Rettungstrupp ankam, lag ich bereits im Fieberwahn. Sie trugen mich auf einer Tragbahre die Schlucht hinunter und luden mich in einen Krankenwagen. In halsbrecherischem Tempo rasten sie dann die dreißig Meilen bis zur Klinik nach Denver.

In einer mehrere Stunden dauernden Operation setzten die Chirurgen mein zertrümmertes Becken wieder zusammen und behandelten die Rückgratverletzungen. Als ich aus der Intensivstation entlassen worden war und die Schmerzen langsam nachließen, begannen die eigentlichen Qualen.

Das Bettuch lag unbeweglich auf meinem Körper. Ich konnte die Finger krümmen und die Handgelenke drehen, doch – welch ein Entsetzen! – mein Körper war von der Hüfte abwärts leblos! Meine Beine, dieselben Beine, die mich auf so viele Berge getragen hatten, waren nicht mehr zu gebrauchen!

Eine Woge ohnmächtigen Zorns überkam mich. Ich versuchte mit Gewalt, einen Muskel zu bewegen. Ich mußte die tödliche Stille unter meiner Decke durchbrechen. Ich strengte jede Faser meines Willens an, um eine Bewegung zu erzwingen. Doch nichts rührte sich.

Meine Hoffnung schwand in dem Maße, wie meine Beine zusehends an Kraft verloren. In meiner Verzweiflung begann ich zu beten und überantwortete mein Schicksal dem Willen Gottes.

Nachdem ich mit allen mir zu Gebote stehenden Mitteln vergebens um Besserung gekämpft hatte, mußte ich erkennen, daß mein eigener Wille und meine eigene Kraft in dieser Lage nichts vermochten. ›Wenn nicht mein Wille, Herr‹, betete ich, ›so möge dein Wille geschehen.‹

Ich fiel in einen tiefen, erfrischenden Schlaf und hatte zum erstenmal seit der Bergtour wieder friedvolle Träume. Meine Hilflosigkeit wich heiterer Gelassenheit. Von dem Zeitpunkt, da ich meinen Widerstand aufgab und mein Schicksal der Führung Gottes überließ, erfüllte mich ein Gefühl tiefen Friedens.

Am darauffolgenden Abend bewegte sich eine Zehe. Ich traute meinen Augen nicht. War ich einer Sinnestäuschung zum Opfer gefallen? Gebannt starrte ich auf das Bettuch und versuchte, die Bewegung zu wiederholen. Und richtig, die Decke bewegte sich wieder! Ekstatische Freude überkam mich. Ich lachte und schrie, schrie und lachte, bis eine besorgte Schwester ins Zimmer stürzte. Vor lauter Jubel hätte ich sie umarmen können.

Tränen der Freude und Dankbarkeit liefen mir über die Wangen, als ich Gott im Gebet für alles dankte.

Das Glück, das mir in jener Nacht zuteil wurde, hat mich seither nicht wieder verlassen. Bereits nach einem Jahr im Rollstuhl konnte ich wieder gehen, wenn ich auch Krücken zur Hilfe nehmen mußte. Ich machte mein Examen und begann, im Unternehmen meines Vaters zu arbeiten. Heute reise ich als Veranstaltungsorganisator auf meinen Krücken um die ganze Welt.

Ich bin dankbar für jeden Schritt, den ich tun darf. Ich bin sogar dem Berg dankbar, der mich lehrte, daß es ein weit größeres Glück als das Bergsteigen gibt.«

Nichts ist unmöglich

Im Zusammenhang mit dem Wort ›unmöglich‹ muß ich an den bedeutenden amerikanischen Autor Napoleon Hill und seine wissenschaftlich erarbeitete Erfolgsphilosophie denken. Seine Bücher ›*Wunder, die Sie selbst vollbringen – Überwinden Sie Ihre Grenzen!*‹, ›*Erfolg durch positives Denken – Ein Schlüsselbuch richtiger Einstellung und Motivation*‹ und ›*Denke nach und werde reich – Die Gesetze des Erfolges*‹ sind auf deutsch im Ariston Verlag, Genf, erschienen. Hill verspürte schon in jungen Jahren den Wunsch, Schriftsteller zu werden. Sein ehrgeiziges Ziel setzte natürlich die meisterhafte Beherrschung der Sprache voraus – und Hill war von einem fest überzeugt: Die geschickte Wahl der Worte würde eines Tages sein Warenzeichen sein. Als armer Leute Sohn und ohne höhere Schulbildung bekam er jedoch von sogenannten ›wohlmeinenden Freunden‹ immer wieder zu hören, sein Vorhaben sei ›unmöglich‹.

Der junge Napoleon Hill sparte jeden Pfennig. Bald kaufte er sich das beste und vollständigste Wörterbuch, das der Markt anbot. Alle Wörter, die er jemals benötigen würde, standen in diesem einen Buch, und er hatte sich in den Kopf gesetzt, sie meisterlich zu beherrschen und anzuwenden. Nun tat er etwas sehr Merkwürdiges: Er suchte das Stichwort *unmöglich* und schnitt den ganzen Eintrag mit der Schere aus dem Buch. Den kleinen Papierschnipsel warf er fort. Durch diese symbolische Handlung brachte er sich in den Besitz eines Buches, in dem der Begriff des ›Unmöglichen‹ fehlte!

Welch herrliche Grundlage für eine Karriere, wenn jemand wie er von der Voraussetzung ausgeht, daß nichts unmöglich ist für den, der weiterkommen, weiterlernen und über sich hinauswachsen will!

Natürlich brauchen Sie jetzt nicht zur Schere zu greifen, ihre Bücher durchzublättern und das Wort ›unmöglich‹ aus ihnen zu entfernen. Zum einen wäre das – je nach Umfang Ihrer Bibliothek – sehr zeitaufwendig, zum anderen schade um die Bücher. Außerdem können Sie sich bedeutend besser helfen: Streichen Sie dieses Wort aus Ihrem Wortschatz, aus Ihren Unterhaltungen, aus Ihren Gedanken und Meinungen. Haben Sie es erst einmal erfolgreich verbannt, werden Sie feststellen, wie überflüssig es im Grunde ist. Um wie vieles lebensfroher ist dagegen der Ausblick auf das ›Mögliche‹, impliziert das doch, daß es geht, wenn Sie glauben, es geht.

Den gleichen Gedanken finden Sie in dem schon zitierten Bibelwort des *Evangeliums nach Matthäus* (17,20) wieder: »Wenn euer Glaube auch nur so groß ist wie ein Senfkorn, …dann wird euch nichts unmöglich sein.« Um diese Botschaft stets gegenwärtig zu haben, könnten Sie die Weisheit beispielsweise auf eine Karte schreiben, die Sie immer mit sich tragen. Noch besser aufgehoben sind die Worte allerdings, wenn Sie sie tief in Ihr Gedächtnis einprägen. Machen Sie sie zu einem ständigen Begleiter auf Ihrem weiteren Lebensweg – und Sie werden Schritt für Schritt, in dem Maße, wie Sie immer neue Möglichkeiten verwirklichen, ihren tiefen Sinn enthüllen.

Wenn etwas als ›unmöglich‹ abgetan wird, ist ein gesundes Mißtrauen angebracht. In meiner Jugend war beispielsweise die Redewendung »Das ist genauso unmöglich wie eine Reise zum Mond« noch sehr beliebt, um etwas als »Ding der Unmöglichkeit« abzustempeln. Solche Behauptungen, hinter denen sich oftmals nur Unkenntnis der wahren Zusammenhänge verbirgt, werden stets irgendwann von der Wirklichkeit eingeholt – im Fall der ›Reise zum Mond‹ spätestens durch die Raumfähre ›Apollo 11‹ und deren Besatzung: Am 20. Juli 1969 setzten die amerikanischen Astronauten Armstrong und Aldrin als erste Menschen ihren Fuß auf den Erdsatelliten.

Bei jedem Problem, dessen Bewältigung zunächst unmöglich erscheint, muß an erster Stelle eine sachliche und nüchterne Untersuchung aller Eventualitäten stehen, da ein Urteil wie: »Es ist unmöglich!« zumeist vorschnell von einer gefühlsbetonten Warte aus gefällt wird. Ein rationales, kritisches Überdenken des Sachverhalts, ohne Beteiligung der Emotionen, wird dagegen das ›Unmögliche‹ ad absurdum führen, wie es beispielsweise die Techniker und Wissenschaftler der NASA gezeigt haben.

Anstatt uns von dem Mythos des ›Unmöglichen‹ – und es ist ja tatsächlich nichts weiter als ein Mythos, wie die Tatsachen am Ende stets beweisen – die Hoffnung rauben zu lassen, können wir, jeder einzelne von uns, uns auf die Seite der Menschen schlagen, die das ›Unmögliche‹ möglich machen.

Der starke Lebenswille

Vor Jahren berichteten die amerikanischen Zeitungen über die Ernennung Irwin W. Rosenbergs zum Konteradmiral. Was jedoch nicht in den Zeitungen stand, war die Lebensgeschichte dieses bewundernswerten Mannes, die der Krönung seiner Laufbahn vorausgegangen war.

In jungen Jahren, noch als Marineoffizier, mußte er wegen eines Krebsleidens aus dem Dienst der US-Streitkräfte ausscheiden. Eine Zeit schwerer Krankheit folgte, in der er mehr als einmal den Tod vor Augen hatte. Die Ärzte, die mit ihm um sein Leben rangen, gaben ihn bereits auf. Doch sein Lebenswille blieb stärker als die Krankheit, und nach langen, schweren Kämpfen kam der Krebs wider alles Erwarten doch noch zum Stillstand.

Rosenberg lebte, doch seine Laufbahn war zerstört. Sein Lebensziel war ihm genommen, da die Vorschriften der Marine es nicht zuließen, einen Mann mit einer Krankengeschichte wie der seinen wieder in den Dienst aufzunehmen. Seine hartnäckigen Bemühungen schienen völlig aussichtslos, als er eines Tages erfuhr, daß nur ein neuer Kongreßerlaß die bestehenden Vorschriften ändern konnte. Rosenberg war aber nicht der Mann, angesichts dieser Sachlage zu resignieren. Er trug sein Anliegen an höchster Stelle vor und führte seinen Kampf auf Kongreßebene weiter, mit dem Ergebnis, daß der erforderliche Sondererlaß genehmigt wurde und er seinen Dienst als Marineoffizier wieder aufnehmen konnte.

Für Admiral Rosenberg, Befehlshaber der siebten Flotte, gab es kein ›unmöglich‹. Er gehört zu den Menschen, die ihre Lebensziele, nachdem sie sich einmal dafür entschieden haben, mit eisernem Willen und unermüdlichem Einsatz verfolgen. Er lebte nach der Erkenntnis, daß weniger die äußeren Umstände als vielmehr die eigene innere Einstellung zum Leben, also unser Denken, Wollen und Handeln, letzten Endes den Ausschlag gibt.

Zur Kinderlosigkeit verurteilt

Diese bewundernswerte Einstellung ist aber keineswegs Wissenschaftlern und Admiralen vorbehalten. Unzählige Menschen beweisen tagtäglich, daß sich jeder – unterstützt durch einen starken Willen und festes Gottvertrauen – tatsächlich über die Barrieren des ›Unmöglichen‹ hinwegsetzen kann. Das zeigt auch der nachstehende Bericht einer zutiefst gläubigen jungen Frau...

»Nach drei Jahren kinderloser Ehe ließ ich mich ärztlich untersuchen, denn ich wünschte mir nichts sehnlicher, als ein Kind zu bekommen. Die Ärzte stellten eine unterentwikkelte Gebärmutter fest. Zudem hatte ich die seltene Blutgruppe A/PH(D)-negativ, die eine gesunde Schwangerschaft ausschloß, wie mir ein Arzt nach dem anderen bestätigte. Mein Mann war sehr verständnisvoll und versuchte mich zu trösten, doch ich konnte mich mit dieser Diagnose nicht abfinden.

Als mir der Arzt wieder einmal die Aussichtslosigkeit meines Kinderwunsches vor Augen führte, sagte ich zu ihm: ›Dann richte ich die Hoffnung auf den Einen, der mehr vermag als Sie.‹ Ich fand das Bild eines wunderhübschen kleinen Babys, eines Mädchens mit zarten Locken, und betrachtete es immer wieder. Das Bild half mir, die Vorstellung eines eigenen Kindes lebendig zu halten. Was spielte es da für eine Rolle, daß es einer Reklame für Babynahrung entnommen war? Mit dem Bild dieses kleinen Lebewesens vor Augen richtete ich mein Gebet an Gott und überließ das Geschenk eines Kindes seinem Willen.

Ich wurde schwanger. Als ich die Neuigkeit meinem Arzt enthüllte, nahm er mich anfangs nicht ernst. Er glaubte mir nicht. Um so mehr verblüffte ihn das Untersuchungsergebnis. Meine Erklärung lautete nur: ›Ich wandte mich an den großen Arzt, den ich bei meinem letzten Besuch erwähnte.‹

Der Arzt teilte meine Zuversicht jedoch nicht. Er hatte ernste Bedenken – seiner Meinung nach würde ich das Kind nicht länger als drei Monate austragen können. Allen Erwartungen zum Trotz behielt ich es aber. Auch später, während der Arzt immer noch eine Früh- oder Fehlgeburt befürchtete, verlief die Schwangerschaft ohne größere Komplikationen.

Ich brachte ein gesundes Mädchen zur Welt! Wir stellten voller Dankbarkeit fest, daß es nicht meine seltene Blutgruppe, sondern die des Vaters geerbt hatte. Wie kann ich nach einer solchen Erfahrung jemals daran zweifeln, daß Gott unsere Nöte kennt und unsere Gebete erhört?«

Die meisten Menschen begehen den Fehler, sich viel zu früh geschlagen zu geben. Aber auch mehr kämpferische Naturen erleben, wie Sorgen und Mißerfolg sie langsam zermürben. Wir brauchen also einen Quell, aus dem wir immer neue Kraft schöpfen können, um durchzuhalten. Wer einmal zu einem tiefen Gottesglauben gefunden hat, der kennt den Weg zu dieser Quelle, die nie versiegt.

Keine Angst vor der Angst

Am Neujahrstag des Jahres 1972 starb der französische Chansonnier und Filmschauspieler Maurice Chevalier, der vielen bestimmt noch in lebhafter Erinnerung sein wird. Mit seinem kecken Strohhut, seiner warmen, einschmeichelnden Stimme und seinem schelmischen Lächeln eroberte er sich die Herzen von Millionen. Er konnte jedes Publikum mit seinem Charme bezaubern, und jeder spürte: die Begeisterung und Lebensfreude, die er ausstrahlte, das war nicht gespielt, das war echt.

Ebensosehr wie sein schauspielerisches Können verdienen sein unumstößliches Vertrauen in das Gute und seine mutige Einstellung zum Leben unsere Bewunderung. Mut kann viele Gesichter haben. Das Geheimnis eines echten Lebensmutes besteht jedoch darin, daß man sich seine Ängste eingesteht und trotzdem handelt. Solange man sich nicht fürchtet, fällt jedes Handeln leicht. Wieviel schwerer ist es dagegen, Taten zu vollbringen, die uns Angst einflößen!

Eines Abends überkamen Maurice Chevalier unmittelbar vor seinem Auftritt heftige Schwindelgefühle. Sein Kopf schien in Flammen zu stehen und keinen einzigen klaren Gedanken mehr zuzulassen. In diesem Zustand hoffnungsloser Verwirrung vermochte er seinen Faden nicht wiederzufinden. Stichworte, die hilfreiche Kollegen ihm zuraunten, drangen nicht zu ihm durch. Von der weltmännischen Leichtigkeit des großen Künstlers war an jenem Abend nichts geblieben. Er mußte sich unter Stocken und Stammeln über seinen Auftritt hinwegquälen.

Sein Arzt Dr. Robert Dubois empfahl ihm, sich in Südfrankreich während einer Kur von diesem traumatischen Versagenserlebnis zu erholen. »Ich bin erledigt«, beschrieb Chevalier dem Arzt seine Gefühle. »Dies Erlebnis hat mir Angst gemacht. Wie kann ich meine Karriere fortsetzen, wenn ich mich vor einem neuerlichen Versagen fürchte?«

Chevalier befolgte schließlich den Rat seines Arztes und unternahm lange Spaziergänge, ruhte viel aus und suchte erholsame Zerstreuung in der Natur. Dennoch fand er seine frühere Ruhe und Unbeschwertheit nicht wieder. Als der Arzt glaubte, er sei soweit wieder hergestellt, seine Arbeit aufnehmen zu können, schlug er vor, einen Auftritt vor einer kleinen Dorfgemeinde zu wagen. Chevalier entgegnete: »Schon der Gedanke an einen Auftritt versetzt mich in Angst und Schrecken. Wer kann mir garantieren, daß der Schwindel und die Verwirrung nicht wiederkehren?«

Freimütig entgegnete der Arzt: »Niemand kann Ihnen etwas Derartiges garantieren. Das einzige, das ich Ihnen aufrichtig raten kann, ist folgendes: Gehen Sie gegen Ihre bedrückenden Gefühle vor, indem Sie sich Ihre Angst eingestehen. Lassen Sie die Angstgefühle ruhig zu, denn sie sind real. Verdrängen Sie nichts, aber gehen Sie trotzdem auf die Bühne. Angst ist kein Grund, die Flucht zu ergreifen, wenn sie auch oft als Entschuldigung herhalten muß. Haben Sie keine Angst vor der Angst, sondern machen Sie einfach trotz der Angst weiter!«

Chevalier kämpfte noch lange mit sich, bevor er, den Rat seines Arztes befolgend, auf der Bühne des Theaters der Kleinstadt eine erste Vorstellung gab. Die Aufführung verlief ohne Zwischenfall. Das Publikum applaudierte begeistert. Unbeschreibliche Freude und Erleichterung erfüllten ihn, auch wenn er sich durchaus bewußt war, daß er die Angst noch nicht ein für allemal überwunden hatte. »Ich gestand mir die Angst ein und machte trotzdem weiter«, sagte er.

Wie seine lange, von Erfolg gekrönte Karriere zeigt, trat er noch viele Jahre in den großen Sälen der Welt auf. »Es gibt immer Momente der Angst«, gestand er, »und, wie mein Arzt so richtig sagte, es gibt nie eine Garantie gegen ein Versagen. Aber seit meiner ersten Begegnung mit der Angst ergriff ich nie wieder die Flucht vor ihr.«

Wie die Erfahrungen dieses beliebten Künstlers zeigen, ist es mitunter unumgänglich, sich trotz seiner Angst zum Handeln zu entschließen. Denn eines ist sicher: Wollte jeder stets darauf warten, bis alle Fehlerquellen ausgeschaltet sind und keinerlei Gefahr mehr droht, würde wohl kaum ein Berg bestiegen und kaum ein Rennen gewonnen werden. Nichts würde geschehen, und niemand würde Glück und Erfüllung in neuen, großen Taten finden.

Stärkung und Trost liegen im Glauben

Der Mensch, heißt es, ist die Krone der Schöpfung. Besagt das nicht, daß wir alle, als Gottes Geschöpfe, Anlagen zu wahrer Größe und Seelenstärke in uns tragen? Jeder von uns hat seine Fehler und Schwächen, gewiß. Wir sind kleinmütig, verstricken uns allzu leicht in Widersprüche und weisen darüber hinaus allerlei unrühmliche Charakterzüge auf. Doch wir sind auch imstande, kraft einer tief in der menschlichen Natur verankerten Würde, über uns hinauszuwachsen und wahre Größe zu beweisen. Ein kleines Beispiel mag dies verdeutlichen...

Ich ließ mich eines Nachmittags im Taxi vom New Yorker Kennedy-Airport ins Stadtzentrum fahren. Mein Fahrer war ein freundlicher, herzlicher Mensch, mit dem ich gleich ins Gespräch kam. Als wir an einer roten Ampel warten mußten, drehte er sich um und fragte mich nach dem Namen. Wie sich herausstellte, war ihm meine Stimme aus Radiosendungen bekannt. Er sagte: »Ich freue mich, Sie persönlich kennenzulernen. Was für Zufälle das Leben doch manchmal bereithält!«

Dann kam er auf seine Frau zu sprechen, die erst vor einigen Tagen gestorben war. Seine Stimme verriet Kummer und Schmerz, als er fortfuhr: »Gestern ist sie beerdigt worden. Wir waren dreißig Jahre verheiratet. Sie war eine liebe, herzensgute Frau. Sie war so gut zu mir... Wie kann ich ohne sie weiterleben?«

Ich versuchte, ihm ein paar tröstende Worte zu sagen: »Im Grunde brauchen Sie nicht wirklich ganz ohne sie weiterzuleben, denn in einem höheren Sinn wird sie weiter mit Ihnen sein, wie auch Sie in Gedanken bei ihr sein können. Ihre Liebe zueinander wird weiterbestehen.«

Nachdem er eine Weile in Schweigen versunken war, nahm er das Gespräch wieder auf: »Ist das Leben nicht voller Kummer und Sorgen? Nehmen Sie meine fünf Kinder. Über vier von ihnen will ich nicht klagen, aber der fünfte macht uns schon seit längerem Kummer. Er treibt sich in schlechter Gesellschaft herum, hat, soviel ich weiß, auch schon Drogen genommen, ist widerspenstig und verstockt. Was soll aus ihm werden? Er läßt sich einfach nichts sagen, nimmt keine Lehren an. Und nun stehe ich mit dieser schwierigen Erziehungsaufgabe ganz allein da.« Er nahm meine Antwort vorweg: »Ich weiß, was Sie sagen wollen. Aber machen Sie sich um mich keine Sorgen. Ich weiß, daß ich auf Gottes Beistand bauen kann. Mit Gottes Hilfe werde ich es schaffen.«

Am meisten imponierten mir allerdings seine abschließenden Worte, als er sagte: »Der Mensch kann stärker sein als alles, was ihm je zustoßen mag.« Welche Charakterstärke, welche Seelengröße sprach aus diesen Worten! Hier war ein Mensch, dem weder der Kummer um den auf die schiefe Bahn geratenen Sohn noch der schmerzliche Verlust eines geliebten Menschen den Lebensmut rauben konnte. Gleich ihm tragen wir alle die Gottesgabe seelischer Größe in uns und ruhen in einer Kraft, die uns selbst über unsägliches Leid hinweghilft.

Nachfolgend sind noch einmal die Schwerpunkte dieses Kapitels zusammengefaßt:

- Sie können vollbringen, was Sie zu denken vermögen. Denken Sie also, daß Sie es können, und Sie werden es können.
- Thomas Alva Edison erinnerte uns an unsere verborgene Größe, als er sagte: »Führten wir alles aus, wozu wir imstande sind, würden wir buchstäblich über uns selbst staunen.«
- Wie Rudyard Kipling sagte, haben wir »vierzig Millionen Erklärungen für ein Versagen, aber keine einzige echte Entschuldigung.«
- Vertrauen Sie der Botschaft der Adler-Parabel. Sie können sich zu Höherem aufschwingen.
- Streichen Sie das Wort ›unmöglich‹ aus Ihrem Wortschatz, um so das ›Unmögliche‹ möglich zu machen.
- In der Schnellebigkeit unserer heutigen Welt wird der, der behauptet, etwas könne nicht verwirklicht werden, schon wieder Lügen gestraft von dem, der es in die Tat umsetzt.
- Sie können stärker sein als alles, was Ihnen im Leben je zustoßen mag.

7

Befreien Sie sich von Angst und Sorge!

Nach der Bestandsaufnahme einer amerikanischen Nervenklinik gibt es über hundert Formen krankhafter Ängste. Ängste (in der medizinischen und psychologischen Fachterminologie *Phobien* genannt), so heißt es, können sich erstrecken von der Agoraphobie, das heißt der Angst vor offenen, weiten Räumen, über die Akrophobie, die Angst vor großen Höhen, oder die Klaustrophobie, die Angst in geschlossenen Räumen, bis hin zur Xenophobie, der Angst vor Fremden und Fremdartigem. So unglaublich es scheinen mag, auf dieser stattlichen Liste sind noch über hundert weitere Ängste erfaßt. Allein diese zahlenmäßige Betrachtung macht deutlich, um welch weitverbreitetes Phänomen es sich hier handelt. Kleine und große Ängste beeinträchtigen viele in ihrer Funktionsfähigkeit und behindern ihre natürlichc Entfaltung, so daß der Überwindung von Angst und angstbeherrschtem Verhalten immense Bedeutung zukommt.

Dr. Charles H. Mayo, der 1889 mit seinem Bruder in Rochester, Minneapolis, eine der bedeutendsten Kliniken der Welt gründete, sagte einmal: »Sorgen drücken auf den Blutkreislauf, auf die Drüsenfunktionen, ja auf das gesamte Nervensystem; insbesondere aber beeinträchtigen sie stets unser lebenswichtiges Organ, das Herz«, und der mehrfache Pulitzer-Preisträger Robert Frost schrieb: »Daß mehr Menschen an ihren Sorgen als an ihrer Arbeit zugrunde gehen, liegt einfach daran, daß sie sich mehr sorgen als sie arbeiten.«

Ohne Psychologe oder Psychotherapeut zu sein oder sein zu wollen, bin auch ich seit Jahren bemüht, Menschen bei der Befreiung von zwanghaften und übersteigerten Ängsten zu helfen. Und das soll auch das Anliegen dieses Kapitels sein, nämlich praktische Wege zu skizzieren, die zeigen, wie wir unsere Ängste bewältigen können.

Am Anfang steht die Frage, wovor wir uns fürchten oder worüber wir uns Sorgen machen. Sind nicht im Grunde genommen die meisten Ängste und Sorgen unnötig und überflüssig? Ich jedenfalls bin der Ansicht, daß wir die meisten unserer Angstvorstellungen über Bord werfen können. Wir können Angstgefühle durch ein Gefühl des Vertrauens und des Glaubens ersetzen, denn die Kraft des Glaubens, wenn es sich um aufrichtigen, festen Glauben handelt, ist allemal stärker und umfassender. Wir können uns auf die Kraft des Glaubens verlassen, und zwar nicht allein im Sinne des Trostes oder der Linderung, sondern als wirkliches, dauerhaftes Heilmittel gegen die Angst.

Sowohl die Angst als auch der Glaube sind außerordentlich starke Kräfte, die beide um die Oberherrschaft über unsere Gedanken und über unser Gemütsleben ringen. Doch wir können verhindern, daß die Angst den Sieg davonträgt, wenn wir an der Überzeugung festhalten, daß der Glaube die stärkere Macht darstellt. Wir haben es nicht nötig, uns von der Angst beherrschen zu lassen – das zeigen die Erfahrungen unzähliger Menschen. Ein Glaube entscheidet oftmals nicht nur zwischen Zufriedenheit und Leid, sondern sogar zwischen Leben und Tod.

Wer sich völlig auf seinen Glauben verläßt, wird ein Gefühl der Freude und des Losgelöstseins kennenlernen, vergleichbar mit den Empfindungen eines Fallschirmspringers, wie sie sich in der folgenden Schilderung andeuten: »Als ich das erste Mal aus einem Flugzeug springen mußte, leistete jede Faser in mir heftigen Widerstand. Alles, was mich vor dem sicheren Tod bewahrte, war ein Stück Kordel und ein kleines Päckchen Seidengewebe. Ich muß zugeben, daß ich ganz erbärmliche Angst empfand. Doch wie kann ich das wunderbare, einzigartige Gefühl beschreiben, das mich durchflutete, als ich erlebte, daß dieses unscheinbare Stück Seide mich tatsächlich trug? Ich empfand eine nie gekannte, unsagbare Freude, weil es plötzlich nichts mehr auf der Welt gab, wovor ich mich fürchtete.

Die Überwindung der Angst machte mich so glücklich, daß ich gar nicht wieder auf die Erde hinunter wollte.«

Solange wir zögern und zaudern, einem uns so seidig und luftig erscheinenden Gebilde wie dem Glauben unser ganzes Vertrauen zu schenken, werden uns Furcht und Angst verfolgen und einholen. Doch wagen wir, wie der Fallschirmspringer, den Sprung, werden wir erfahren, wie diese geheimnisvolle, unfaßliche Kraft uns sicher trägt. Diese Erfahrung kann uns ein größeres Glück bescheren, als wir jemals für möglich hielten – ungeahnte, neue Kräfte werden uns durchfluten.

Die richtige Adrenalinspritze

Welch außerordentliche Kraft aus dem Glauben erwachsen kann, zeigt das dramatische Erlebnis einer jungen Mutter, die eine tiefverwurzelte Angst vor dem Wasser hatte. Diese Frau hatte nie schwimmen gelernt, und obwohl die Familie am Ufer eines reißenden Wildbaches wohnte, hatte sie ihr ganzes Leben lang um jedes Wasser einen großen Bogen gemacht. Aber lassen wir sie ihr Erlebnis in ihren eigenen Worten erzählen:

»Es war ein sonniger Tag, und meine drei kleinen Kinder spielten im Hof, wo ich sie vom Küchenfenster aus im Auge behalten konnte. Marijane, die Dreijährige, kam ins Haus, weil sie sich schmutzig gemacht hatte. Also vertauschten wir das dunkelbraune Kleid gegen ein frisches, orangefarbenes. Es war nicht ganz einfach für mich, ihr beim Umziehen zu helfen, da ich mit einer Hand, bedingt durch einen Unfall wenige Wochen zuvor, etwas behindert war.

Marijane lief wieder nach draußen; sie wollte zu ihrer Schaukel. Mein Mann kam herein, drückte mir einen Kuß auf die Wange und verschwand mit den Worten: ›Ich gehe mal eben zum Laden... bin gleich zurück.‹ Kurz darauf läutete es; eine Freundin schaute vorbei. Wir plauderten einige Minuten auf der Veranda, dann mußte sie wieder fort. Da fielen mir die Kinder ein. Benicia, die Fünfjährige, und Lee, der Vierjährige, spielten auf dem Hof. Doch wo war Marijane geblieben? ›Sie wollte eine Ente fangen‹, erzählte Benicia und zeigte in Richtung des Wildbaches!

Das Ufer ist menschenleer. Ich schaue ins Wasser: Brodelnde, anschwellende Wassermassen strömen auf einen nicht weit entfernten Wasserfall zu. Ich will erleichtert aufatmen, da meine Kleine offensichtlich nicht hier ist. Doch da – bewegt sich dort hinten nicht etwas Orangefarbenes im Wasser? Im ersten Moment der Panik nehme ich weder Körperschwere noch Zeit und Raum wahr – eine Woge blinder, übermächtiger Angst überschwemmt mich.

Ich muß Hilfe holen! Ich renne los bis zum Häuserblock und schaue mich nach allen Seiten um. Doch niemand ist zu sehen, die Straße ist menschenleer. Ich hetze zurück, durch Büsche und Dornensträucher – und springe ins Wasser. Eiskalt schlägt es über meinem Kopf zusammen, meine Füße erreichen keinen Grund! Warum habe ich nie schwimmen gelernt!? Ich sende unwillkürlich ein Stoßgebet zum Himmel: ›Lieber Gott, hilf mir!‹ An einigen alten, brüchigen Wurzeln finde ich Halt. Die Wirbel in der Mitte des Wildbaches sind am gefährlichsten, doch näher zum Ufer hin fließt das Wasser gemächlich und ruhig. Dort ist meine Tochter. Auf dem Rücken liegend, treibt sie auf dem Wasser. Sie sieht aus, als ob sie schliefe. Ihre Augen sind geschlossen, und ihr Gesicht hat eine bläulichrote Färbung angenommen. ›Lieber Gott, steh uns bei!‹ Nur noch wenige Zentimeter, und ich werde sie zu fassen bekommen. Mit einer Hand klammere ich mich an die Wurzeln, mit der anderen, der verletzten, greife ich nach ihr. Ich spüre weder Schmerzen noch Schwäche. Meine Hand ergreift Marijane und zieht sie aus dem Wasser.

Ich muß sie in Sicherheit bringen! Das rettende Ufer ragt einen halben Meter über mir auf, doch ich spüre kaum das Gewicht meiner kleinen Tochter, als ich sie anhebe und auf den Uferboden werfe. Ihr kleiner Körper schlägt dumpf auf, doch zu meinem Entsetzen gleitet er langsam wieder wasserwärts. Abermals bekomme ich sie mit meiner verletzten Hand zu fassen, und es gelingt mir, sie auf die Uferböschung zurückzuschieben. Sie gibt ein Geräusch, ein leises Wimmern von sich, während ich mich an den Wurzeln aus dem Wasser ziehe. Als ich die Kleine hochhebe, wird das kaum hörbare Wimmern zu einem deutlichen Weinen. In dem Moment ist es für mich das herrlichste Geräusch der Welt!

Undeutlich drangen Schreie an meine Ohren. Ewigkeiten später wurde mir klar, daß es meine eigenen waren. Ich erkannte allmählich die Umrisse einer Frau, die mir die kleine Marijane abnahm. Sanitäter waren gekommen. Mein Mann war auch da, kreidebleich. Konnte sich das alles in der kurzen Zeit abgespielt haben, in der er seinen kurzen Gang zum Laden in der Nachbarschaft gemacht hatte? Er stieg dann in den Rettungswagen, der Marijane ins Hospital brachte.

Ich kann mich nicht erinnern, wie ich nach Hause kam. Das erste, was ich wahrnahm, war die schemenhafte Frauengestalt an meiner Seite. Eine Stimme sprach von ›Schockwirkung‹, ›heißes Bad‹ und ähnlichem. Das verschwommene Gesicht der Frau nahm erst allmählich klare Umrisse an, während sie mir beim Ausziehen der triefenden Kleider behilflich war.

Erst jetzt bemerkte ich, daß ich barfüßig war. Nun begann ich auch den brennenden Schmerz zu spüren, in meiner Hand und in beiden Beinen. Die Wurzeln und Sträucher hatten lange, blutige Striemen in mein Fleisch gerissen. Für mich waren es dieselben gesegneten Wurzeln, die mir den lebensrettenden Halt geboten hatten.

Als sie aus dem Krankenhaus zurückkamen, trug mein Mann das Kind sanft auf seinen Armen ins Haus. Aus ihrer Körpertemperatur von weniger als vierunddreißig Grad hatte der Arzt geschlossen, daß sie etwa dreißig Minuten im Wasser gelegen haben mußte. Dennoch war sie mit dem Leben davongekommen.

Nachdem sie friedlich in ihrem Bett eingeschlafen war, kniete ich an ihrer Seite und beobachtete sie. Nie zuvor hatte ich es als so wunderbar empfunden, ein kleines Kind atmen zu sehen. Tiefe Dankbarkeit erfüllte mich.«

In dieser Situation höchster Gefahr, in der das Leben ihrer kleinen Tochter auf dem Spiel stand, schöpfte eine Mutter eine Kraft aus ihrem Inneren, die alle Angst besiegte und die ihr übermenschliche Stärke verlieh. Gewöhnlich aber behalten unsere Ängste die Macht über uns, machen uns schwach und lassen unsere inneren Kräfte nicht zur Entfaltung gelangen. Erst wenn eine lebensbedrohliche Krise auftaucht, wie das vorliegende Beispiel gezeigt hat, offenbaren sich diese bislang verborgenen und brachliegenden Kräften in ihrer ganzen Macht und verhelfen uns zu Leistungen, die wir unter normalen Umständen nie für möglich halten würden.

Seitdem die Wissenschaft zu Beginn dieses Jahrhunderts das im menschlichen Nebennierenmark erzeugte Hormon Adrenalin entdeckte und in der Folgezeit künstlich herstellen und anwenden konnte, weiß man, daß dieser Wirkstoff im menschlichen Körper Erstaunliches auszulösen vermag: In Gefahren- und Streßsituationen mobilisiert er den Stoffwechsel – er steigert den Grundumsatz, den Blutzuckerspiegel, die Durchblutung der Bewegungsmuskulatur und der Herzkranzgefäße sowie die Leistung des Herzens. Doch um wie vieles stärker als jede Adrenalinspritze ist der Zustrom an Kraft, der von einem Glaubensakt ausgelöst wird und der, wie diese junge Mutter uns vor Augen führt, jede noch so große Angst besiegen kann.

Wenn der Mensch in höchster Not auf diese Weise reagieren kann, warum sollte er dann nicht in den weniger aufregenden Routinesituationen unseres Alltags ähnliches vollbringen können? Wir ahnen es: Dies ist möglich! Dies können wir auch lernen, indem wir durch stetige Übung eine vertrauensvolle Glaubenshaltung zur Gewohnheit werden lassen. Denn wenn wir unsere Gedanken stets auf diese Möglichkeit ausrichten, dann werden wir in der Tat Erstaunliches vollbringen. Ist der Glaube, den wir der Angst entgegenhalten können, stark genug, gibt es eigentlich nichts mehr, was uns verletzen oder Schaden zufügen kann.

Hilfe in höchster Not

In einem Interview mit der amerikanischen Presseagentur *Associated Press* erinnerte sich Captain Jeremiah A. Denton an seine Zeit in einem Kriegsgefangenenlager in Nordvietnam. Seine Erfahrung der Macht des Glaubens grenzt an Wunderbares…

»Zurückblickend auf all die Härten und schweren Prüfungen, die ich als Kriegsgefangener erlebt habe, gelange ich zu der Überzeugung, daß die eigentliche Erklärung für mein Überleben im spirituellen Bereich zu suchen ist, denn es waren nicht zuletzt die Gebete, sowohl meine eigenen als auch die der anderen, die mir halfen, das Schreckliche zu ertragen.

Ich glaube, daß die meisten ehemaligen Kriegsgefangenen ähnlich empfinden. Viele von uns haben es mit Gottes Beistand geschafft, ihre Erlebnisse zu bewältigen und inneren Frieden zu finden. Die größte Einsicht, die uns zuteil wurde, war wohl die, daß die menschliche Natur in höchstem Leiden und größter Not zu ganz außergewöhnlichen Leistungen fähig ist.

Es war im Oktober 1966. Ich befand mich im ›Zoo‹, wie wir unser Lager nannten, und mußte unsägliche Folterungen über mich ergehen lassen. Einer der Aufseher, ein finster dreinschauender Offizier, hatte begonnen, verstärkt Druck auf mich auszuüben, und zwar wegen Aufwiegelung meiner Mitgefangenen. Er ging zu immer härteren Maßnahmen über, die in einer fünftägigen Folterbehandlung gipfelten, während der ich grausame Schmerzen aushalten mußte. Ich sollte unsere Informationswege preisgeben und Aussagen darüber machen, wie wir Lagerinsassen miteinander kommunizierten.

Am Ende dieser qualvollen Folterung verfaßte ich einen Bericht, in dem ich einige harmlose Einzelheiten über unseren Informationsaustausch erwähnte, von denen ich annahm, sie wären den Vietnamesen ohnehin bekannt. Ich hoffte, sie würden sich damit zufriedengeben, denn schließlich hätten sie ja ihr Gesicht gewahrt, da sie mich durch die Tortur zur schriftlichen Preisgabe von Informationen bewegt hatten. Meine Hoffnung war vergebens: Sie ließen sich nichts vormachen.

Ich wurde in die Folterzelle zurückgebracht und mußte die gleiche fürchterliche Tortur noch einmal erleiden. Schließlich war ich mit meinen Kräften am Ende. Nach weiteren fünf Tagen wäre meine gesamte Willenskraft gebrochen gewesen – ich hätte alles verraten, was sie von mir wissen wollten. Das war der Zeitpunkt, zu dem ich mein Schicksal ganz in Gottes Hand legte. Mit dem letzten Rest an Kraft, der mir verblieb, richtete ich mein Gebet an Gott.

Nie in meinem Leben sind meine Gebete auf wunderbarere Weise erhört worden! Ich spürte unmittelbar, wie sich ein

Mantel des Trostes auf mich herabsenkte und mich einhüllte. Und ich empfand keine Schmerzen mehr! Von da an konnten sie auf mich einschlagen, wie sie wollten, konnten bis an die Grenzen des Erträglichen gehen – ich spürte die Qualen nicht mehr!«

Wir können uns auf die kraftspendende Realität des Glaubens verlassen, wie die Erfahrung des Jeremiah Denton auf so dramatische Weise bestätigt. Der Glaube ist wahrhaftig kein Feind, sondern ein Freund, der uns zu leben hilft und der unseren Ängsten die Gewalt über uns nimmt. Auch in der weniger sensationellen Welt des alltäglichen Lebens brauchen wir uns nicht von der Angst beherrschen zu lassen.

Angst: die Chance zum Handeln

Die Memoiren eines alten Mannes aus dem amerikanischen Westen, der in der Pionierzeit als Funker auf einer einsamen Telegraphenstation arbeitete, bieten ein interessantes Beispiel für einen erfolgreichen Kampf gegen die Angst.

Gleich zu Beginn seiner Arbeit erhielt er die Nachtschicht zugeteilt.

Seine Dienstzeit begann abends um sieben und endete am folgenden Morgen ebenfalls um sieben Uhr. Jeden Abend erreichte er mit Hilfe des Güterzuges die in den Bergen gelegene Station.

Immer dann, wenn der Zug unter Pfeifen und Rattern allmählich in der Ferne verschwand, fühlte der Mann ein vages Unbehagen in sich aufsteigen. Er war ganz allein an diesem verlassenen Ort. Eine alles einhüllende Stille umgab ihn. Der Gedanke, meilenweit von jeder anderen menschlichen Behausung entfernt zu sein, erfüllte ihn mit Unruhe und Ängstlichkeit. Sobald er in seine Dienststube trat, knipste er alle Lichter an, schloß die Tür hinter sich, verriegelte sie, ließ nervös die Rolläden herunter, um sich so für die

Nacht in seinem Stationshäuschen zu verbarrikadieren, aus Angst vor der ihn umgebenden Dunkelheit, aus Furcht vor der Einsamkeit.

Während der Nacht vernahm er die seltsamsten Geräusche. Er fürchtete sich und malte sich aus, wie ihn wilde Tiere oder Banditen überfielen. Sehnsüchtig erwartete er jedesmal den Tagesanbruch und mit ihm das helle Licht des neuen Morgens. Das werde ich nicht durchhalten, dachte er. Dennoch gab er sich große Mühe, mit der Situation fertig zu werden. Aber mit jeder weiteren Nacht schien seine Angst nur noch größer zu werden.

Schließlich, als eines Morgens sein Kollege zur Schichtablösung kam, gestand er ihm: »Bill, ich kann diesen Posten nicht beibehalten. Es hat keinen Zweck, daß ich mir etwas vormache. Ich habe einfach Angst, diese Dunkelheit und Einsamkeit hier beängstigen mich zu Tode.«

»Das kann ich verstehen«, antwortete Bill, »doch vielleicht liegt es daran, daß du die Dunkelheit nicht wirklich kennst. Du hast dir noch nie die Mühe gemacht, die Nacht richtig kennenzulernen. Sie ist kein Feind. Halte noch eine Nacht durch, und bemühe dich diesmal, die Dunkelheit zu verstehen. Schließe dich dabei vor allem nicht ein, verkrieche dich nicht wie ein verängstigter Hase. Es gibt nichts, wovor du Angst haben müßtest.«

Er nahm sich den Rat zu Herzen und ließ in der nächsten Nacht trotz seiner Angst Türen und Fenster weit geöffnet. Es sollte eine lohnenswerte Erfahrung für ihn werden. Zu seiner angenehmen Überraschung nahm er neue, unbekannte Eindrücke wahr. Die Atmosphäre der Nacht mit ihren fremdartigen Gerüchen drang in seine Stube. Nach einer Weile wagte er sich sogar vor die Tür. Er stand im Freien und schaute in die dunkle Weite des Sternenhimmels über sich. Der Mond erhellte die Nacht mit seinem silbrigen Schein. Wie großartig war die Natur bei Nacht! Dieses Erlebnis blieb ihm unvergessen. Er hatte den Mut aufgebracht, sich seinen Ängsten zu stellen. Indem er sich in die Nacht hinausbegab, lernte er die Dunkelheit kennen und verstehen. Es war ihm gelungen, die lauernden Schrecken, die die Dunkelheit bis dahin für ihn barg, zunichte zu machen.

Die Hauptaufgabe im Umgang mit unseren Ängsten besteht darin, sie beherrschen zu lernen. Dieser Meinung war auch Thomas Carlyle: »Die erste Pflicht des Menschen ist immer noch die, seine Angst zu überwinden.« Ein bewährter Weg zur Überwindung unserer Ängste liegt in entschlossenem Handeln. Wer gegen seine Ängste in zielgerichtetem, mutigem Handeln vorgeht, wird bald schon die Oberhand über sie gewinnen. Kein geringerer als Theodore Roosevelt, der sechsundzwanzigste Präsident der Vereinigten Staaten von Amerika, ein Mann großer Willenskraft, meisterte seine Ängste auf diese Weise: »Wie oft hatte ich Angst in meinem Leben«, gestand er, »aber ich gab ihr nicht nach. Ich zwang mich, so zu handeln, als ob ich keine Angst verspürte. Das brachte meine Ängste mehr und mehr zum Verschwinden.«

Wenn wir uns vor etwas fürchten, ist es besonders wichtig, uns nicht in lähmende Phantasien und Angstvorstellungen zu verstricken. Als Gegenmittel können wir die Flucht nach vorn antreten: Je eher wir zum Gegenangriff übergehen, also trotz der vorhandenen Angst zu handeln beginnen, desto gewisser wird sich die Angst auflösen.

In einer Stadt des Mittelwestens wurde ich einmal von einem energischen jungen Vertriebskaufmann vom Flughafen zu meinem Hotel begleitet. Unterwegs kamen wir auf seinen unerwartet raschen beruflichen Aufstieg zu sprechen. Schließlich bekleidete er in seinen jungen Jahren bereits eine leitende Position.

Erst wenige Jahre zuvor hatte er seine Laufbahn in der Verkaufsabteilung einer größeren Firma begonnen. Der Einstieg wurde dem neuen Mitarbeiter keineswegs leichtgemacht: Der Verkaufsleiter wies ihm gleich zu Anfang einen Kundenkreis zu, der aus völlig neuen Kontakten resultierte und den es erst durch Besuche und Betreuung zu gewinnen galt.

Der junge Mann studierte seine Kundenliste am Abend vor Beginn der neuen Tätigkeit und entwarf seine Route für den kommenden Tag. Am nächsten Morgen jedoch fanden sich plötzlich viele Gründe, warum es besser war, die geplanten Besuche zu verschieben: Er war noch nicht richtig vorbereitet; der Zeitpunkt war ungünstig, da die Ferien bevorstanden; seine Route war nicht gut genug durchdacht – eine Entschuldigung nach der anderen kam ihm in den Sinn. Am darauffolgenden Tag war es wieder das gleiche. Er fühlte sich nicht wohl, hatte Kopfschmerzen und konnte schon aus diesem Grunde bei den Kunden keinen guten Eindruck erzielen.

»Ich war sogar so weit«, berichtete er, »daß ich mich wieder ins Bett legte und meiner Frau vorstöhnte, wie schlecht es mir ginge; ich müsse mich wohl erkältet haben; womöglich trüge ich sogar eine ernsthafte Grippe in mir. Meine Frau jedoch äußerte unumwunden den Verdacht, daß ich wohl nur Angst vor meiner neuen Aufgabe hätte. Sie zeigte mir ihre Enttäuschung über mich und nannte mich eine Niete und einen Feigling. Ich war ausgesprochen verärgert über ihre Bemerkungen und wies ihre Behauptungen entrüstet zurück, doch das machte keinen Eindruck auf sie. Sie fragte lediglich, warum ich mich dann nicht wie ein Mann benehmen könne.

Allerdings mußte ich mir selbst eingestehen, daß meine Frau nicht ganz im Unrecht war. Ich hatte tatsächlich Angst vor diesen Besuchen, fürchtete mich vor dieser direkten, aggressiven Verkaufsmethode. Voll innerer Empörung fragte ich mich, warum ich mich – bei meiner Ausbildung und meinen Qualifikationen – als ›Klinkenputzer‹ hergeben sollte. Schließlich strebte ich einen höheren Posten in der Verwaltung an und wollte nicht einsehen, nun unterwürfig von einem potentiellen Kunden zum nächsten jagen zu müssen, wie es – so dachte ich damals – jeder Hinz und Kunz auch tun könnte.

In dieser Situation erhielt ich ein Stellenangebot für eine angenehme Bürotätigkeit. Die Bezahlung sah nicht allzu reizvoll aus, aber immerhin hätte ich so meine vermeintliche Ehre retten können. Ich war drauf und dran, diese Stelle anzunehmen. Als ich meiner Frau von dem Angebot erzählte, sah sie mir ins Gesicht und sagte nur: ›Also hast du immer noch Angst?‹

Da rang ich mich endlich dazu durch, Angst hin oder her, diese Verkaufsbesuche hinter mich zu bringen. Allerdings kostete es mich große Überwindung, den ersten Schritt zu tun. Ich mußte mich zusammenreißen und mich regelrecht dazu zwingen, die Kundenbesuche auch wirklich durchzuführen.

Natürlich mußte ich Ablehnungen hinnehmen, doch mit den ersten erfolgreichen Abschlüssen nahm auch der Mut zum Weitermachen zu. Ich empfand auf einmal Spannung und Neugier, ja, es machte mir Spaß, kritische, verschlossene Kunden zu überzeugen. So lernte ich auf diese Weise etwas äußerst Wichtiges: wenn man sich vor etwas fürchtet, gibt es nur eines, nämlich das zu tun, wovor man sich fürchtet. Tut man das, hat man die Angst sehr bald schon vergessen!«

Er hat nicht unrecht mit dieser Beobachtung, denn wenn wir gerade das in Angriff nehmen, wovor wir Angst haben, haben wir einen sicheren Weg zur Überwindung der Angst eingeschlagen.

Der Ursprung unserer Ängste

Es gilt heutzutage als unbestrittene Tatsche, daß ein Großteil unserer Ängste auf Kindheitserfahrungen zurückzuführen ist. Frühe Erlebnisse prägen unsere Gefühlsstruktur und lassen sich oft bis ins Erwachsenenalter weiterverfolgen. Um die tieferen Zusammenhänge von Problemen dieser Art aufzudecken, ist es angeraten, sich ärztlicher Anleitung und Hilfe anzuvertrauen.

Ein Flugzeugpassagier, mit dem ich einmal ins Gespräch kam, steht beispielhaft für viele, die Gefahr liefen, von ihren Ängsten regelrecht erdrückt zu werden. Ihm war es am Ende jedoch gelungen, aus diesem Teufelskreis auszubrechen.

Selten ist mir jemand begegnet, der so ungeheuer erleichtert, ja befreit wirkte und vor Lebensfreude überschäumte. »Ich habe eine herrliche Erfahrung machen können«, strahlte er, »meine quälenden Ängste sind verschwunden. Früher wurde ich von der Vorstellung verfolgt, jeden Moment würde etwas Schreckliches über mich hereinbrechen. Glauben Sie mir, es ist ein wunderbares Gefühl, diese Ängste los zu sein!«

Er war ein freundlicher Mann Mitte Dreißig, der, wie es schien, den größten Teil seines bisherigen Lebens in ständiger Angst und Sorge verbracht hatte. Dabei handelte es sich oft um Angstgefühle, die jeder vernünftigen Grundlage entbehrten. Ohne ersichtlichen Anlaß wurde er von Beklemmungen gequält, wobei er sich dann einredete, etwas Schlimmes würde geschehen.

Schließlich begab er sich wegen seines Zustandes in ärztliche Behandlung. Erst mit der Anleitung eines erfahrenen Therapeuten gelangte er zu einem tieferen Verständnis der Ursachen seiner Angst.

Seine Mutter hatte ihn mit übertriebener Liebe und Fürsorge fast erstickt, wobei sie selber ein Opfer ihrer vielen Ängste zu sein schien. Sie hatte die schlechte Angewohnheit, mögliche Gefahrenquellen und angsterzeugende Situationen ins Uferlose aufzubauschen. Ob dies daran lag, daß sie selbst ein übersteigertes Liebesbedürfnis oder daß sie einen unbewußten Hang zur Dominanz hatte – wie auch immer die zugrundeliegende psychodynamische Struktur ihrer Persönlichkeit ausgesehen haben mochte: Die ständige Belastung und Anspannung übertrug sich jedenfalls auf den Sohn und erzeugte in ihm ein Gefühl schwelender Unsicherheit.

Die Mutter erging sich ständig in vagen Andeutungen über den Vater des Jungen, der scheinbar recht zwielichtigen Geschäften nachging und undurchsichtige Affären mit anderen Frauen hatte. Der Junge erfuhr allerdings nie etwas Konkretes, denn in der Gegenwart seines Vaters waren diese Themen tabu. Der Junge hatte jedoch das unbehagliche Gefühl, daß etwas nicht stimmte. So bemerkte die Mutter oft mit unheilvoller Miene: »Mit deinem Vater wird es kein gutes Ende nehmen. Du wirst schon sehen.« Diese Äußerungen riefen in dem Kind eine unterschwellige Angst hervor, seinem Vater könne etwas zustoßen, und vermehrten gleichzeitig seine eigene Unsicherheit.

Die Mutter bekam, wahrscheinlich als Folge ihrer Ängste und Verspannungen, ein Herzleiden. Doch sie dramatisierte ihre Schwäche gern, besonders den Kindern gegenüber. Mit theatralischer Miene verkündete sie dann: »Ihr müßt damit rechnen, daß mir jederzeit etwas zustoßen kann. Ich mag euch zwar gesund erscheinen, bin es aber in Wirklichkeit nicht. Wenn eines Nachts der Arzt gerufen wird, werdet ihr verstehen, daß etwas Ernstes geschehen ist. Wenn ihr außer Haus seid, solltet ihr damit rechnen, daß euch eines Tages die Nachricht vom Tode eurer Mutter erreicht. All dies sage ich euch jetzt schon, damit ihr für den Ernstfall gewappnet seid.«

Jahre später, als aus dem Kind längst ein Mann geworden und er als Handelsvertreter häufig auf Reisen war, lag er oft nächtelang im Hotelzimmer wach und fand keinen Schlaf. Unbewußt fürchtete er stets das Klingeln des Telefons, konnte dies doch die Nachricht vom tragischen Tod seiner Mutter bedeuten.

Schließlich wirkte sich diese unerbittliche, zwanghafte Angst auch auf seine körperliche Verfassung aus. Er fürchtete, selbst eine Herzschwäche zu haben, und suchte einen Arzt auf. Dieser riet ihm, sich in psychotherapeutische Behandlung zu begeben und auch geistlichen Rat zu suchen. Ganz allmählich gewann der junge Mann Einblick in seinen Zustand. Er lernte sich selbst und seine Ängste besser verstehen, entlarvte sie bald als Phantome, die von dem Selbstmitleid und den Komplexen seiner Mutter heraufbeschworen worden waren und in seinem Unbewußten ihr Unwesen trieben. Allmählich gewann er sein Vertrauen zurück. In einem neugewonnenen Glauben fand er die Kraft, seine Ängste zu besiegen. Die alten Schreckgespenster wichen einer neuen Zuversicht, und er fühlte sich glücklich und frei.

Chronische Angstzustände haben ihre Wurzeln häufig in der Kindheit. Kleine Kinder nehmen in ihrem offenen Wesen positive wie auch negative Strömungen auf, also auch die in ihrer Umwelt vorherrschenden Ängste. Ebenfalls können in der Kindheit erzeugte Schuldgefühle vielfach zu Ängsten führen, die uns bis ins Erwachsenenalter weiterverfolgen. Den Betroffenen ist es selten möglich, sich mit eigener Kraft aus dem feingesponnenen Netz der Ängste und Komplexe zu befreien. Daher ist es in solchen Fällen notwendig, sich an einen erfahrenen Psychiater zu wenden. Therapeutische Gespräche dienen zum Verständnis der tieferen Zusammenhänge der krankhaften Zustände und legen somit den Grundstein für eine erfolgversprechende Behandlung des Übels.

»Selbsterkenntnis ist der erste Schritt zur Weisheit«, heißt es. Auf jeden Fall aber muß die Selbsterkenntnis am Beginn jeder Heilung stehen. Um die endgültige Heilung aber auch herbeizuführen, müssen die alten Ängste und die mit ihnen verknüpften eingefahrenen Verhaltensmuster nicht nur erkannt, sondern auch durch etwas Neues ersetzt werden. Etwas Positives muß an ihre Stelle treten, damit sie nicht wieder auftreten oder gar neue, andere Ängste ihren Platz einnehmen. Das positivste, das diesen Platz einnehmen kann, ist natürlich ein fester Glaube. Scheuen wir uns daher nicht, zur Erlangung eines tiefen Glaubens auch geistlichen Beistand zu suchen. Erfüllt uns die Kraft des Glaubens, muß jede Angst unweigerlich die Macht über uns verlieren. Wir alle wissen aus Erfahrung, welch gewaltige Macht Ängste zuweilen über uns ausüben können, aber dennoch bleibt der Glaube die stärkere Kraft und wird mit der Zeit jede Angst besiegen.

Welch großartiger geistiger Gesundheit könnten wir alle uns erfreuen, wenn uns von Geburt an jegliche Form von Angst oder Angstneurose erspart bliebe! Doch es ist nun einmal so, daß wir bereits im Kindesalter die Ängste anderer aufnehmen und verinnerlichen. Ohne böse Absicht übertragen Erwachsene ihre Ängste auf Kinder, die dann ihrerseits mit diesem seltsamen Leiden zu kämpfen haben, bis sie sich – sei es aus eigenem Antrieb oder mit ärztlicher oder seelsorgerischer Hilfe – kraft einer gesunden, im Glauben gefestigten geistigen Haltung davon wieder befreien können.

In diesem Zusammenhang muß ich an die Worte eines Gynäkologen denken, der ein etwas ungewöhnliches Entbindungsritual praktiziert (es wäre sicher nicht verkehrt, wenn sein Beispiel Schule machte). Er nimmt das Neugeborene aus dem Schoß der Mutter entgegen und redet ihm beruhigend zu, während er die Entbindung zu Ende führt: »Hallo, mein kleiner Erdenbürger, willkommen in unserer Welt! Hier bist du nun, hineingeboren in eine wundervolle Welt, in der du gewünscht und geliebt bist. Hab keine Angst, mein Kleines. Gott wird stets für dich sorgen.«

Es ist wohl müßig, darüber zu spekulieren, ob diese wohlmeinenden Worte in irgendeiner Form das Bewußtsein des Neugeborenen erreichen können. Doch wäre es so, wie segensreich wäre eine solche erste Grundlage für eine vertrauens- und glaubensvolle Lebenshaltung!

Über die oft sehr schmerzlichen Begleiterscheinungen der Ängste und Nöte Heranwachsender kann ich einiges aus eigener Erfahrung beitragen. Es fehlte mir zwar nie an einer ausreichend starken Motivation zum Handeln, doch wurde ich stets auch von einem starken Zweifel an mir selbst geplagt, der jegliche Impulse bremste. Ich fühlte mich unzulänglich, redete mir ein, nicht viel zu taugen; ich schien nicht besonders helle zu sein und hatte kein gewinnendes Auftreten; ich war zurückhaltend, verlegen, schüchtern. Das Wort ›schüchtern‹ kennzeichnet den Zustand, in dem ich mich damals befand, besonders treffend, da jemand, der schüchtern ist, sowohl ängstlich als auch scheu reagiert. Meine damalige Verfassung trug also nicht gerade zu einem gesunden Selbstvertrauen bei, da auch andere meine Ansichten über meine Person teilten (tatsächlich sehen unsere Mitmenschen uns meist so, wie wir selbst uns sehen – sie übernehmen unsere eigene Meinung über uns).

Am Vorabend meiner Examensprüfung fand im Haus unserer Studentenverbindung eine Abschiedsfeier statt, zu der der Präsident des Colleges, Dr. John W. Hoffmann, als Ehrengast geladen war. Dr. Hoffmann beeindruckte durch seine starke Persönlichkeit, und seine einnehmende, offenherzige Art sowie seine hervorragende Menschenkenntnis imponierten besonders. So erkannte er die Stärken und Schwächen seiner Mitmenschen auf den ersten Blick. Bei alledem war er ein großer Menschenfreund, voller Liebe und Zuneigung für jeden.

Als die Gesellschaft zu vorgeschrittener Stunde langsam aufbrach, sagte Dr. Hoffmann zu mir: »Begleite mich noch ein Stück des Weges, Norman, ich möchte mit dir sprechen.« Da packte mich die Angst. Wollte er mir schonend beibringen, wie schlecht es um meine Prüfungschancen bestellt war? Eigentlich konnte das nicht sein, weil ich befriedigende Vornoten erzielt hatte und mein Name bereits auf der Liste der Examenskandidaten offiziell ausgedruckt war.

Wir gingen durch die klare Mondnacht. Er sprach zunächst über das Leben allgemein, dann darüber, wie jeder einzelne seinem Leben durch rechtes Denken Sinn und Richtung geben könne. Als wir vor seinem Haus angekommen waren, entstand eine kleine Pause. Dann legte er die Hand auf meine Schulter und sagte: »Weißt du, Norman, ich glaube an dich. Du hast gute Anlagen in dir, du brauchst sie nur freizusetzen und entfalten zu lernen. Ich bin überzeugt, du hast das Talent dazu, in der Öffentlichkeit aufzutreten…« Er sah mich lange an.

»Aber«, fuhr er fort, »es ist wichtig, daß du selbst an dich glaubst. Ich denke, es ist an der Zeit, daß du deine Ängstlichkeit, deine Zweifel an dir selbst ablegst. Du brauchst keine Angst vor irgend jemandem oder irgend etwas zu haben, schon gar nicht vor dir selbst.«

Er knuffte mich in die Rippen: »Ich mag dich sehr gern, mein Junge, und werde stets an dich glauben. Denke daran, es gibt keinen Grund zur Angst. Hab Mut, Mut zum Leben!«

Auf dem Rückweg schwebte ich wie auf Wolken. Dieser großartige Mann, unser aller Idol, glaubte an mich! Plötzlich waren Schüchternheit und Hemmungen wie verflogen! Ich fühlte mich frei! Natürlich waren meine Ängste nicht endgültig beseitigt – es sollten mir vielmehr noch einige innere Kämpfe bevorstehen –, doch in jener Nacht, als dieser verständnisvolle Mann mir nahelegte, daß ich meine Zweifel ablegen sollte, mir zeigte, daß ich an mich glauben konnte, wurde der Grundstein für die Bewältigung meiner Ängste gelegt.

Etliche Jahre später erreichte mich die Nachricht, daß Dr. Hoffmann unheilbar an Kehlkopfkrebs erkrankt war. Da er nicht mehr lange zu leben hatte, fuhr ich nach Pasadena in Kalifornien, um ihn ein letztes Mal zu sehen.

Seine so wunderbare Stimme, die uns stets begeisterte, war nun verstummt. Doch auf seinen Gesichtszügen lag noch das altvertraute Lächeln. Zur Begrüßung drückte seine große Hand die meinige in dem gewohnten festen Griff. Da er nicht mehr sprechen konnte, mußte er zu Papier und Bleistift greifen, um die Unterhaltung zu bestreiten. »Ich freue mich, dich wiederzusehen!« schrieb er auf einen Zettel. »Ich bin stolz auf dich und auf deine Entwicklung.« Ich kämpfte mit den Tränen, worauf er die Unterhaltung in andere Bahnen lenkte und an die alten Zeiten erinnerte. Bald kam uns eine Anekdote nach der anderen in den Sinn, und unser Lachen verdeckte die wenigen Tränen, die uns an den bevorstehenden Abschied gemahnten.

Schließlich ergriff ich seine Hand und sagte: »Dr. Hoffmann, erinnern Sie sich an den Abend damals vor meinem Examen, als wir vor Ihrem Haus standen und Sie mir auf so wundervolle Weise Mut zusprachen? Ich werde nie vergessen, wie Sie mir damals geholfen haben, mit meinen vielen Ängsten fertig zu werden... Sie sollen wissen, wie dankbar ich Ihnen bin.«

Ich wußte, ich würde ihn nicht mehr wiedersehen. Ein letztes Mal berührte ich ihn leicht mit meiner Hand. »Ich mag dich sehr gern, mein Junge«, schrieb er, »und ich werde bis zum Letzten an dich glauben. Sei ohne Furcht. Möge Gott dich stets behüten.«

An der Tür schaute ich mich noch einmal um. Er hatte die veschränkten Hände zum Gruß erhoben und schenkte mir als letzte Erinnerung sein wundervolles Lächeln, das mir so vertraut war.

Bei der Bewältigung unserer Ängste, insbesondere bei der Überwindung übersteigerter Angstgefühle, wird uns eine Besinnung auf die hier noch einmal zusammengestellten Gesichtspunkte eine gute Hilfe sein.

- Zwei große Kräfte, die Angst und der Glaube, sind in uns wirksam. Wenn auch die Angst sehr mächtig sein kann, ist der Glaube doch stets die stärkere Kraft.
- Die Kraft des Glaubens kann, ähnlich einem Adrenalinschub, in einer Gefahrensituation einen sehr starken Zustrom an Energien auslösen. Diese Energien sind latent bereits vorhanden. Bedienen Sie sich ihrer – auch ohne unmittelbar in Gefahr zu schweben!
- Lernen Sie Ihre Ängste näher kennen – und erkennen Sie, daß sie in Wirklichkeit nichts als Phantome und bloße Schreckgespenster sind!
- Wenn Sie gerade gegen das ankämpfen, das Ihnen die größte Angst einflößt, dann werden Sie Ihre Angst am ehesten verlieren.
- Einsicht in die Ursachen der Angstmechanismen ist der erste Schritt zu ihrer Bewältigung. Liegen tiefergehende Angstprobleme vor, sollten Sie sich auf keinen Fall scheuen, psychologischen oder seelsorgerischen Rat zu suchen.
- Ein fester Glauben, aus einer gesunden Gemütsverfassung erwachsen, wird jede Angst vertreiben.
- Prägen Sie sich die Botschaft des vierunddreißigsten Psalms (Vers 5) ein, um sie immer wieder ins Gedächtnis rufen zu können: »Ich suchte den Herrn, und er hat mich erhört, er hat mich all meinen Ängsten entrissen.«

8

Wie *Sie* Wunder wirken können

Der Ladeninhaber war mit dem Auspacken einer Warensendung aus England beschäftigt. Die Art der Briten, ihre Waren stets so kunstvoll zu verpacken, noch dazu mit gediegenen Kordeln und erlesenen Packmaterialien – all das bewunderte er immer wieder. Doch was war das? Auf dem Paketinhalt lag eine Karte. Hatten sich die Leute von der Insel etwas Neues ausgedacht? Er nahm die Karte, las sie – und stutzte erneut. »Erwarten Sie ein Wunder«, war da zu lesen! Erwarten Sie ein Wunder? Was bedeutete das? Unschlüssig legte er die Karte auf seine Ladentheke. Später, als er das Packpapier wegräumte, fiel sie ihm erneut in die Hände. Wie war die Karte in das Paket geraten? Handelte es sich um eine Verwechslung? War sie jemandem aus der Tasche gefallen? Oder war es etwa ein Versuch, ihm eine Botschaft zukommen zu lassen?

Am Abend zeigte er die Karte seiner Frau, die, nicht minder erstaunt, die rätselhafte Angelegenheit jedoch von ihrer praktischen Seite sah: »Im Grunde wäre das genau das, was wir brauchen. Bei all unseren erdrückenden Problemen käme ein Wunder gerade recht.«

Die rätselhafte Botschaft beschäftigte das Paar noch lange, denn es hatte tatsächlich mit allerlei Sorgen zu kämpfen, und eine sehr kritische Angelegenheit war derzeit besonders nervenaufreibend. Sie überlegten hin und her, wägten dies und das ab. Wäre es eventuell möglich, daß sich diese problematische Situation wie durch ein Wunder auflöste, wenn sie nur recht darauf hofften? Schließlich schlug die Frau vor: »Laß uns das Wunder aufrichtig erwarten. Wir haben schließlich nichts zu verlieren. Wir werden sehen, ob etwas geschieht.«

Der Mann war noch skeptisch: »Meinst du, wir sollen an Zauberei glauben?«

»Nun, ich weiß nicht recht, was ich glauben soll«, erwiderte sie. »Vielleicht tritt ein Wunder in Form neuer Gedanken, in Form einer neuen Anregung oder etwas Derartigem ein. Wer weiß, vielleicht findet sich wirklich eine Lösung. Warten wir es ab.«

Es geschah tatsächlich einiges. Als die beiden die Lösung ihres Problems in den Bereich des Möglichen rückten, hatten sie mit ihrer positiven Erwartungshaltung bereits den wichtigsten Schritt zur Problembewältigung unternommen. In der Folgezeit ereigneten sich seltsame Zufälle (oder besser: Fügungen?), die hier und da den Lauf der Ereignisse veränderten und einige der kleineren Sorgen dieser beiden Menschen buchstäblich in Luft auflösten. Auch ihre große Schwierigkeit verlor mehr und mehr an Gewicht. Das eigentliche Wunder aber betraf die Wandlung, die die beiden selbst durchmachten: Ihr ganzes Denken gewann eine zusehends hoffnungsvollere und optimistischere Grundlage.

»Warum man uns wohl diese Karte zukommen ließ?« grübelte der Ladeninhaber immer wieder. »Ich habe so eine Vermutung«, sagte seine Frau mit sanfter Stimme, »obwohl der, an den ich denke, seine Botschaften gewöhnlich weder auf Karten druckt noch in wohlverpackten Paketen zu versenden pflegt…«

Tatsächlich sind wir es selbst, die wir, durch eine entsprechende Erwartungshaltung, Wunder bewirken. In der Erwartung des Positiven konzentrieren und sammeln wir die uns innewohnenden geistigen Kräfte und stimmen sie sozusagen auf die ›Wellenlänge‹ des Wunderwirkens ein. Senden wir aber negative Gedanken aus, stoßen wir das Gute nicht nur ab, sondern vergeuden auf diese Weise auch noch wertvolle Energien.

Wenn von Wundern die Rede ist, mag das bei dem einen oder anderen die verschiedensten Assoziationen wachrufen. Wie ein Blick ins Lexikon zeigt, trägt das Wort durchaus nicht ausschließlich die Bedeutung »eines durch die Naturgesetze nicht erklärbaren Phänomens«. Vielmehr dient es im weiteren Sinne zur Bezeichnung solcher Ereignisse, die besondere, aus dem üblichen Rahmen fallende Merkmale oder Eigenschaften aufweisen und dadurch unsere ›Bewunderung‹ hervorrufen. Unter einem Wunder können wir eine ›große, überragende Leistung‹ verstehen, der wiederum ›bewunderungswürdige und überragende Fähigkeiten‹ zugrunde liegen. Und diese Fähigkeiten sind es, die uns in diesem Zusammenhang interessieren. Es geht um die wunderbare Kraft des menschlichen Geistes, der Wunder (im Sinne der überragenden Leistungen) nicht nur für möglich halten, sondern auch herbeiführen kann.

Die unbegrenzten Möglichkeiten

Von meinem Hotelzimmer aus kann ich in der Ferne hinter einem See die Türme und Zinnen des ›Cinderella Castle‹ weit in den Himmel über Florida aufragen sehen. Ein märchenhafter Anblick, der mich an eine ebensolche Geschichte denken läßt: Die Geschichte nahm vor langer Zeit in Kansas City ihren Anfang. Ein blutjunger Kerl mit künstlerischen Ambitionen wünschte sich nichts sehnlicher, als bei einer Zeitung eine Anstellung als Zeichner oder Cartoonist zu finden. Er zog von Redaktion zu Redaktion, doch die Antworten waren stets die gleichen: Er besäße nicht genügend Talent, er solle sich die Sache besser aus dem Kopf schlagen.

Doch er hielt an seinem Traum, an seinem Lebensziel fest. Für einen Hungerlohn fand er schließlich bei einem Gemeindepfarrer eine Anstellung. Seine Arbeit bestand darin, Werbezeichnungen für kirchliche Anlässe zu gestalten. Als Atelier diente dem angehenden Künstler eine alte zur Kirche gehörige Scheune, die von einer großen Anzahl von Mäusen als ihr Zuhause angesehen wurde. Dort konnte er wohnen und arbeiten. Wer hätte damals geahnt, daß diese Mäuse dem jungen Mann zu Weltruhm verhelfen würden! Der Künstler war niemand anderer als Walt Disney, und eine kleine Maus eroberte bald die ganze Welt. Ihr Name: *Mickey Mouse!*

Schon der attische Rhetor und Staatsmann Demosthenes war überzeugt: »Es sind oft die kleinen, unscheinbaren Anlässe, die zu wahrhaft großen Unternehmungen führen.« Jene Aussage, vor nahezu zweieinhalbtausend Jahren gemacht, zeigt, wie zeitlos eine wahre Erkenntnis wie diese ist – bestätigt auch auf anschauliche Weise durch den Werdegang dieses genialen Künstlers. Aus den ersten bescheidenen Anfängen in einer mäusegeplagten Scheune entwickelte sich ein Unternehmen von Weltruf. Mit den liebenswerten Phantasiefiguren der Comicserien wurde schließlich ein in der Welt neuartiges Genre, der Zeichentrickfilm, ins Leben gerufen, der sich nicht nur bei den Kleinen anhaltender Beliebtheit erfreut. Als Krönung dieses beispiellosen Erfolges sind wohl ›Disneyland‹ in Kalifornien sowie ›Disney World‹ in Florida zu nennen, beides großangelegte Vergnügungsparks, in denen Kinder und Erwachsene gleichermaßen dem Zauber dieser märchenhaften Wunder- und Abenteuerwelt erliegen.

In jenen Tagen aber, als der junge Walt Disney keine zwei Fünfcentmünzen in der Tasche hatte, mit denen er hätte klimpern können, und er nirgends Anerkennung fand, hätte er auch einen anderen Weg einschlagen können. Es war genau die Situation, in der viele junge Menschen Verbitterung und Auflehnung gegen unsere Gesellschaft und gegen die bestehende Ordnung entwickeln, die ihrer Meinung nach fast ausschließlich den Etablierten zugute kommt. Doch Walt Disney gehörte nicht zu denen, die sich von ihren Gefühlen hinreißen lassen; er bewahrte seinen Glauben an sich selbst und fuhr beharrlich in seinen Bemühungen und in seiner Arbeit fort; er gab seine Träume nicht auf, sondern arbeitete Schritt für Schritt deren Erfüllung entgegen.

Denken wir also an das Vorbild, das uns Walt Disney gegeben hat. Wir alle können wunderbare Möglichkeiten verwirklichen, wenn wir den Glauben an unsere Träume und an Wunder bewahren und dabei auch die zur Durchführung erforderliche Arbeit nicht scheuen.

Das Erfolgsprinzip

Wollen Sie sichergehen, daß Ihr Arbeitsaufwand auch den gewünschten Erfolg nach sich zieht, können Sie sich gewisser Richtlinien und Prinzipien bedienen, die im folgenden beschrieben sind.

Am Anfang steht, als erster und wichtigster Schritt, die richtige Zielsetzung. Begnügen Sie sich nicht mit vagen, verschwommenen Vorstellungen, sondern setzen Sie sich ein klar definiertes Ziel. Sie müssen wissen, in welche Richtung Sie gehen, was Sie tun und wie Sie es tun wollen. Auch müssen Sie sicher sein, mit Ihrer Wahl die richtige Entscheidung getroffen zu haben (schließlich kann auch der beste Skiläufer nicht gewinnen, wenn er beim Abfahrtslauf vermeintliche Slalomstangen umkurvt). In diesem Zusammenhang ist es ausgesprochen heilsam, die rechte Einsicht durch die Versenkung in das Gebet zu suchen.

Haben Sie Ihr Ziel formuliert, müssen Sie sich in Ihrem bewußten Denken so lange mit ihm beschäftigen, bis es, durch eine Art ›intellektueller Osmose‹, tief in Ihr Unterbewußtsein eingedrungen ist. Sobald es dort festen Boden gewonnen hat, sind Sie mit Ihrer Zielsetzung eins und können sie in ungeteilter Aufmerksamkeit und unter Einsatz der ganzen Person verfolgen.

An diesem Punkt kommt der Art des Denkens entscheidende Bedeutung zu. Stellen Sie negative Gedanken hinter Ihre Zielsetzung, setzen Sie zerstörerische Kräfte frei und ziehen unweigerlich jegliches Mißgeschick und Unglück an. Denn: Negative Gedanken versetzen die Umwelt in negative Schwingungen, die auf den ›Sender‹ zurückgeworfen werden. So besagt ja das Gesetz der Anziehung, daß sich Gleiches zu Gleichem gesellt – wie Vögel gleichen Gefieders sich zusammenscharen, werden sich auch Gedanken ähnlicher Beschaffenheit gegenseitig anziehen.

Umgekehrt bringt der positiv denkende Mensch seine Umwelt in positive Schwingungen. Gute, optimistische Gedanken ziehen weitere, ähnliche Gedanken nach sich, so daß positive Ergebnisse nicht mehr lange auf sich warten lassen, wenn mit dem bejahenden Glauben auch entsprechendes Handeln einhergeht.

Diese Botschaft sollten Sie sich nicht entgehen lassen. Ziele, die von echter Motivation getragen sind, werden Wirklichkeit. Das gilt für jeden von uns. Erwarten auch Sie ein Wunder!

Mancher Leser mag hier vielleicht einen Einwand erheben, etwa diesen: »Das Beispiel Walt Disney ist gewiß großartig, doch was kann ich für mich persönlich damit anfangen? Disney war ein Genie, aber ich bin nur ein Durchschnittsmensch ohne jegliche besondere Begabung. Wie sollte ich da ähnliches erwarten können?« Hierauf gibt es nur eine Antwort: »Doch, das gleiche gilt auch für Sie! Wie auch immer ihre Zielsetzungen aussehen mögen, die Durchführung gelingt in jedem Fall, sofern Sie daran glauben, sie gelingt!«

Wie wir gesehen haben, hat auch der große Walt Disney klein angefangen. Wunder gibt es in jeder Größenordnung, angefangen bei kleinen Besonderheiten bis hin zu den großen weltbewegenden Ereignissen. Beginnen auch Sie im Kleinen – und in dem Maße, wie sich der Erfolg einstellt, werden Sie sich bald an Größeres heranwagen. Auf diese Weise können Sie sich Schritt für Schritt Ihren Weg nach oben bahnen.

Das eigentliche Hindernis liegt in einer zu geringen Selbsteinschätzung. Wer sich selbst nichts zutraut, wird auch entsprechend wenig zuwege bringen. Sie verurteilen sich gleichsam dazu, auf einer niedrigen Stufe zu verharren, wenn Sie Ihre Möglichkeiten gering einstufen. Aus diesem Grunde spielen der Glaube an die eigenen Fähigkeiten und die Hoffnung auf größere Leistungen eine bedeutende Rolle. Lenken Sie daher Ihre Gedankenprozesse in eine positive Richtung – und Sie werden die vielfältigen Möglichkeiten entdecken, die in Ihnen, in Ihrem Tun und in Ihren Aufgaben angelegt sind. Denn Sie sind dazu imstande, wunderbare Ergebnisse regelrecht herbeizudenken!

Was die Kraft hoffnungsvollen Denkens tatsächlich bewirken kann, zeigt das folgende Beispiel:

In der Geschäftskonferenz eines großen Unternehmens tauchte eine schier unlösbare Schwierigkeit auf. Die versammelten Direktoren, eine Frau und fünf Männer, untersuchten die Angelegenheit unter jedem möglichen Gesichtspunkt, jedoch ohne Erfolg. Die verantwortlichen Herren kamen schließlich zu dem Schluß, hier sei einfach nichts mehr zu machen.

Doch da war noch die bemerkenswerte Geschäftsfrau in ihrer Mitte, die folgendes zu bedenken gab: »Was heißt überhaupt Problem? Es handelt sich hier einfach um ein Zusammenwirken ungünstiger Umstände, und deshalb sehen wir vordergründig keinen Ausweg. Doch in Wirklichkeit gibt es immer eine Lösung, und unsere Aufgabe ist es jetzt, diese Lösung zu finden und dann Abhilfe zu schaffen.« Ihre Kollegen lächelten über diese ihrer Meinung nach recht naive Bemerkung.

»Meine Herren«, fuhr sie fort, »der erste und wichtigste Schritt auf die Lösung zu besteht in einer optimistischen Einstellung. Vermeiden wir also jedes Katastrophendenken, da es uns nur schaden wird. Lassen Sie uns vielmehr daran glauben, daß die Lösung nicht nur vorhanden ist, sondern geradezu darauf wartet, entdeckt zu werden. Es bleibt uns überlassen, unseren Verstand so einzusetzen, daß wir auf die gesuchte Antwort stoßen!«

Diese zielgerichtete, positive Argumentationsweise brachte frischen Wind in die Diskussion. Alle um den Tisch Versammelten begannen noch einmal von vorn, die Sache zu durchdenken. Die düsteren Erwartungen wurden nicht mehr beachtet, und statt dessen nahm ein nüchternes, analytisches Denken ihren Platz ein. Das Problem wurde Zug um Zug zerpflückt, bis die systematische Überprüfung tatsächlich einen Fehler zutage förderte, der bisher völlig übersehen worden war.

So war es einem positiv denkenden Menschen in ihrer Mitte zu verdanken, daß der Fehler berichtigt und das Problem behoben werden konnte.

Eine tüchtige Unternehmerin bewies ihren männlichen Kollegen, daß es geht, wenn man denkt, es geht. Deshalb sollten wir nie vorschnell etwas als unmöglich oder als zum Scheitern verurteilt abschreiben, sondern uns gerade in solchen Situationen auf unsere geistigen Fähigkeiten verlassen. Sie werden uns nicht im Stich lassen, wenn wir uns voller Hoffnung an Schwierigkeiten heranwagen. Solange wir anstelle negativer, zermürbender Befürchtungen eine positive Erwartung, das Vertrauen auf unsere Fähigkeiten und den Glauben an einen guten Ausgang in die Waagschale werfen, werden wir die Probleme auch meistern – und kein Fall kann uns zu Fall bringen.

Verhindern Sie eine geistige Lähmung!

In diesem Zusammenhang muß ich an eine interessante Begegnung in Tokio denken. Dort traf ich einen lebenssprühenden Amerikaner aus Pennsylvania, der, obwohl an den Rollstuhl gefesselt, eine Reise um die Welt unternahm. Trotz seiner Lähmung war er außerordentlich unternehmungslustig und stets aufnahmebereit für neue Eindrücke und Erfahrungen. Mir fiel auf, daß er nie schlecht gelaunt oder niedergeschlagen war. »Wo denken Sie hin«, war sein Kommentar, »die Lähmung hat zwar meinen Körper ergriffen, aber keineswegs meinen Geist.«

Doch wie viele Menschen leiden an einer geistigen Lähmung, hervorgerufen durch Furcht, Zweifel an sich selbst und Gedanken der Unzulänglichkeit! Gerade diese finsteren Gedanken machen sie blind für die schöpferischen Möglichkeiten des Geistes, die somit buchstäblich von einer Lähmung ergriffen werden. Ein wirksames Gegenmittel ist und bleibt die Kraft des Optimismus. Optimistische Vorstellungen beseelen uns mit neuen Energien und erwecken brachliegendes Potential zu neuem Leben. Ein gesundes Selbstvertrauen und positive Erwartungen tragen dazu bei, jede Lähmung aus dem menschlichen Geist, diesem unvergleichlichen Werkzeug, fernzuhalten.

Besonders in der jungen Generation herrscht heute oftmals eine finstere, unheilvolle Denkart vor. Die jungen Leute werden vielfach schon mit der Auffassung groß, daß diese Welt grundsätzlich schlecht sei. Sie sind voller Ablehnung, unfähig, das Gute zu sehen. Der weitverbreitete Zynismus und Negativismus von seiten vieler Erzieher, aber auch von seiten der stets unheilverkündenden Medien haben nicht zuletzt dazu beigetragen, daß den jungen Menschen eine lebensfrohe Perspektive weitgehend abhanden gekommen ist. Doch das ist ein Verbrechen an der Jugend, weil es ihre natürliche Begeisterungsfähigkeit und ihre

Kreativität zerstört. Es ist unverantwortlich, den jungen Menschen das Recht auf ihre Träume und Hoffnungen zu nehmen, die das Leben erst lebenswert machen.

Allerdings erreichen mich in letzter Zeit wieder zunehmend Schreiben auch von jungen Menschen, die zu neuer Hoffnung Anlaß geben. Es ist wohltuend, zu lesen, wie engagiert manche von ihnen nach einem tieferen Sinn im Leben suchen und sich ihren Aufgaben stellen. Betrachten wir beispielsweise das Schreiben einer siebzehnjährigen Schülerin, in dem sie schildert, wie sie sich aus einer negativen, hoffnungslosen Lage befreit hat:

»Vor einiger Zeit ging es mir ziemlich schlecht. Woher das kam, weiß ich nicht, aber ich wurde zusehends deprimierter und zynischer. Ich las eine Menge, unter anderem ein Buch über Geisteskrankheiten. Auf einmal stürmte alles, was ich je zu diesem Thema gelesen hatte, auf mich ein und verfolgte mich Tag und Nacht. Ich bildete mir ein, an einer Paranoia zu leiden.

In dieser Zeit sollte ich ein Referat über das Thema ›Freude am Leben‹ schreiben. Welche Ironie des Schicksals! Doch dann geriet ich bei meinen Nachforschungen zum ersten Mal in meinem Leben an Bücher zur Lebensorientierung, unter anderem auch an Ihre. Es war eine Wohltat, so ermutigende Sätze zu lesen wie: ›Wer Großes erwarten kann, kann es auch vollbringen!‹ Oder ›Bauen Sie sich mit Ihren Hoffnungen und Erwartungen ein neues Leben auf. Erwarten Sie ein Wunder!‹ Besonders die Aufforderung: ›Bleiben Sie nicht in der Sackgasse des Selbstmitleids stehen, sondern unternehmen Sie selbst etwas, beispielsweise, indem Sie eine Neugliederung Ihrer Gedankenmuster vornehmen‹, öffnete mir die Augen. Die Lektüre rüttelte mich wach und gab mir neue Hoffnung. Ich sah, wie ein Weg aus meiner Lethargie hinausführte. In der Dunkelheit der Verwirrung erreichte mich das Licht einer neuen Zufriedenheit. – Mein Referat wurde übrigens mit einer Eins plus bewertet!«

Wie aus dem Schreiben hervorgeht, war das Mädchen neuen Impulsen gegenüber aufgeschlossen. Sie ließ sich auf das Abenteuer ein, ein Wunder zu erwarten, und es gelang ihr durch Fleiß und Arbeit, das Erwartete eintreffen zu lassen.

Wunder sind durchaus nicht immer aus dem Stoff, aus dem die Träume sind. Oft setzen sie sich aus banalen, kleinen Alltagsdingen zusammen. Schon der feste Wunsch, mehr aus seinem Leben machen zu wollen, oder das starke Verlangen, dem Leben mehr Sinn abzugewinnen, ist der Stoff, aus dem Wunder entstehen können. Das Wunder ist ja im eigentlichen Sinne das, was wir als hervorragende Leistungen an anderen bewundern. Das Wunderbare, das Bewundernswerte, das über das normale Maß hinausgeht, erscheint uns soviel wertvoller als die bedrückende Selbsteinschränkung, die sich beispielsweise in dem folgenden Argument ausdrückt: »Mehr kann ich nicht tun, mehr ist mir nicht gegeben.« Wer so gering denkt, der wird auch nur Geringes erreichen. Wer jedoch zu einem verstärkten Einsatz bereit ist, zu einem Mehraufwand an Energieeinsatz und Denkanstrengung, der läßt diese Haltung hinter sich und erreicht das Wunderbare.

Wenn die Rede auf das Wunderbare, Bewundernswerte kommt, wandern meine Gedanken unweigerlich zu der Familie der Dolans, zu dem Ehepaar Helen und Paul Dolan, zu deren Töchtern Pan und Pye und nicht zuletzt zu Mrs. Lindström, Helens Mutter.

Die Dolans betreiben ein Schnellrestaurant an der Autobahn A 22 bei Patterson, New York. Ich lasse keine Gelegenheit aus, in diesem gemütlichen, von Frohsinn erfüllten Lokal ein ausgezeichnetes Essen zu genießen. Mrs. Lindström, von allen nur ›Mama‹ genannt, ist Köchin und Bäkkerin des Hauses. Ihre Pasteten, Kuchen und Reispuddings sind unvergleichliche kulinarische Genüsse. Das Lokal ist ein echter Familienbetrieb, das den harten Einsatz aller fordert. Dennoch wäre es höchst ungewöhnlich, einen von ihnen in schlechter Laune zu erleben. Für jeden Gast ist ein freundliches Lächeln da. Helen Dolan beispielsweise ist eine hübsche, äußerst charmante Frau mit perlendem Lachen und elegantem Auftreten. Man muß sie einfach liebgewinnen.

Vor etlichen Jahren trat sie einmal als Gast in einer beliebten amerikanischen Fernsehsendung auf, die in etwa so konzipiert war wie Robert Lembkes »Was bin ich?« Das Rateteam, sonst so findig selbst bei den ausgefallensten Berufen, mußte bei ihr passen. Wie sollte es auch herausfinden, daß sie zu der Zeit gemeinsam mit ihrem Mann die Müllabfuhr des Ortes betrieb!

Sie und ihr ebenso unermüdlich arbeitender Mann entschlossen sich später, das Mülltransportunternehmen aufzugeben und ins Gaststättengewerbe überzuwechseln. So bauten sie sich die kleine Autobahnraststätte auf, die den Namen ›Custard Castle‹ erhielt. Allein die Annonce in der Zeitung, mit der die Eröffnung angezeigt wurde, war ein wahres Kunstwerk: Durch wenige wohlgesetzte Worte wurden die einladende Gastlichkeit und fröhliche Atmosphäre der Raststätte lebendig.

Bei meinem allerersten Besuch in der neuen Gaststätte fiel mein Blick auf den herrlichen, bis zur Decke reichenden Kamin. Schmale, perfekt angeordnete Ziegel zierten ihn bis obenhin. Voller Bewunderung für die meisterhafte Arbeit wollte ich den Namen des Kaminbauers erfahren. »Das war ich selbst«, antwortete Helen fröhlich, »ich habe jeden einzelnen Ziegel eigenhändig angebracht.« Ihre vielseitigen Talente beeindruckten mich. »Müllsammler, Manager, Koch, Ehefrau und Mutter – und nun auch noch Maurer! Gibt es auch etwas, was Sie nicht können?« Das Kompliment schien sie zu freuen, und sie erklärte: »Paul und ich machen immer alles in eigener Regie. Wir lieben unsere Arbeit, weil wir es lieben, etwas Neues aufzubauen und kreativ zu sein, nicht zuletzt, um anderen Menschen Freude zu bereiten.«

Diese Familie steht exemplarisch für alle die Menschen, die mit ähnlicher Begeisterung kraft ihres Denkens und Handelns das Leben positiv gestalten und zum Allgemeinwohl beitragen wollen. Ihre Gesinnung faßt Helen in der Bemerkung zusammen: »Wir glauben an das Wunderbare und erwarten, daß unsere Pläne Wirklichkeit werden – und sie werden es.«

Das Beispiel der Dolans zeigt noch etwas anderes! Es zeigt wie die vielbeklagte Kluft zwischen den Generationen ad absurdum zu führen ist. Hier ist eine Familie, in der Alt und Jung in Harmonie zusammenleben und zusammenarbeiten, in der alle am gleichen Strang ziehen.

Allerdings wird eine solche Lebensphilosophie heutzutage vielfach als spießbürgerlich abgestempelt. Wie dem auch sei, ich stehe hinter dieser Einstellung, deren etwaige Titulierung mir völlig gleichgültig ist. Denn ich fühle mich all den Menschen zugehörig, die nach Leistung und Erfolg streben, die mit Begeisterung stets neue Wunder erwarten und an ihrer Verwirklichung arbeiten.

Wege zu größerem Ideenreichtum

Ein weiteres, stets aufs neue faszinierendes Wunder ist die Entdeckung neuer Facetten der eigenen Persönlichkeit. Welch ein mitreißendes Abenteuer, wenn wir Fähigkeiten in uns entdecken, von deren Existenz wir bisher nichts ahnten, und uns ganz neue Dimensionen erschließen!

Der New Yorker Werbefachmann Alex Osborne entwarf ein praktisches Rezept zur Entfaltung neuer Ideen, das er ›angewandte Phantasie‹ nannte. Ich selbst habe es erfolgreich erprobt und an viele Ratsuchende weiterempfohlen. Sein Rezept lautet:

1. Schreiben Sie Ihre drei größten Wünsche in der Reihenfolge von eins bis drei auf ein Blatt Papier. Rufen Sie sich diese Aufstellung täglich ins Gedächtnis.
2. Verbringen Sie eine Stunde täglich mit der Analyse Ihrer Arbeit, um sich gezielt in Ihrem Fachgebiet weiterzubilden. Bei konsequenter Durchführung des Programms werden Sie sich in weniger als fünf Jahren zu einem anerkannten Meister Ihres Faches entwickelt haben.
3. Verbringen Sie eine Stunde täglich vor einem leeren Blatt, um alle Gedanken, die Ihnen kommen, festzuhalten. Sie werden staunen, wie viele überraschende Ideen Ihnen kommen, die sowohl der Verbesserung Ihrer Arbeit als auch Ihres Privatlebens dienen.

Ein anderer Ideenexperte, M.O. Edwards, schildert ein ähnlich kreatives Verfahren zur Entwicklung größeren Ideenreichtums…

»Nehmen Sie einmal an, es gäbe ein zuverlässiges Rezept zur Steigerung, ja Verdopplung Ihres Ideenreichtums! Und in der Tat haben sich inzwischen Tausende von Menschen davon überzeugt, wie die Anwendung einfacher, aber wissenschaftlich fundierter Regeln den immensen Reichtum an Gedanken und Einfällen in uns anzapfen und nutzbar machen kann.

Nehmen Sie ein Blatt Papier zur Hand und schreiben Sie einmal innerhalb der nächsten drei Minuten alle Gedanken und Einfälle auf, beispielsweise zu der Fragestellung, wie Sie einen Tischkalender verbessern würden. Anschließend schauen wir uns das Ergebnis an. Wie viele Gedanken sind Ihnen gekommen? Waren es fünfzehn oder mehr, so sind Sie bereits genial. Zehn bis fünfzehn Antworten wären ein ausgezeichnetes Ergebnis. Fünf bis zehn Einfälle wären eine gute Leistung. Viele unter Ihnen werden wahrscheinlich weniger als fünf Antworten zu Papier gebracht haben, was aber keineswegs bedeutet, daß es Ihnen an Begabung mangelt; vermutlich gehören Sie zu den Menschen, die jeden Gedanken gleich im Entstehen prüfen und viele Einfälle wieder verwerfen, weil sie ihnen zu unpraktisch, zu wenig originell oder zu weithergeholt erscheinen. Sie haben vermutlich jeden Gedanken, der in Ihrem bewußten Denken auftauchte, sofort einer Zensur unterzogen. Viele Ideen halten einer anspruchsvollen Prüfung nicht stand; sie scheinen nicht vernünftig oder bedeutsam genug, sie überhaupt zu Papier zu bringen. Doch diese automatische Zensur ist ein weitverbreiteter Fehler, der jeden spontanen Gedankenfluß hemmt.

Daher lautet die erste und wichtigste Regel: ›Erst denken, dann urteilen.‹ Schreiben Sie wirklich alles und jedes auf, was Ihnen in den Sinn kommt, wie dumm, lächerlich, unpraktisch oder banal es Ihnen auch vorkommen mag. Lassen Sie Ihre Gedanken frei und ungehindert fließen, indem Sie Kritik und Beurteilung für später aufheben. Jeder Gedanke, den Sie notieren, löst durch die assoziativen Prozesse wieder einen neuen aus, solange Sie die Zügel der Zensur einmal locker lassen.

Der Weg zu einer brillanten Idee führt über viele Ideen. Je mehr Einfälle Ihnen kommen, desto größer muß auch der Prozentsatz guter Ideen darunter sein; deshalb ist es von außerordentlicher Bedeutung, sich an den Grundsatz der aufgeschobenen Beurteilung zu halten.«

Kehren Sie mit ›Wolken des Ruhmes‹ zurück!

Den oben geschilderten Grundsatz wandte ich bereits an, lange bevor ich den Wortlaut des »Erst denken, dann urteilen« kennengelernt hatte. Einmal erprobte ich dieses Prinzip zusammen mit einer charmanten Dame, einer gewissen Mrs. Louise Williamson, die in ihrem Heimatort in Missisippi allgemein als ›Miss Lou‹ bekannt war. Miss Lou suchte mich in meinem Hotel bei Point Clear auf, um meinen Rat einzuholen.

Die elegante, zierliche Dame, die erst kürzlich Witwe geworden war, fand sich vor einem zweifachen Problem: Auf der einen Seite mußte das Finanzielle geregelt werden, und auf der anderen Seite stand sie vor der Frage, was sie nun, wo sie allein geblieben war, mit ihrem Leben anfangen sollte. Ich machte den Vorschlag, zunächst alle Ideen auf einem Blatt Papier zu sammeln, um anschließend zu überlegen, was am geeignetsten wäre und am ehesten zu verwirklichen sei.

»Es ist zu dumm, aber ich tauge zu gar nichts«, behauptete sie. »Ich habe keinen Beruf erlernt. Mein Mann nahm mir stets alle Entscheidungen ab. Was Arbeit angeht, bin ich völlig unerfahren.«

Das konnte ich nicht gelten lassen. »Als intelligente und gebildete Frau kann Ihnen doch nicht jegliche Begabung abgehen. Sicher ist in Ihnen bereits die Lösungsidee vorhanden und braucht nur noch an die Oberfläche zu steigen. Ich bin sogar überzeugt: Diese Idee wird Ihnen ein erfülltes Leben bescheren!«

So und ähnlich redete ich auf sie ein, damit sie ihre innere Zensur zunächst zurückstellen und ihre Einfälle einfach ungehindert fließen lassen sollte. Doch Miss Lou wollte sich anfangs gar nicht recht auf diese Methode des »Erst denken, dann urteilen« einlassen. Sie prüfte jeden Gedanken im Entstehen, um ihn dann gleich wieder zu verwerfen: »Aber nein, das ist unmöglich. Das liegt mir nicht.« So oder ähnlich lauteten ihre Kommentare. Nach langem Hin und Her brachten wir den Stein dann schließlich doch noch ins Rollen...

»Wie wär's mit Arbeit in einem Geschäft?« fragte ich.

»O nein, das geht nicht. Wissen Sie, als Südstaatlerin aus besserem Hause bin ich mit bestimmten Vorstellungen groß geworden, die ich nicht so leicht über Bord werfen kann. In unseren Kreisen würde es einfach als nicht schicklich erachtet, wenn eine Frau meines Standes einer Lohnarbeit nachginge. Sie werden das für sehr altmodisch halten, doch mir ist es zu sehr in Fleisch und Blut übergegangen, als daß ich mich noch ändern könnte.«

»Wie wäre es dann mit Porzellanmalerei oder Blumenstecken?« Beides schien mir schon eher mit ihrer vornehmen Herkunft zu harmonieren. Doch auch das kam nicht in Frage, weil sie in dieser Richtung keinerlei Talent hatte. Dann schlug ich Modeschneiderin vor, worauf sie antwortete: »Ach, du liebe Zeit, ich kann nicht einmal einen Knopf annähen. Für derlei Dinge gab es bei uns die Dienstboten. Obwohl die Zeiten nun für mich vorbei sind, bei der finanziellen Belastung des Grundstücks…«

»Kochen Sie gern?« wagte ich einen weiteren Versuch. »Ich bin sicher, daß Sie eine ausgezeichnete Köchin sind. Ich kann förmlich schon den Duft Ihrer frischgebackenen Maisfladen oder Tortillas riechen.«

Sie lachte: »Wenn ich Wasser kochen kann, ist das schon sehr viel.«

Doch ich gab nicht auf und drang weiter in sie. »Nun«, zögerte sie, »es gibt da eine erwähnenswerte Kleinigkeit. Ich kann Konfekt herstellen. Früher lobte mich alles wegen meiner selbstgemachten Süßigkeiten.«

Ich war aufrichtig begeistert. Gleich machte ich mich an die Planung ihres zukünftigen Geschäfts. Ich malte ihr aus, wie sie ihr Konfekt in großen Mengen herstellen und überall zum Verkauf anbieten könne, als sie mir auch schon ins Wort fiel und zu bedenken gab, es sei für eine Dame ihres Standes unmöglich, selbstgemachte Pralinen so anzubieten, vielmehr wäre es in ihren Kreisen üblich, es an Freunde und Verwandte zu verschenken.

Auf diesen Einwand hin sah ich mich gezwungen, ihr die Gegebenheiten des heutigen Lebens etwas deutlicher vor Augen zu führen. Schließlich konnte sie ihre wirtschaftliche und finanzielle Situation nicht länger ignorieren. Ich versuchte, ihr schonend beizubringen, daß sie bereit sein mußte, einige ihrer überkommenen Verhaltensmuster aufzugeben. Da sie nunmehr, was ihren Lebensunterhalt anging, auf sich selbst gestellt war, konnte sie ihre ›Spitzenhäubchenromantik‹ unmöglich weiter aufrechterhalten. »Sie haben die Wahl, entweder Geld zu verdienen oder letzten Endes bei der Sozialfürsorge vorsprechen zu müssen«, redete ich ihr ins Gewissen.

Dann bat ich sie, mir doch einmal eine Schachtel ihres besten Konfekts zu schicken, und bot mich an, ihr mein ehrliches Urteil darüber abzugeben, schließlich sei ich sozusagen Fachmann für alles, was Süßes angehe. Wenige Tage später traf ein über zwei Pfund schweres Päckchen des köstlichsten Konfekts bei mir ein, das ich je gegessen habe. Ich mußte bestätigen, daß es nur so auf der Zunge zerging. Es war ihr so herrlich gelungen – ich konnte einfach nicht widerstehen, die ganze Schachtel innerhalb eines Tages wegzunaschen.

Ich überredete sie, das vordere Zimmer ihres Hauses als Laden einzurichten. Es bot sich an, da es von der Straße aus gut sichtbar war. Ein Schild an der Hauswand und ein weiteres an der befahrenen Durchgangsstraße wiesen auf die Leckereien hin. Kurz entschlossen nannte sie ihr Geschäft ›Die süße Kiste am Highway 88‹, und es dauerte nicht lange, bis sie und ihre Süßwaren überall im weiten Umkreis bekannt und begehrt waren. Zu dem Zeitpunkt sprudelte sie bereits über mit neuen, eigenen Ideen. Nachdem ihre Begeisterung erst einmal geweckt war, fand sie immer neue lohnenswerte Projekte.

Welche erstaunlichen Ergebnisse sie erzielte, ja, welche Wunder sie wirkte, spiegelte sich nicht zuletzt in ihrer stetig wachsenden Beliebtheit wider. Nur wenige Jahre nach den ersten Anfängen wurde sie in Vicksburg zur Frau des Jahres gekürt, und später erhielt sie die gleiche Auszeichnung noch einmal – durch den Gouverneur des Bundesstaates Mississippi! Doch das war nicht allein ihrem Geschäftserfolg zu verdanken, sondern in erster Linie ihrem nimmermüden Engagement für das Allgemeinwohl, um das sich die kleine, fröhliche Person in steigendem Maße verdient machte.

Kurz nachdem sie so geehrt worden war, zeichnete die Handelskammer der Vereinigten Staaten sechs Personen aus: Wegen ihrer besonderen Verdienste für die Nation wurden sie als Ehrenbürger ernannt. Die Wahl fiel auf fünf Männer und eine Frau – Mrs. Louise Williamson!

Wenn sie auch heute nicht mehr lebt, so ist doch ihr Andenken geblieben. Ein Dichter sagte einmal: »Mit Wolken des Ruhms kommen wir hernieder von Gott, der unsere Heimat ist.« Auf Miss Lou angewandt, möchte ich das Bild umkehren und sagen: »Mit Wolken des Ruhmes kehrte sie in ihre göttliche Heimat zurück.«

Jeder, der wie sie das Wunderbare zu verwirklichen anstrebt, wird in der Kraft des Glaubens eine unerschöpfliche Quelle immer neuer Stärkung finden. Was, wenn nicht ein fester Glaube, könnte eine noch so begeisterte Motivation auf Dauer lebendig halten? Schließlich wird jeder, der sich auf das herrliche Abenteuer des Wunderwirkens einläßt, auch die Kraft zur Überwindung großer Schwierigkeiten finden – und woher könnte uns ein größeres Durchhaltevermögen erwachsen als aus unserem Glauben?

Wunderbares kann Wirklichkeit werden

Jedesmal, wenn ich in San Francisco bin, statte ich dem dortigen Spezialitätenrestaurant ›Omar Khayyam‹ einen Besuch ab. Mit seinem Besitzer George Mardikian verbindet mich eine langjährige Freundschaft. George war als Achtzehnjähriger zusammen mit Familienangehörigen aus seiner Heimat geflohen, um in den Vereinigten Staaten ein neues Leben anzufangen. Als Armenier gehörten sie einer Minderheit an, die von den Türken verfolgt und zum Teil auch brutal ermordet wurde. Durch die Flucht nach Amerika konnte George einem ähnlichen Schicksal entgehen. Für ihn waren die Vereinigten Staaten der Inbegriff der Freiheit. Er kam ohne jegliche Habe hier an, doch er brachte etwas mit, das wertvoller ist als jeder materielle Besitz, nämlich Hoffnungen, Ideale, Träume. Mit einem unerschütterlichen Glauben an sich selbst und an die Möglichkeiten, die ihm die Vereinigten Staaten bieten würden, betrat er seine neue Heimat.

In seiner alten Heimat hatte er seiner Mutter oft bei der Zubereitung der Mahlzeiten zugeschaut, weil ihn alles, was in der Küche vorging, schon seit frühester Kindheit lebhaft interessierte. Nun wollte er auf dem erworbenen Wissen und Können seine Pläne aufbauen. Sein größter Wunsch war, eines Tages ein Restaurant zu eröffnen, um seinen amerikanischen Landsleuten die besten Gerichte aus seiner Heimat servieren zu können.

Nach seiner Ankunft in San Francisco fand er zunächst eine Anstellung in einem viertklassigen Lokal mit dem Namen ›Coffee Dan‹. Die Arbeit war ebenfalls viertklassig: zwölf Stunden am Tag durfte er das Geschirr spülen, um dann noch nebenher die Landessprache zu erlernen. Später fand er in einem anderen Restaurant eine Stelle als Oberkellner und bezog immerhin fünfzig Dollar Wochenlohn. Kurze Zeit darauf bat er seinen Chef, als Koch arbeiten zu dürfen. Er beharrte auf seinem Wunsch, selbst als er erfuhr, daß die Arbeit eines Kochs nur mit sechsunddreißig Dollar bezahlt wurde.

Der Lebensweg des armenischen Flüchtlings führte nun über viele Jahre härtester Arbeit stetig weiter aufwärts, bis George schließlich seinen Traum vom eigenen Restaurant verwirklichen konnte – er war glücklich in seiner neuen Heimat.

Als ich wieder einmal in seiner Gaststätte zu Besuch war, erzählte mir George, wie er sein ›Omar Khayyam‹ erworben hatte. Eines Tages hatte er seiner Frau einen Scheck über zehntausend Dollar ausgestellt, als Geschenk an sie. »Aber George«, hatte sie entsetzt ausgerufen, »wir haben doch gar keine zehntausend Dollar!« Er hatte sie beruhigt: »Ich weiß, doch ich möchte, daß du diesen Scheck aufhebst, bis wir das Geld haben. Eines schönen Tages werden wir mit diesem Geld eine wundervolle Reise um die Welt machen – als unsere zweiten Flitterwochen.«

In der Zwischenzeit ging das Leben seinen gewohnten Gang. George arbeitete, sparte, arbeitete. Schließlich war es soweit und er hatte das Geld zusammen. Der große Moment war gekommen! Während seine Frau die letzten Besorgungen für die bevorstehende Reise machte, schaute George wie zufällig noch einmal im alten ›Coffee Dan‹ vorbei. Als er in dem Lokal stand, in dem er einst als Tellerwäscher angefangen hatte, überkam ihn der übermächtige Wunsch, es sein eigen nennen zu können. Kurz entschlossen verhandelte er mit dem Besitzer, und das Geschäft wurde an Ort und Stelle besiegelt.

Als seine Frau mit den Einkäufen zurückkam, mußte er seine Beichte beginnen. Sie schaute ihn nur an. Wie die meisten Frauen kannte auch sie ihren Mann besser, als er sich selbst kannte. »Ich kann mir denken, was du mir sagen willst«, sagte sie. »Du hast unsere zehntausend Dollar ausgegeben – und ich weiß auch, wofür. Du hast von dem Geld ein Restaurant gekauft!« Schuldgefühle überkamen ihn, wo doch das Geld für sie beide, für ihre zweiten Flitterwochen bestimmt war.

Doch seine Frau sagte voller Verständnis und Zuneigung: »George, ich freue mich für dich, ja, ich bin sogar stolz auf dich!«

An dem Abend saßen und plauderten wir noch lange in seinem ›Omar Khayyam‹, vormals ›Coffee Dan‹, und ließen alte Erinnerungen wieder aufleben. George erzählte weitere Begebenheiten aus seinem Leben.

Während des Zweiten Weltkrieges war einmal der Befehlshaber eines großen Truppenübungslagers an George mit folgendem Problem herangetreten: Seine Soldaten verweigerten das Essen! Obwohl in der Küche nur die ausgesuchtesten Lebensmittel verarbeitet wurden, schmeckte es ihnen einfach nicht. Vermutlich lag es an der Zubereitung. Selbst das feinste Zucchini-Gemüse wanderte jedesmal von den Tischen geradewegs in den Abfall.

George schaute sich in der Armeeküche um und kam zu folgendem Schluß: »Das eigentliche Problem liegt in der schlechten Einstellung des Küchenpersonals. Sie empfinden keinen Stolz bei ihrer Arbeit und verrichten sie vollkommen desinteressiert.« Daher schlug er dem General vor: »Stattet sie mit weißen Kitteln und Mützen aus, damit sie sich mit ihrer Arbeit identifizieren können. Und verseht den Sergeanten, der für die Kantine zuständig ist, mit einem zusätzlichen Rangabzeichen, um ihm mehr Einfluß zu verleihen.« Was das Kochen selbst betraf, vermittelte George dem Personal die Feinheiten einer guten Küche – und Zucchini zählte bald zu den Lieblingsgerichten.

George war stets ein hilfsbereiter Mensch, der sich mit seiner ganzen Person für seine Mitmenschen einsetzte. Wen wundert es da, wenn seine Leistungen schließlich landesweite Anerkennung fanden! So ehrte ihn sogar das Weiße Haus für seine Verdienste mit einer Feier. Als er sich beim anschließenden Diner gemeinsam mit dem Präsidenten der Vereinigten Staaten von Amerika an einem Tisch wiederfand, erfüllte ihn Freude und Dankbarkeit. Wenn er daran zurückdachte, wie er damals als Flüchtling ohne jede Habe in dieses Land gekommen war, dann grenzte es an ein Wunder, welchen Verlauf sein Leben seither genommen hatte!

Doch es sollten noch weitere Auszeichnungen folgen! George Mardikian erhielt von der Universität Brigham die

Ehrendoktorwürde. Ich war glücklich, die Feierveranstaltung gemeinsam mit ihm verbringen zu dürfen, denn auch mir wurde diese Auszeichnung zuteil. Als George nach der Ehrung von der Bühne heruntertrat, um wieder neben mir Platz zu nehmen, standen Tränen in seinen Augen. Ich schüttelte ihm die Hand und sagte: »George, Sie sind ein wundervoller Mensch!« Er entgegnete nur: »Gott hat mir geholfen – und dieses gesegnete Land!«

Das ist gewiß richtig. Doch: Bevor das Wunderbare Wirklichkeit werden kann, bedarf es eines Menschen wie George Mardikian, um sich die Ziele zu setzen. Es bedarf eines Menschen, der bereit ist, für seine Pläne hartnäckig zu kämpfen. Und nicht zuletzt bedarf es der Kraft des Glaubens, um uns über alle Schwierigkeiten hinwegzutragen.

Anhand der folgenden Zusammenstellung können Sie sich noch einmal die Hauptgedanken zum Thema des Wunderwirkens ins Gedächtnis rufen:

- Erwarten Sie das Wunder, und bewahren Sie den Glauben an das Wunderbare!
- Wunder sind nicht nur aus dem Stoff, aus dem die Träume sind, sondern sie tragen oft ein recht alltägliches Gewand, nämlich das Gewand unermüdlichen Fleißes und harten Einsatzes.
- Lassen Sie sich, getreu dem Beispiel Walt Disneys, weder Ihre Träume noch Ihr Selbstvertrauen rauben – auch nicht unter den widrigsten Umständen!
- Sie können sich erfolgreich gegen jede geistige Lähmung zur Wehr setzen, indem Sie stets optimistische, hoffnungsvolle Gedanken pflegen.
- Nutzen Sie die Wege zu größerem Ideenreichtum, um immer neue Facetten Ihrer Persönlichkeit zur Entfaltung zu bringen!

- Besinnen Sie sich darauf, daß jeder Mensch ein Wunder der Schöpfung ist. Und jeder Mensch kann weitere Wunder geschehen machen, wenn er seine von Gott verliehenen Anlagen in der richtigen Weise entfaltet.
- Die Grundlage jedes Wunderwirkens liegt in der Überzeugung, daß Sie es können, weil Sie daran glauben können.

9

Führen Sie ein Leben ohne Frustration und Langeweile!

Niemand braucht unter den Gefühlen der Leere, Unzufriedenheit oder Lustlosigkeit zu leiden. Menschen, die ein sinnvolles, ausgefülltes Dasein führen, können bestätigen, wie erregend, interessant und freudvoll das Leben sein kann. Warum sollten nicht auch Sie zu jenen gehören, die sich des Lebens freuen und in jedem neuen Tag Erfüllung finden?

Gewiß bleiben niemandem schmerzliche Erlebnisse und schwere Augenblicke, Kummer und Leid erspart. Mitunter nehmen Probleme und Enttäuschungen überhand. Hinzu kommt das Einerlei der Alltagsroutine, der ermüdenden Pflichten, die immer aufs neue erledigt werden wollen. Aber da das Leben nun einmal so beschaffen ist, tun wir gut daran, uns damit abzufinden, denn ebenso gewiß hält es Erfüllung und Glück, Begeisterung und Freude für uns bereit. Wir haben es in der Hand, über unsere Probleme hinauszuwachsen und der grauen Alltagsroutine neuen, belebenden Sinn zu verleihen. Nutzen wir die seelisch-geistigen Kräfte in uns, um mit unseren Schwierigkeiten umzugehen und sie zu bewältigen! Wer sein Gefühlsleben richtig zu organisieren versteht, wer logisch denken kann und sich lohnenswerte Ziele setzt, braucht niemals eine Leere zu empfinden.

Es gibt wirksame Mittel gegen dieses seltsame Leiden namens ›Langeweile‹, das sich bekanntlich in Zuständen der

Erlebnisarmut, der inneren Leere und Öde äußert – während derer die Zeit so quälend langsam verstreicht – und das schließlich sogar bis hin zum Lebensüberdruß, ja zu Lebensmüdigkeit führen kann. Auch die mit der Langeweile häufig einhergehenden Gefühle der Frustration, also des Unmutes und der Enttäuschung über alles und jedes, lassen sich erfolgreich bekämpfen, wenn wir die in diesem Kapitel aufgezeigten Möglichkeiten zu innerer Bereicherung anwenden.

Der Autor Eric Hoffer trifft den Nagel auf den Kopf mit seiner Feststellung, daß die Menschen sich vor allem dann langweilen, wenn sie mit sich selbst unzufrieden sind. An diesem Punkt sollte sich jeder selbst bei der Hand nehmen und nach neuen Anregungen suchen, vielleicht auch eine innere Neugestaltung seines Lebens vornehmen. Ständig wird über Langeweile geklagt, wird über die Eintönigkeit oder Sinnlosigkeit des Lebens genörgelt, finden Gefühle der Unzufriedenheit und Öde in immer neuen Phrasen Ausdruck. Dr. Donald Curtis machte sich in seinem Buch über Wege zur Problemlösung *(Human Problems and How to Solve Them)* einmal die Mühe, Beispiele solch entmutigender Redensweisen aufzuzählen:

»Ich komme um vor Langeweile!«
»Immer dieselbe alte Leier!«
»Es ist alles so sinnlos!«
»Das Leben ist ein einziges Chaos.«
»Das läßt mich völlig kalt!«
»Was hat mir das Leben schon zu bieten?«
»Ich habe die Nase voll!«
»Der Ärger macht mich fertig!«

Solche und ähnliche Klagen hören wir täglich. Wahrscheinlich ertappen wir uns selbst dabei, wie uns so manche mißmutige Äußerung über die Lippen geht, wenn auch vielleicht nur leichtfertig oder gedankenlos dahingesagt. Wir sollten uns jedoch hüten, den Jargon der Nörgler und ewig Unzufriedenen nachzuahmen, wenn wir nicht wollen, daß solche freudlosen, übelgelaunten Wendungen sich in unserem Denken festsetzen und uns schließlich beherrschen. Wenden wir unsere Aufmerksamkeit lieber auf die ebenso häufig zu vernehmenden optimistischen und lebensbejahenden Äußerungen, die einen ganz anderen Ton anschlagen, wie etwa die folgenden:

»Ich freue mich, daß ich lebe!«
»Meine Arbeit füllt mich aus und befriedigt mich!«
»Wie schön das Leben doch sein kann!«
»Ich bin in glänzender Stimmung!«
»Welch ein aufregendes Erlebnis!«
»Heute ist alles wunderbar!«
»Schlechte Laune ist ein Fremdwort für mich!«

Schon diese kleinen Beispiele positiven Denkens können Mut machen. Wie wir die solchen Äußerungen zugrundeliegende Haltung, die lebensfrohe und begeisterte Grundstimmung, erlangen und bewahren können, wird uns im Folgenden beschäftigen. Wir wollen uns fragen, wie wir der schleichenden Gefahr der Langeweile, des Unmutes und Überdrusses entgehen können und worin das Rezept derer besteht, die sich nie von dem Schlechten und Negativen um uns herum anstecken lassen.

Die Antwort finden wir in den phantastischen Kräften unseres Geistes. Weder die von den Medien gestiftete Gemütsverwirrung noch die um sich greifende Gefühlsarmut unserer hochindustrialisierten und technisierten Welt brauchen der positiven, gestaltenden Fähigkeit des Geistes etwas anzuhaben. Der richtige Einsatz unserer geistigen Kräfte befähigt uns zu einer Haltung, die uns immer wieder über die zermürbenden Einflüsse des täglichen Lebens erhebt. Halten wir uns daher von desinteressierten Nörglern fern; meiden wir die Trübsalbläser, um uns statt dessen zu denen zu gesellen, die Lebensfreude ausstrahlen und uns mitreißen können; suchen wir die Gesellschaft derer, die Schwierigkeiten oder Verdruß als Herausforderung ansehen, als ein Abenteuer, das es zu bestehen gilt.

Freude und Glück sind unser verbrieftes Recht. Besinnen wir uns in diesem Zusammenhang daher auf die Botschaft des Petrus (*Erster Brief des Petrus* 1,8), der verkündete: »...ihr werdet euch aber freuen mit unaussprechlicher und herrlicher Freude.«

Die Epidemie der Langeweile

Der Journalist Peter T. Cherr vom *National Observer* behauptete kürzlich, wir seien von einer Epidemie der Langeweile befallen. Unter anderem schrieb er in seinem Bericht:

»Verhaltensforscher weisen darauf hin, daß in unserer Industriegesellschaft chronische Langeweile grassiert. Unser ›Land der Freiheit‹ wurde zur ›Heimat der Langeweile‹.

Psychologen stimmen einhellig darin überein, daß Frustration und Langeweile als emotionelle Reaktion auf die uns überall umgebende Monotonie entstehen. Unsere superschnellen Autobahnen sind monoton. Unsere Supermärkte, unsere Superstädte, unsere Supertechnologien erzeugen Monotonie. Unsere Superfirmen degenerieren zu eintönigen Arbeitsstätten, und selbst unsere Freizeitbeschäftigungen drohen immer eintöniger und stumpfsinniger zu werden. Eine Gesellschaft verödet und verblödet langsam vor Bildschirmen: zu Hause vor dem Fernsehgerät, im Büro vor dem Computer.

›Die meisten meiner Patienten leiden einfach nur an Langeweile‹, stellte ein Psychiater fest.

Der Schauspieler George Sanders hinterließ eine Notiz, derzufolge der Grund für seinen Freitod in übermächtiger Langeweile und Lebensüberdruß zu suchen sei.

›Man stumpft immer mehr ab‹, sagt Fließbandarbeiter Dale Sirakis. Seine Aufgabe besteht darin, den ganzen Tag lang im Vierzig-Sekunden-Rhythmus Klammern an den Unterseiten vorbeikommender Autokarosserien anzubringen.

Ein Psychiater gab zu bedenken, daß derjenige, der an chronischer Langeweile leidet, selbst ein äußerst langweiliger Mensch sein muß.«

Was aber wäre nach Meinung des hier zitierten Journalisten gegen das Übel der Langeweile zu unternehmen? Eine Möglichkeit sieht er im Verzicht auf ein allzu seichtes, verweichlichendes Leben. Er beruft sich auf eine Stellungnahme des Vorsitzenden der Abteilung für Psychiatrie und Neurologie an der Medizinischen Fakultät der Universität Tulane, Dr. Robert G. Heath: »Die Überhandnahme der Langeweile in unserer Zeit steht in direkter Beziehung zu unserer verzärtelten Lebensart. Uns fehlt der Ausgleich harter körperlicher Betätigung. Wir sind es nicht mehr gewohnt, uns zu verausgaben. Sport betreiben wir meist nur noch vom Zuschauersessel aus. All dies trägt entscheidend zur Verbreitung von Langeweile und Teilnahmslosigkeit bei.«

Einen weiterführenden Gesichtspunkt in Verbindung mit diesem ›weichen‹ Lebensstil nennt der Psychiater Henry Ward: »Die Monotonie mag uns zwar überall umgeben, doch das eigentliche Problem liegt im Menschen selbst.« Unumwunden erklärt er seinen Patienten: »Unser Leben ist nun einmal so beschaffen, daß wir einen Großteil der Zeit entweder Angst empfinden – oder aber Langeweile.« Er ist der Meinung, ein Leben, das uns nicht ausreichend fordert, könne auch keine Erfüllung bieten. Daher sei es verkehrt, wenn wir es unseren Kindern allzu leicht machen wollen. Damit wächst nur eine ›Null-Bock-Generation‹ heran.

Wie ernst es ihm war, als er seinen von Langeweile geplagten Patienten den folgenden Rat gab, sei dahingestellt. Seine Empfehlung lautete jedenfalls: »Ich rate Ihnen, sich ins Bett zu legen und erst aufzustehen, wenn Sie sich mit wahrer Begeisterung an ein Vorhaben machen können. Anschließend gehen Sie am besten wieder ins Bett zurück!« Natürlich befolgte niemand seine Anweisung.

Doch was wäre andererseits verloren, wenn wir, solange das Leben uns nur Langeweile und Frustration bereitet, im Bett blieben und uns nicht von der Stelle rührten? Diejenigen aber, die dem Bett der Gefühlsträgheit und Lustlosigkeit entfliehen wollen, finden auch Mittel und Wege zu einer dauerhaften Überwindung der Langeweile. Die Antworten auf die Frage, wie wir zu echter Anteilnahme und Begeisterung am Leben zurückfinden, sind weder kompliziert noch an den Haaren herbeigezogen.

Das Glück des Seelenfriedens

Lassen Sie mich von einer Begegnung mit einem Menschen der jüngeren Generation berichten, der bereits mit der in seinen Kreisen vorherrschenden existentiellen Langeweile groß geworden war und das bekannte ›No-future‹-Syndrom erkennen ließ.

Wir trafen uns im Flugzeug. Ich hatte meinen Platz am Fenster schon eingenommen, als ein junger Mann Anfang Zwanzig neben mir Platz nahm; lange, zerzauste Haare verdeckten einen Teil seiner Gesichtszüge, er trug eine Brille mit Metallfassung; Lederjacke, Blue jeans und Turnschuhe ergänzten die übliche ›Uniform‹.

Während ich an diversen Papieren arbeitete, vertiefte er sich in eine Zeitung. Wenig später ließen mich eine Reihe von Verwünschungen hochfahren. Mein junger Platznachbar hatte in einer Aufwallung von Ärger die Zeitung zerknüllt und auf den Boden geschleudert. »Eine lausige Welt!« lautete sein zusammenfassendes Urteil.

In diesem Moment gewahrte ich von meinem Fensterplatz aus den Zauber eines prächtigen Sonnenuntergangs über den Wolken. Der große rote Feuerball tauchte für kurze Zeit alles in ein strahlend goldenes Licht. »Die Welt hat auch ihre guten Seiten«, gab ich meinem Nachbarn zu bedenken und wies aus dem Fenster.

»Ach das«, entgegnete er. »Gewiß – das haben die Menschen noch nicht zerstören können.«

Nach einer Weile des Schweigens nahm der junge Mann das Gespräch wieder auf: »Darf ich fragen, wozu Sie sich mit diesen Papieren beschäftigen?«

»Ich arbeite«, entgegnete ich.

»Hm, aber was bringt Ihnen die Arbeit ein?«

»Ohne Arbeit wäre ich nicht ausgefüllt.«

»Aha. Establishment«, war sein ganzer Kommentar, mit dem er mich als einen etablierten Vertreter der herkömmlich-bürgerlichen Gesellschaftsordnung abklassifizierte.

»Wenn Sie so wollen...« Mir lag nichts an einer politischen Auseinandersetzung.

Wieder herrschte Schweigen, bis er erneut begann: »Darf ich Sie noch etwas fragen? Warum haben Sie so kurze Haare?«

Obwohl die Frage zugegebenermaßen überraschend kam, war ich dennoch nicht um eine Antwort verlegen: »Wissen Sie, ich betrachte mich als Nonkonformist von unabhängiger, wenn nicht sogar revolutionärer Gesinnung. Deshalb trage ich mein Haar so, wie es mir gefällt!«

»Sie haben etwas gegen lange Haare?« bohrte er weiter.

»Schauen Sie, junger Freund«, entgegnete ich, »ich habe keinen Ton über Ihre Haartracht verlauten lassen. Mir ist es, ehrlich gesagt, völlig gleich, wie Sie oder andere ihr Haar tragen. Vielleicht übertragen Sie aber unbewußt Ihre eigene Verunsicherung auf mich?«

Unsere seltsame Unterhaltung geriet ins Stocken, und der junge Mann hing seinen Gedanken nach. Schließlich unternahm er einen weiteren Anlauf: »Sie machen einen zufriedenen, ja glücklichen Eindruck. Finden Sie das Leben denn nicht trostlos und langweilig?«

»Aus welchem Grund sollte irgend jemand sich gelangweilt fühlen, wo die Welt so viele Möglichkeiten zur Faszination bietet? Nein, mir gefällt das Leben, genauer gesagt, ich liebe es. Echte, schlimme Langeweile habe ich eigentlich nie kennengelernt, wenn ich auch Tiefpunkte und Zeiten der Bedrängnis durchmachen mußte.«

»Unglaublich...« Er sah mich überrascht an. »Uns wird die Langeweile schon auf dem College eingeimpft.«

Ich erwiderte nur: »Ein lausiges College, wenn Sie mich fragen!« Er grinste.

Mit seiner nächsten Frage nahm die Unterhaltung eine überraschende Wende.

»Sie sehen aus, als hätten Sie inneren Frieden gefunden. Stimmt das?« So voller Zwiespälte und innerer Auflehnung der Junge auch war, bewies die Frage doch seine aufrichtige Suche nach einem tieferen Sinn des Daseins.

»Sie äußern eine Vermutung und stellen eine durchaus statthafte, wenn auch sehr persönliche Frage. Ich kann sie bejahen, doch, ich habe meinen Seelenfrieden gefunden. Es dauerte viele Jahre, bis ich den Zugang zu diesem inneren Frieden fand, aber seither hat er mich nicht mehr im Stich gelassen. Ich wünsche Ihnen, daß auch Sie Ihren Weg dahin finden.«

»Wie sah Ihr Weg aus?« Seine Frage kam leise und eindringlich.

Ich zögerte mit einer direkten Antwort. »Ich bin nicht sicher, ob Sie mich verstehen würden. Schließlich handelt es sich um eine ganz persönliche Erfahrung.«

»Warum sollte ich Sie nicht verstehen? Ich bin nicht auf den Kopf gefallen.«

»Sie sind nicht der Typ, eine einfache Antwort zu akzeptieren. Sie machen eher den Eindruck einer, sagen wir, äußerst vielschichtigen Persönlichkeit. Außerdem gehören Sie einer Generation an, die in mir nichts weiter als einen ›alten Spießer‹ sieht. Was mir inneren Frieden gebracht hat, mag Ihnen vielleicht gar nichts sagen.«

»Ich habe Verstand genug, um einfach sein zu können«, widersprach er mit einer im Grunde sehr tiefsinnigen Bemerkung.

»Sie möchten also meine ganz persönliche Antwort erfahren?« Er nickte. Seine Aufrichtigkeit hatte mich überzeugt. »Also gut, ich werde es Ihnen sagen. Aber kommen Sie mir nicht mit irgendwelchen Argumenten. Meine Antwort heißt Jesus!«

Er verstummte. Schließlich wiederholte er: »Jesus... Jesus scheint wiederzukommen...«

»Ich wüßte nicht, daß er jemals fortgegangen wäre«, erwiderte ich, worauf wir beide lachen mußten.

Der Zeitpunkt der Landung war gekommen; das Flugzeug rollte aus. Der junge Mann erhob sich; plötzlich wandte er sich mit einem nachdenklichen Gesicht noch einmal um und bot mir die Hand an. Der Langmähnige und der Kurzhaarige tauschten einen Händedruck aus. Er verabschiedete sich mit den Worten: »Ich werde mir die Sache mal durch den Kopf gehen lassen... Auf Wiedersehen!«

Ob es Zweck hatte, ihm diese Antwort zu nennen? Würde ihm der Hinweis auf Jesus bei seiner Suche nach echtem Seelenfrieden helfen können? Es war müßig, darüber zu spekulieren. In Glaubensdingen muß jeder seinen eigenen Weg gehen, seine eigene Antwort finden. Seine aufrichtige, geradlinige Art hatte mir gefallen, und so hatte ich ihm eine ebenso aufrichtige Antwort gegeben, das war alles. Immerhin schien er aufgeschlossen genug, das Thema Religion nicht in Bausch und Bogen abzulehnen, sondern es durchaus einmal in Betracht zu ziehen.

Mir selbst erging es im Grunde in jungen Jahren ähnlich. Ich war verwirrt und verunsichert und suchte nach einem Lebensinhalt. Als ich mich in die Botschaft Jesu vertiefte, fand ich einen Hinweis im *Evangelium nach Johannes* (15,11): »Das sage ich euch, damit… eure Freude vollkommen werde.« Ich ahnte die tiefe Weisheit hinter diesen Worten und begann, weiter nachzudenken. Was war es denn, das er uns sagte? Ich fand die Schlüsselbegriffe für den Weg zu dieser vollkommenen Freude, nämlich Glaube, Hoffnung, Liebe! Auf dieser Basis versuchte ich mein Leben einzurichten, mein Denken und Wollen. Das war die Botschaft, die mir half, meinem Leben Sinn und Richtung zu geben.

In dem Maße, wie ich diese Werte verinnerlichen konnte, blieb auch kein Raum mehr für Gefühle der Leere und Öde, der Trostlosigkeit oder Langeweile.

Das Leben lieben

In einem Fernsehinterview mit Artur Rubinstein, einem der weltweit gefeiertsten Pianisten unserer Zeit, der besonders als Interpret der Werke Chopins begeisterte, fiel einmal ein wundervoller Ausspruch, den ich nie mehr vergessen habe. Die Reporter hatten Rubinstein nach seinem Erfolgsgeheimnis gefragt. Auf die Routinefragen, ob er den Erfolg in erster Linie seinem Talent, dem Glück oder womöglich den wirksamen Werbemaßnahmen zu verdanken habe, gab Rubinstein zur Antwort: »Meine Erfahrung war stets die: Wenn wir das Leben lieben, zahlt uns das Leben in gleicher Münze zurück.«

Diese Erfahrung steht uns allen offen. Lieben Sie das Leben, und das Leben wird Sie wieder lieben! Gehen Sie in Offenheit und Begeisterung auf das Leben zu, und Elan und Erfüllung werden die Folge sein. Die innere Haltung, die wir dem Leben entgegenbringen, wird entsprechende Erfahrungen auf uns zurückwerfen. Wer einmal den Stellenwert einer gesunden, lebensbejahenden Einstellung erkannt hat, kann bewußt mit der Kultivierung positiver Denkmuster beginnen und braucht sich seine Lebensfreude nicht mehr durch Verdruß oder Trübsinnigkeit schmälern zu lassen.

Seit fünfundzwanzig Jahren besuchen meine Frau und ich regelmäßig die Schweiz, um dort unseren Urlaub zu verbringen. Wir beide lieben die Berge und wandern leidenschaftlich gern. Auf einer unserer Wanderungen durch das herrliche Lauterbrunnental, in dem sich ein von den Gipfeln herunterströmender Gletscherfluß seinen Weg bahnt, entdeckten wir ein kleines Seil, kaum dicker als ein Bindfaden, das von den Mürrener Höhen herunterzuführen schien. Was es mit diesem Seil auf sich hatte, konnten wir vorläufig nicht enträtseln. Später, als wir noch einmal an derselben Stelle vorbeikamen, hing dort bereits ein wesentlich dickeres Seil. Zu einem noch späteren Zeitpunkt war es durch ein starkes Kabel ersetzt worden. Schließlich klärte sich das Rätsel auf: Wir waren Zeugen eines großen Bauvorhabens geworden – die längste Seilbahn der Alpen, die Schilthornbahn, sollte hier entstehen.

Bei unserem letzten Besuch in der Schweiz fuhren wir mit dieser Bahn zum Schilthorn hoch, beginnend bei einer Höhe von etwa achthundert Metern bis zur Bergstation in dreitausend Meter Höhe. Die Fahrt war ein unvergeßliches Erlebnis. Dreißig Minuten lang schwebten wir geräuschlos in unserer Gondel über dem Bergpanorama dahin. Von der Spitze des Schilthorns bot sich eine der großartigsten und umfassendsten Aussichten, die man sich nur denken kann. Das Panorama erstreckte sich vom Schwarzwald bis zum Massiv des Montblanc. Ein Gipfel reihte sich an den anderen. In dieser einsamen Höhe, die bis vor nicht allzu langer Zeit noch den Gemsenjägern vorbehalten war, erfüllte uns ehrfürchtiges Staunen vor der Großartigkeit der Natur. In den Fels eingefaßt, befindet sich eine bronzene Tafel mit folgender Inschrift: »Groß und wunderbar sind Deine Werke, Herr, allmächtiger Gott.«

In solchen Naturerlebnissen können wir die ursprüngliche Ehrfurcht vor allem Leben wiederfinden. Das Wunder der Schöpfung kann uns mit Andacht und Liebe erfüllen. Die Natur ist ein bewährtes Heilmittel gegen Langeweile, Ärger und Verdruß, indem sie uns hilft, den Sinn für das Schöne und Erhebende wiederzuentdecken und unsere innere Erlebnisfähigkeit zu bereichern. Fliehen wir deshalb den Lärm und die Monotonie unserer gefühlsarmen Städte, um die Schönheit und den Frieden der Natur in uns aufzunehmen, wann immer sich Gelegenheit dazu bietet. Ob wir der Brandung des Meeres an einem menschenleeren Strand lauschen, ob wir einen murmelnden Gebirgsbach entlangwandern oder ob wir auf einer Wiese traumverloren den weißen Wolken am Himmel nachschauen, stets werden diese Erfahrungen uns mit neuer Kraft beleben. Sie sind Nahrung für unser geistiges Erleben, sie bauen uns wieder auf und besiegen jeden Stumpfsinn und Verdruß.

Ein unvergeßliches Abenteuer

Wenn ich gelegentlich die ersten Anzeichen einer schleichenden Lustlosigkeit verspüre, lasse ich als Gegenmittel gern ein unvergeßliches Erlebnis in meiner Erinnerung aufleben. In einem kleinen Hubschrauber überflogen wir – wir, das waren meine Frau Ruth und ich und unser langjähriger Freund Arthur Gordon – die Schweizer Alpen. Es wurde zu einem Erlebnis wahrhaft erhebender Art, und zwar in des Wortes doppelter Bedeutung, angefangen von den überwältigenden Sinneseindrücken bis hin zu einer tiefen seelischen Erfahrung. Da ich unser Abenteuer selbst schon mehrfach geschildert habe, möchte ich hier die soviel anschaulichere Version meiner Frau Ruth zitieren:

»Wir befanden uns in Zermatt, einem kleinen Schweizer Ort in einer Talmulde am Fuße des Matterhorns. Die felszerklüftete Granitwand des Matterhorns ragt mit ihren fast viereinhalbtausend Metern wie ein riesiges Messer steil in den Himmel. Nicht weit entfernt erhebt sich der Monte Rosa, der höchste Gebirgszug der Schweizer Alpen, der jedoch wegen seines allmählichen Anstiegs einen weniger atemberaubenden Anblick bildet als das allein stehende Matterhorn. Seine steilen Wände sind auch im Sommer von Eis- und Schneenarben gezeichnet. Nach einem alten Volksglauben ist der Berg von Teufeln und Dämonen bewohnt, die jedem Sterblichen, der sich zu nahe heranwagen sollte, Felsbrocken und Blitze entgegenschleudern. Das Matterhorn sei nicht einfach ein Berg, hörte ich einmal sagen, sondern eine Gegenwart.

Während unseres Aufenthaltes in Zermatt wohnten wir in dem Chalet unseres guten Freundes Theodor Seiler, des Direktors einer Hotelgruppe. Theo Seilers Großvater hatte das erste Hotel des Ortes in Betrieb genommen, das ›Monte Rosa‹, in dem 1865 der englische Bergsteiger Whymper bewirtet worden war, der erste Bezwinger des Matterhorns. Eine Gedenktafel neben dem Hoteleingang erinnert an diese erfolgreiche und zugleich tragische Erstbesteigung – drei von Whympers Begleitern ließen damals ihr Leben.

Um uns ein Erlebnis ganz besonderer Art zu bieten, das seiner Meinung nach am ehesten an die großartige Erfahrung einer Bergbesteigung herankäme, riet unser Gastgeber Theo Seiler zu einem Hubschrauberflug um die Spitze des Matterhorns. Außerhalb von Zermatt standen zwei Hubschrauber der Bergwacht bereit, mit denen schon einige aufsehenerregende Rettungsaktionen durchgeführt worden waren; der kleinere der Helikopter konnte vier, der größere sechs Personen befördern. Theo erbot sich, einen Flug für uns zu arrangieren; allerdings müßten wir so lange warten, bis das Wetter unser Abenteuer zuließe.

Ich war erst einmal in meinem Leben mit einem Hubschrauber geflogen, zur Besichtigung eines Farmgeländes, und der Gedanke an einen Flug über die Gipfel des gigantischen Berges flößte mir ein wenig Angst ein. Doch es sollte ein wunderbares Ereignis werden!

Zunächst blieb das Wetter unbeständig. Dunkle Wolken verhüllten das Matterhorn. Riß die Wolkendecke einmal für kurze Zeit auseinander, konnten wir erkennen, daß an den Hängen unterhalb des steilen Gipfels wieder Neuschnee gefallen war.

Erst am vorletzten Tag unseres Aufenthalts änderte sich das Wetter. Der Wind drehte nach Norden, ein ›Gut-Wetter-Bote‹, wie Theo Seiler sagte. Tatsächlich bescherte uns der nächste Tag das herrlichste Sommerwetter. Nicht eine einzige Wolke war am kobaltblauen Himmel zu sehen. Die Straßen von Zermatt mit ihren lustig flatternden Fähnchen, bunten Markisen und Blumenkästen voller Geranien und Petunien flimmerten im Sonnenlicht.

Wir riefen die Bergwacht an und erfuhren, die Aussichten für einen guten Flug seien blendend. Um elf sollten wir uns am Landeplatz einfinden. Da außer für Norman und mich im Hubschrauber noch ein weiterer Platz frei war, überredeten wir unseren Freund Arthur Gordon, der sich zu der Zeit ebenfalls in Zermatt aufhielt, mitzukommen.

Nach einem zehnminütigen Spaziergang erreichten wir den nördlich der Stadt gelegenen, in den Berghang eingebauten Hubschrauberlandeplatz. Ein hohes siloartiges Bauwerk beherbergte den Aufzug zu der höher gelegenen Landefläche. Der betonierte Platz hatte etwa die Größe eines halben Fußballfeldes. Ein aufgemalter Kreis mit einem großen H in der Mitte diente den Piloten zur Orientierung bei der Landung. Durch die geöffnete Hangartür konnten wir die Reparaturarbeiten am größeren der beiden Hubschrauber beobachten. Die kleinere Maschine, mit der wir fliegen sollten, war noch auf einem Patrouilleflug unterwegs. Wir warteten im grell strahlenden Sonnenlicht. Meine Gefühle schwankten zwischen Angst, Aufregung und Erwartung bei dem Gedanken, in Kürze in einer kleinen Seifenblase von der vertrauten Erde abzuheben. Nichts weiter als ein kleiner Motor und zwei wirbelnde Flügelpaare würden uns in der Luft halten. Während wir noch auf die Ankunft unseres Hubschraubers warteten, unterhielten wir uns am Beispiel Whympers und der Bergsteigerei darüber, was der Mensch nicht alles auf seiner Suche nach Glück und Erfüllung für Gefahren auf sich nimmt.

Als erstes hörten wir das regelmäßige Knattern des Hubschraubers. Plötzlich schwebte er wie eine riesengroße Libelle vor uns und drehte gegen den Wind. Unter den heftigen Böen des Hangwindes kam die Maschine auf dem markierten Platz zu stehen. Der Pilot stellte den dröhnenden Motor ab, und die Flügel liefen langsam aus. Der Tank wurde nachgefüllt und die Rettungsausrüstung ausgeladen, um für uns Platz zu machen. Ehe wir uns versahen, saßen wir bereits angeschnallt in den Sitzen. Arthur saß vorne links neben dem jungen Piloten, während Norman und ich hinten Platz genommen hatten. Der Pilot machte einen unbekümmerten und selbstsicheren Eindruck. ›Wohin möchten Sie?‹ fragte er.

Der Flugwart, der draußen neben dem Hubschrauber stand, sprach ein paar Worte in Deutsch zu dem Piloten. Wir verstanden nicht, was er sagte, doch ich hatte das ungute Gefühl, daß er den Piloten zu waghalsigen Kunststücken überreden wollte. Der Pilot, der zunächst nicht einverstanden schien, gab schließlich auf das Drängen des Flugwarts mit einem Achselzucken nach.

Die Tür wurde geschlossen, und der Pilot setzte seine Kopfhörer auf. Mit der rechten Hand hielt er den Steuerknüppel, mit der linken betätigte er den Startknopf zwischen den beiden Vordersitzen. Der Hubschrauber begann zu vibrieren und hob ab. Mit einem Satz, der mir das Herz stocken ließ, sprangen wir senkrecht von der Betonfläche ins Leere.

Wir flogen das Tal entlang, kaum sechzig Meter über dem Erdboden. Der Pilot und Arthur konnten senkrecht hinunterschauen, doch ich war froh, daß mir die Sicht verwehrt war. Ich beobachtete das Armaturenbrett. Die Nadel des Geschwindigkeitsmessers bewegte sich bei achtzig Stundenkilometern. Der Höhenmesser zeigte an, daß wir uns etwa zweitausend Meter über dem Meeresspiegel befanden und weiter aufstiegen.

Wir flogen zwischen steil sich auftürmenden Felswänden höher aus dem Tal empor, vorbei an sprühenden Wasserfällen, über saftige Almen voller wilder Bergblumen. Im steilen Kurvenflug ging es höher und höher, während unter uns Zermatt mit seinen Chalets und Hotels auf die Dimension einer Spielzeugstadt zusammenschrumpfte. Ein- oder zweimal schien es mir, als hätten wir nicht genug Höhe, um einen vor uns auftauchenden Grat zu überfliegen. Doch jedesmal glitten wir mit genügend Abstand über das Hindernis hinweg. Weit unter uns erspähte ich die orangenfarbenen Wagen einer Zahnradbahn, die wie Marienkäfer zwischen den Masten dahinkrochen. Nun wich das satte Grün der Nadelwälder den Braun- und Grautönen des zerklüfteten Felsgeländes oberhalb der Baumgrenze. Vor uns zu unserer Linken lagen mehrere Gebäude – die Endstation der Zahnradbahn von Zermatt zum Gornergrat. Hier war ein Ausflugsziel, das wegen seines überwältigenden Panoramas auf Berge und Gletscher sehr beliebt war. Doch kaum ein Tourist würde je so einen atemberaubenden Ausblick auf die Gipfel haben wie wir hier oben. Binnen kurzem überflogen wir den eigentlichen Gorner-Gletscher, einen mächtigen Strom aus blendend weißem Eis mit bizarren Narben und Furchen. Wo der Gletscher endete, brach ein grauer Sturzbach unter der Eisdecke hervor. Zu unserer Rechten erhob sich der stolze Gipfel des Stockhorn. Der Höhenmesser zeigte jetzt dreieinhalbtausend Meter an, und in diesem Augenblick erinnerte ich mich dumpf daran, daß bei Flügen über dreitausend Meter Höhe Sauerstoffmasken mitgeführt werden sollten – wir flogen jedoch ohne diese Ausrüstung.

Mit sechzig Knoten ging es über den Gletscher. Öde, wie diese Eiswüste auch sein mochte, war es ein beruhigendes Gefühl, sie nur an die hundert Meter unter uns zu wissen. Irgendwie tröstete mich der Gedanke, daß wir bei einem Ausfall des Motors hier zumindest auf festem Boden niedergehen und unserer Rettung harren könnten, die, so malte ich mir aus, in Gestalt eines gutmütigen Bernhardiners nahen würde.

Plötzlich endete der Gletscher. Nicht nur der Gletscher, sondern auch das Bergmassiv, ja die ganze Welt schien mit einem Mal zu enden! Als letztes sah ich die feine, messerscharf gezogene weiße Trennlinie auf uns zustürzen – und dann schossen wir geradewegs in einen ungeheuren Abgrund der Leere. Ich stemmte meine Füße gegen den Boden, als ob ich uns so zurückhalten könnte. Die Wand hinter uns stürzte senkrecht über tausend Meter ins Bodenlose. Wir schwebten buchstäblich über dem Nichts. Der endlos tiefe Boden unter uns war nur purpurnes Dunkel. Mein Verstand sagte mir, daß wir ebensogut einen Abgrund wie einen Gletscher überfliegen könnten, aber die Empfindung in meiner Magengegend ließ sich scheinbar nicht überzeugen. Ich bemerkte, wie Arthur sich an der Seitenwand des Hubschraubers festklammerte. Zweifellos suchte auch er irgendeinen Halt in dieser Bodenlosigkeit. In jenem Moment fragte ich mich, was wir vier winzigen, unbedeutenden Menschenkinder hier oben in dieser erhabenen und zugleich beängstigenden Welt überhaupt zu schaffen hatten.

Der Pilot blieb unbekümmert. Er steuerte uns am Doppelgipfel des Monte Rosa vorbei, der uns noch immer überragte, obwohl wir schon fast viertausend Meter Höhe erreicht hatten. Tief unten auf den Schneefeldern suchten sich einige

Ameisen mühsam einen Weg. ›Bergsteiger‹, sagte unser Pilot. ›Ein gefahrenreiches Unternehmen für jeden, der sich nicht genau auskennt.‹ Er wies auf Löcher, die wie Höhlen aussahen. ›Wer da hineinfällt, ist verloren, denn niemand kann den wieder herausholen.‹

Er entdeckte etwas am Kamm eines der Bergzüge. Es hätte ein Mensch sein können, der im Schnee lag. ›Wir sehen besser einmal nach‹, sagte er und lenkte uns steil nach unten, wobei die Rotoren dumpfe Geräusche in der Luft erzeugten. Ich griff unwillkürlich nach Normans Hand. ›Nur ein Zelt‹, erklärte der Pilot, als wir über den dunklen Gegenstand hinwegflogen. ›Manche Bergsteiger nehmen sich den Monte Rosa und das Matterhorn für eine Tour vor und machen dann dort unten für die Nacht Zwischenstation.‹ Ich versuchte mir auszumalen, wie es wohl sei, unter der kleinen Zeltplane zu liegen, während draußen der Wind in der eisigen Dunkelheit heulte. Meine Vorstellungskraft reichte dafür jedoch nicht aus…

Aus der Ferne ist das Matterhorn beeindruckend, aus nächster Nähe aber ist es schier überwältigend. Wir waren nun so nahe, daß wir die Spalten und Risse in den aufragenden Felswänden erkennen konnten. Vereinzelte Kletterer, die am nackten Felsgestein hingen, nahmen sich dagegen wie winzige Farbtupfer aus. Eine kleine Berghütte saß wie ein Adlerhorst am Rande eines gähnenden Abgrundes. ›Hier übernachten die Bergsteiger‹, erklärte unser Pilot, ›um beim Morgengrauen weiterzuklettern.‹

Auch wir kletterten noch weiter. In einer engen Spirale kreisten wir dreimal um das Matterhorn. Das Motorengeräusch klang anders als vorher, wie ein Keuchen in der dünnen Luft. Ich hatte Atembeschwerden, und wie ich sehen konnte, erging es Norman nicht besser. Wir waren nun viertausendvierhundert Meter hoch, also fast auf gleicher Höhe mit der Gipfelspitze. Ich sah das eiserne Kreuz, das die Stelle markiert, auf der Whymper damals gestanden hatte. Wir schraubten uns noch höher, bis wir auf den Gipfel hinabschauen konnten. Dort standen drei winzige Gestalten in der schwindelerregenden Höhe und winkten uns zu. Tiefe Bewunderung erfüllte mich für diese Menschen, die in ihrem rastlosen, unstillbaren Drang nach Abenteuer die höchsten Gipfel bezwangen.

Bald bewegten wir uns wieder abwärts durch die klare Luft. Das Matterhorn verschwand in der Ferne. ›Schlucken Sie tüchtig‹, riet der Pilot, ›um den Druck in den Ohren auszugleichen.‹ Schon sahen wir Zermatt friedlich im Sonnenlicht vor uns liegen. Wir flogen noch eine letzte Runde, gerieten in den Aufwind und setzten schließlich im vorgezeichneten Kreis des Landeplatzes auf. Der Flug war vorüber, aber unser Erlebnis hielt nach.

Als ich aus dem Hubschrauber geklettert war und die ersten Schritte ging, war mir, als schwebte ich auf Wolken. Ich fühlte mich so leicht, so glücklich wie noch nie in meinem Leben. Eine ähnliche Lebensfreude spiegelte sich auf den Gesichtern meiner beiden Begleiter, ja, die ganze Welt schien in ihrem wunderbarsten Glanz zu erstrahlen. Wir erlebten eine nie gekannte Hochstimmung, die noch tagelang anhielt.

Theo Seiler ließ uns mit der prunkvollen Pferdekutsche des Hotels abholen. Unter fröhlichem Glockengeklingel kehrten wir in den Ort zurück. Noch ganz unter dem Zauber unseres Höhenflugs, sprachen wir kaum ein Wort. Der unerwartete Übergang vom Hubschrauber zu der altertümlichen Droschke entrückte uns der Wirklichkeit des zwanzigsten Jahrhunderts.

An jenem Tag – wie noch viele Male später – durchlebte ich immer wieder diesen unvergeßlichen Augenblick, als wir über den Gletscherrand in die bodenlose Leere flogen. Ähnlich stelle ich mir die Todeserfahrung vor: als einen Sturz in das grenzenlose Reich des Ungewissen, wo wir nichts erkennen können, wo es keinen Halt gibt und wo wir dennoch auf wunderbare Weise über das unergründliche Nichts hinweggetragen werden.

Ist Ihnen diese Vorstellung zu phantastisch, zu unwirklich? Ich weiß nicht, aber an jenem Abend, als wir Gott in unseren Gebeten für die wunderbare Erfahrung dankten, war all das für uns so wirklich, so lebendig gefühlt, daß es durchaus nichts Phantastisches hatte.«

Soweit die Schilderung unseres Abenteuers aus der Sicht meiner Frau Ruth. Wer einmal ein ähnlich tiefgehendes Erlebnis hatte, wird bestätigen, daß eine von solchen Hochgefühlen belebte Gemütsverfassung das bewährteste Mittel gegen die schleichende Gefahr der Langeweile und Teilnahmslosigkeit darstellt. Doch wir brauchen deshalb nicht unbedingt zu Gipfelstürmern im wörtlichen Sinne zu werden. Was zählt, ist die innere Erfahrung der ›Bergeshöhen‹. Vermöge der Kraft unserer Gedanken können wir uns über die tägliche Alltagsroutine erheben und selbst bei den eintönigsten Verrichtungen unsere Begeisterung und Lebensfreude wachhalten. Alles verändert sich, alles nimmt ein neues Gesicht an, wenn wir die Welt mit neuen Augen sehen.

Eine erstaunliche Wandlung

Wie anders alles aussehen kann, wenn wir selbst uns zu einer Änderung aufraffen, kann ein junger Angestellter namens Larry aus eigener Erfahrung bestätigen.

Als ich ihn das erste Mal traf – es war während einer Handelstagung in Chicago –, war er die Lustlosigkeit in Person. Sein Chef hatte mich bereits vorgewarnt und gleichzeitig gebeten, doch einmal mit seinem lethargischen Mitarbeiter, auf den er im Grunde große Stücke hielt, zu reden und, soweit möglich, ihn zu mehr Interesse und aktiver Teilnahme am Geschäftsgeschehen zu bewegen.

Der junge Mann, ein schlaksiger, baumlanger Kerl, stellte sich mir gleich mit seinem Spitznamen vor. »Ich bin der, den alle Larry Lustlos nennen«, begann er. »Mein Chef hat gesagt, Sie könnten mich motivieren, Sie hätten ein Rezept, wie man Schwung und Begeisterung entfaltet. Er schien aufrichtig überzeugt, daß Sie mir zeigen können, wie ich mehr aus meinem Leben und aus meiner Arbeit mache.«

Wir gingen in mein Hotelzimmer, und ich bat ihn zunächst, Platz zu nehmen. Er ließ sich regelrecht in den Sessel fallen, streckte die Beine von sich und rutschte tiefer und tiefer. Seine Arme hingen schlaff über den Seitenlehnen.

Ich fragte ihn: »Können Sie auch anders sitzen? Etwa aufrecht, so daß Ihr Rückgrat die Sitzlehne berührt?«

Er richtete sich unter Protest auf. »Ich sehe nicht ein, was das mit unserem Thema zu tun hat!«

»Sehr viel«, erwiderte ich. »Sie sind als lustlos bekannt, wie Ihr Spitzname und Ihre Körperhaltung bestätigen.«

»Dr. Peale«, widersprach er, »ich bin doch eigentlich ganz in Ordnung. Ich glaube an Gott, bin aktives Mitglied in einem Club, liebe meine Frau und führe ein anständiges Leben. Im Grunde also bin ich ein guter Mensch.«

»Es gibt einen Unterschied zwischen gut sein und zu nichts gut sein«, bemerkte ich, doch er nahm diesen Seitenhieb mit Humor und grinste. »Larry«, fuhr ich fort, »es geht um Ihre innere Beteiligung am Leben. Wie es ein chinesischer Weiser einmal formulierte: ›Unsere Lebendigkeit steht in proportionaler Beziehung zur Anzahl unserer Berührungspunkte mit dem Leben.‹ Ein gleichgültiger Mensch, ein Mensch ohne echtes Engagement ist also nur teilweise lebendig. Lernen Sie die Begeisterung kennen, und Sie werden den Unterschied zu Ihrer Lustlosigkeit verstehen!«

An dem Morgen war mir ein Geschenk in Form einer kunstvoll arrangierten Obstschale übersandt worden. Nun fiel mein Blick auf die makellosen, vollreifen Früchte. »Sehen Sie diesen Apfel?« fragte ich. »Ist er nicht herrlich?

Vielleicht stammt er aus der Hochebene Oregons, wo die kalten Nächte das Fruchtfleisch fest und saftig werden lassen. Oder aus einer der New Yorker Plantagen, die berühmt für ihre wunderbaren Züchtungen sind? Und die Orange... ist in ihr nicht die Wärme der kalifornischen Sonne eingefangen? Was meinen Sie?«

»Mag sein«, murmelte Larry, »doch warum machen Sie soviel Aufhebens um ein paar Früchte?«

»Weil das die richtige Art ist, den Dingen zu begegnen! In der richtigen Verfassung erkennen wir die Harmonie, das Wunder der Schöpfung auch im Kleinen, im Belanglosen. Wenn wir die Augen öffnen, sehen wir, welche Schönheit in allem verborgen ist!«

»Sie glauben an das, was Sie da sagen, nicht wahr?« fragte Larry.

»Gewiß! Schauen Sie beispielsweise den Michigansee dort draußen an, wie er im Sonnenlicht glänzt! Ein herrlicher Anblick voller Schönheit und Harmonie. Warum sollte er mich nicht erfreuen? Lernen auch Sie, das Gute und Schöne zu sehen. Mit dieser Haltung können wir allem und jedem begegnen. Sie führt uns aus dem Trübsinn zu echter Begeisterung. Ich bin überzeugt, das ist auch in Ihnen angelegt. Und noch etwas«, fügte ich hinzu: »Die Gelangweilten und Frustrierten haben ihre intellektuelle Müdigkeit zu einer Mode erhoben; es gilt als schick und als ›in‹, sich bei allem zu langweilen. Doch letzten Endes befinden jene sich auf einem Abstellgleis, das nirgendwohin führt. Sie aber haben die Möglichkeit, sich dem Strom des Lebens anzuschließen.«

»Sie meinen«, fragte Larry nachdenklich, »ich solle mich mit meinem Denken in diese Art Begeisterung hineinsteigern? Mich bemühen, Lebensfreude auszustrahlen und selbst im Belanglosen nach Interessantem und Schönem zu suchen? Vielleicht werde ich es einmal ausprobieren...«

Monate später traf ich ihn in seiner Heimatstadt wieder. Er war zum Flughafen gekommen, um mich abzuholen.

Seine Begrüßung war herzlich: »Wie ich mich freue, Sie zu sehen! Kommen Sie, ich will Ihnen die Stadt zeigen. Es gibt 'ne Menge zu sehen!« Da ich den ganzen Tag unterwegs gewesen war, fühlte ich mich nicht gerade dazu in der Lage, weiteren Unternehmungen nachzugehen, und winkte dankend ab: »Am liebsten würde ich gleich ins Hotel fahren und mich ausruhen. Schließlich muß ich heute abend noch eine Rede in der Handelskammer halten.«

»Was soll das heißen, ausruhen?« protestierte ein völlig verwandelter Larry. »Wo sind der Elan, die Begeisterung, die Teilnahme, wo sind all die guten Eigenschaften, die Sie so vehement vertreten haben?«

Kleinlaut mußte ich ihm recht geben. Wir begaben uns also auf die von ihm beabsichtigte Besichtigungstour. Mit Elan und Begeisterung führte er mich durch die Stadt, zeigte mir sehenswerte öffentliche Einrichtungen, interessante Gebäude, fortschrittliche Industrieanlagen. In überschwenglichen Kommentaren lobte er die neue Hochschule, die wunderschöne Parkanlage mit ihren großzügigen Ballspielflächen, das mit modernsten technischen Mitteln ausgestattete Ortskrankenhaus. Schließlich hielten wir an einem hübschen kleinen Wohnhaus mit einem gepflegten Vorgarten, in dem die vielen Blumen in voller Blüte standen. »Wie gefällt Ihnen mein Heim?« fragte er. Ehe ich antworten konnte, hatte er mich jedoch schon ins Haus gezogen, um mir seine Frau vorzustellen. »Ist sie nicht ein Schatz?« Er herzte und küßte sie. Seine Frau strahlte mich an. »Larry ist wie verwandelt in der letzten Zeit. Er ist immer so froh und voller Elan, er ist...«, sie suchte nach einem passenden Wort, »...einfach mitreißend!«

Wie es schien, hatte er seine alte Trägheit und Lustlosigkeit überwinden und durch geistige Wachheit und Regsamkeit ersetzen können, und zwar in einem solchen Maße, daß sich seine Munterkeit und Lebensfreude gleichfalls auf seine Mitmenschen übertrug.

Die lebensbejahende Grundstimmung

Wir alle können uns eine ähnliche Begeisterungsfähigkeit aneignen und sie durch ständige Pflege zu einer lieben Gewohnheit machen, die wir nicht mehr missen möchten. Eine solche Gewohnheit etwa wurde dem früheren Gouverneur von Connecticut, Wilbur L. Cross, nachgesagt. Wenn er im Kreise seiner Familie allen einen guten Morgen wünschte, pflegte er stets hinzuzufügen: »Heute ist ein herrlicher Tag dafür!« Welcher Sinn auch immer in diese etwas rätselhafte Bemerkung hineinzudeuten ist, eine Aufgabe erfüllte sie gewiß: Sie versetzte den Gouverneur in eine lebensbejahende Grundstimmung, mit der er jeden neuen Tag in frischem Lebensmut begann. Wen wundert es da, wenn sein Enkel den Großvater als besonders aktiven und unternehmungsfreudigen alten Herrn in Erinnerung hat, den er nie in verdrießlicher und mißmutiger Stimmung erlebte? Wem es gelingt, in ähnlichen Bahnen zu denken wie der alte Gouverneur, der wird erfahren, wie jeder Tag tatsächlich ›ein herrlicher Tag dafür‹ sein kann.

Nun mag zwar einleuchten, daß es bei der Überwindung von Langeweile und Unmutsempfindungen auf die entsprechende geistige Haltung ankommt, dennoch scheitern manche an der Frage, wie sie eine abträgliche Haltung zum Positiven ändern können. Solange wir nämlich unkontrollierten Gefühlsreaktionen unterworfen sind, sei es Ärger, Wut, Haß oder auch Selbstmitleid, wird es uns sehr schwer fallen, eine geeignete positive Sichtweise zu entwickeln. Deshalb ist es so wichtig, heftige Gefühlsreaktionen negativer Art im Zaum zu halten und an ihre Stelle ein nüchternes klares Denken zu setzen, wie es im gesunden Menschenverstand angelegt ist.

Welch unnütze Verwirrung die Emotionen mitunter in unseren Gemütern anrichten, kann das Beispiel eines Mannes deutlich machen, der mich in seiner Niedergeschlagenheit anrief und um Rat bat. Das Leben habe jeden Sinn für ihn verloren, klagte er. Er war aufs höchste verzweifelt, und den einzigen Weg aus seiner Misere sah er darin, sich das Leben zu nehmen!

Es gelang mir, ihn zu beruhigen und zu einem Gespräch unter vier Augen zu überreden. Der lebensmüde Mann bot einen trübseligen Anblick, wie er da vor mir saß, die Hände vors Gesicht geschlagen, und stöhnte: »Es ist hoffnungslos, alles ist aus! Nichts, nicht der kleinste Hoffnungsschimmer ist mir geblieben. Das Leben ist eine einzige Qual...«

Ich unterbrach ihn: »So dürfen Sie nicht reden! Lassen Sie uns statt dessen Ihre Lage einmal nüchtern und objektiv betrachten!« Ich nahm ein Blatt Papier und teilte es mit einem senkrechten Strich in zwei Spalten. »Was halten Sie davon, wenn wir nun auf der linken Seite alles aufschreiben, was Ihnen verlorenging, und auf der rechten alles Positive gegenüberstellen, das Ihnen noch geblieben ist?« schlug ich vor.

Mit Weltuntergangsmiene entgegnete er: »Eines steht fest, die rechte Spalte werden Sie nicht brauchen, denn mir ist nichts Lebenswertes geblieben, absolut nichts!«

»Also gut, wann hat Ihre Frau Sie verlassen?«

Erstaunt hob er den Kopf: »Wie kommen Sie denn darauf? Meine Frau würde mich nie verlassen. Sie liebt mich!«

»Um so besser, das wird also der erste Punkt auf unserer Liste sein: Ehefrau ist geblieben.« Dann fragte ich nach seinen Kindern. Waren sie verunglückt, waren sie straffällig geworden? Er mußte verneinen, und ich notierte als zweiten Punkt: Kinder wohlauf. »Ich vermute«, fuhr ich fort, »Sie leiden bei all Ihrem Kummer an chronischer Appetitlosigkeit?«

»So schlimm es auch steht«, gestand er, »mein Appetit hat nicht gelitten. Das Essen schmeckt mir so gut wie eh und je.« Das war bereits das dritte Stichwort auf unserer

Liste: Gesunder Appetit. Auf diese Weise wurde die Liste länger und länger, bis er schließlich verstand, worauf ich hinauswollte. »Seltsam, wie anders alles aussieht, wenn Sie es so betrachten!«

»Sie haben zugelassen, daß Ihre destruktiven Gefühle Sie beherrschen. Doch wie unsere Bestandsaufnahme zeigt, haben Sie keinen echten Grund, sich das Leben zu nehmen. Statt sich eine Kugel in den Kopf zu jagen, sollten Sie Ihren Kopf lieber gebrauchen, um aus Ihrer verwirrten Gefühlslage herauszukommen!« Meine Worte hatten ihn nachdenklich gestimmt. Er machte den Eindruck, als ob er das Schlimmste bereits überstanden hätte, und wie sich später herausstellte, konnte er diese Krise recht bald hinter sich lassen.

Die seltenen Augenblicke

Wenn wir gegen Langeweile und Frustrationen nicht mit geeigneten Mitteln angehen, droht die Gefahr, daß sie zu ernstzunehmenden Leiden anwachsen, die uns große Qualen zufügen und in Einzelfällen sogar in den Selbstmord treiben können. Mit solch einem Schicksal können wir schon in jungen Jahren konfrontiert werden, ja, wie die Statistiken belegen, sind gerade junge Menschen hierfür besonders anfällig.

In diesem Zusammenhang muß ich an einen Studenten denken, der mit seinen dreiundzwanzig Jahren bereits jede Perspektive und jeden Lebensmut verloren hatte.

In einer schnoddrig-lässigen Art beschrieb er mir sein Lebensgefühl: »Um nicht lange um den heißen Brei herumzureden, will ich Ihnen gleich sagen, wie es um mich steht. Ich bin mit dem Leben fertig! Ich hab's satt! Es ist alles so schrecklich, es ekelt mich an.«

»Sie haben in Ihren jungen Jahren sicher schon einiges mitgemacht«, vermutete ich. »Wie alt sind Sie jetzt?«

»Dreiundzwanzig«, war die Antwort.

»Und in diesem jungen Alter haben Sie das Leben bereits bis zum Überdruß satt?«

»Sie sagen es«, entgegnete er. »Ich habe alles mitgemacht. Was immer Sie aufzählen können, ich habe es ausprobiert: Sex, Drogen, Alkohol, alles! Und jedesmal bin ich wieder reingefallen. Was hat das ganze elende Dasein überhaupt für einen Sinn?«

»Ich meine, das Leben hat sehr wohl einen Sinn. Es gibt eine Antwort auf alle Lebensfragen, auf die Sie und Ihresgleichen allerdings nie gekommen sind, obwohl Sie meinen, bereits alles hinter sich zu haben.«

»Und was soll das sein?« fragte er.

»Die Antwort finden wir in Gott.«

Er schüttelte den Kopf. »Für mich gibt es keinen Gott! Das ist doch alles nur Aberglaube, leere Illusion!«

»Da irren Sie gewaltig! Gott ist nur für all jene Illusion, die ihn leugnen, weil sie ihn verloren haben. Für alle, die ihn finden, ist er wirklicher als alles andere im Leben!«

Er winkte ab: »Es hat keinen Zweck, Gott ins Spiel zu bringen. Das ganze Gerede über Glauben und Gott läßt mich völlig kalt.«

»Warum wenden Sie sich dann an mich, einen Geistlichen, und suchen um Rat? Es muß Ihnen doch bewußt sein, daß ich an Gott glaube, oder?« Ich ließ ihn nicht zu Wort kommen, sondern nannte ihm selbst den Grund: »Zwar lehnen Sie in Ihrem bewußten Denken alles ab, was irgendwie mit Religiosität zusammenhängt, doch in den Tiefen Ihres Unterbewußtseins suchen Sie nach Gott. Wenn Sie sich ehrlich prüfen, werden Sie sehen, daß es Ihr unbewußtes Verlangen nach dem Frieden mit Gott ist, das Sie ausgerechnet zu mir geführt hat!«

»Nein!« protestierte er ärgerlich. »Lassen Sie mich in Ruhe mit Ihrem Gott!« Er erhob sich und verschwand in der Dunkelheit der Nacht.

Der weitere Verlauf der Ereignisse nahm eine unerwartete Wende. Es gibt seltene Augenblicke im Leben, die, wie die Erfahrungen unzähliger Menschen bestätigen, auf wunderbare Weise unseren innersten Wesenskern ansprechen und unserem Leben eine neue Richtung geben können.

Als der junge Mann mich verlassen hatte und in die kalte, regnerische Nacht hinausgegangen war, geschah es: Er bahnte sich gerade einen Weg durch ein trübes, dunkles Viertel der Innenstadt, durch eine verlassene Gegend alter Lagerhallen und grauer Hinterhöfe, und schimpfte noch immer aufgebracht vor sich hin: »Immer die alte Leier! Wenn ihnen nichts mehr einfällt, kommen sie mit Gott, Gott und nochmals Gott!« Plötzlich hörte er sich selbst ausrufen: »O Gott, wenn es dich gibt, so hilf mir!« Diese verzweifelten Worte waren ein Gebet im echten Sinn, weil sie einer tiefinneren Empfindung entsprangen.

Kaum hatte er ausgesprochen, hatte er eine völlig fremdartige Wahrnehmung. Es war, als ob ein Feuer in seinem Kopf explodierte und sich langsam über seinen ganzen Körper ausbreitete. Ein Leuchten erfüllte die Welt um ihn herum. Die tristen Gebäude schienen ihm wie Paläste, die Gesichter der wenigen nächtlichen Passanten strahlten ein inneres Licht aus. Selbst das Straßenpflaster hatte einen glänzenden Schein angenommen.

Von Entsetzen gepackt, wohl weil er fürchtete, wahnsinnig zu werden, stürzte er in mein Büro zurück. »Mein Gott, was geschieht mit mir?«

Ich ließ ihm Zeit, wieder zu sich zu kommen. Es gelang ihm, diese Erfahrung der göttlichen Kraft in sein weiteres Leben zu integrieren. In der Folgezeit entfaltete er eine unglaubliche Wachheit der Sinne allem Dasein gegenüber und lernte, in nie gekannter Offenheit des Bewußtseins, sein Leben völlig neu zu strukturieren. »Die alte, todbringende Langeweile und die Öde in meinem Inneren«, sagte er, »fielen von mir ab wie die Blätter eines Baumes im Herbst.«

Reservieren Sie in Ihrem Leben keinen Platz für die Langeweile!

Ein einfaches, aber hochwirksames Rezept gegen das Unausgefülltsein und die Langeweile liegt in der eigenen Aktivität. Je tatkräftiger wir auf die Umstände einwirken, desto größer wird auch unser Interesse, unsere innere Beteiligung an ihnen werden. Wie körperliche Aktivität unsere Abwehrkräfte und unser Leistungsvermögen stärkt, so stärkt die geistige Aktivität unsere Daseinsfreude und Begeisterungsfähigkeit. Denkanstrengung, Wissensdurst, geistige Regsamkeit und Arbeitseifer sind der goldene Schlüssel zu einem stets aufs neue faszinierenden Dasein.

Wohl niemand verkörpert diese Tugenden besser als ein alter Freund von mir, der mit seinen fünfundsiebzig Jahren noch wahre Wunder an Aktivität vollbringt. Wird er gefragt, wann er sich denn zur Ruhe setzen wolle, lacht er nur und sagt: »Ich fühle mich außerordentlich wohl bei der Arbeit, und sei sie noch so hart. Mein Geist ist rege wie eh und je. Es sieht aus, als sei ich für die Arbeit geschaffen!«

Der alte Mann braucht kaum Zerstreuung. Er spielt kein Golf wie die jüngeren Kollegen. Zur Erholung geht er entweder schwimmen oder unternimmt lange Spaziergänge. Jede neue Idee kann ihn in helle Begeisterung versetzen, selbst wenn sie wieder neue Arbeit und Verantwortung nach sich zieht.

Selten habe ich einen Menschen gesehen, der in diesem Alter noch so voller Unternehmungsgeist steckt. Er reist zu Tagungen, hält Vorträge im ganzen Land, verfaßt Zeitschriftenartikel, leitet ein Immobiliengeschäft und ist in mehreren weiteren Unternehmen als aktives Vorstandsmitglied tätig.

Ich fragte ihn einmal, was ihn am meisten langweile oder ihm Unlust bereite. Er überlegte. »Langeweile?… Ja, einmal ließ ich mich zum Nichtstun überreden und beschloß, ein ganzes Wochenende auszuspannen und abzuschalten.«

Bei dieser Erinnerung schüttelte er den Kopf. »Es war eine Qual! Diese Erfahrung war die schlimmste, die ich jemals hatte. Doch abgesehen von diesem Erlebnis, war in meinem Leben kein Platz für Langeweile!«

Lesen Sie nun noch einmal die wichtigsten Anhaltspunkte zur erfolgreichen Bekämpfung der Langeweile:

- Gehen Sie stets von der Voraussetzung aus, daß Langeweile und alle ihre Begleiterscheinungen vermeidbar sind.
- Suchen Sie nach anregenden Motivationen, die keinen Platz für Langeweile lassen.
- Die beständigste Quelle immer neuer Begeisterung und Lebensfreude ist im Glauben zu finden, denn nicht umsonst läßt uns Petrus wissen: »...ihr werdet euch aber freuen mit unaussprechlicher und herrlicher Freude.«
- Lieben Sie das Leben, und das Leben wird Sie wieder lieben!
- Schöpfen Sie aus den Kraftquellen der Natur. Genießen Sie ihren Frieden und ihre Schönheit!
- Eine innere geistige Haltung, die das Schöne und Gute im Leben sieht, trägt entscheidend zu einem erfüllten Dasein ohne Langeweile bei.
- Sie bereichern Ihre Erlebnisfähgikeit in dem Maße, wie Sie sich körperlich und geistig aktiv am Geschehen beteiligen.

10

Das Gesetz erfolgreichen Handelns

Es war eine stürmische Winternacht in Cleveland. Ein Schneetreiben peitschte über die Euclid Avenue. Vom sicheren Schutz meines Taxis aus beobachtete ich den Tanz der glitzernden Schneekristalle im Lichtkegel der Straßenlaternen.

Als der Wagen an einer Ampel hielt, fiel mein Blick auf eine schräg gegenüberliegende Tankstelle, wo der Sturm ein überlebensgroßes Spruchband hin- und herzerrte. Es war eine Reklame für eine bestimmte Sorte Motoröl, die in riesigen Lettern verkündete: »Ein sauberer Motor bringt Höchstleistungen.«

Diese Formulierung gefiel mir so gut, daß ich auf der Stelle beschloß, sie in meine bevorstehende Rede vor einer Verkaufsbelegschaft einzuflechten. Im Kernstück der Rede wollte ich darüber sprechen, daß unrichtige oder unwichtige Gedanken häufig unser Denk- und Leistungsvermögen herabsetzen. Der obige Slogan nun ließ sich wunderbar auf mein Thema ummünzen: »Ein sauberer Geist bringt Höchstleistungen.« Jeder weiß: Ein Motor oder eine Maschine leisten bei Verschmutzung oder Verunreinigung nicht die volle Kraft – und jeder wird daher für eine angemessene Reinigung sorgen. Parallel dazu wollte ich betonen, wie wichtig es ist, auch unseren geistigen ›Motor‹ reinzuhalten, wenn wir das uns zur Verfügung stehende Potential in vollem Umfange nutzen wollen.

Die Verunreinigungen der geistigen ›Maschinerie‹ bestehen in erster Linie in so negativen Empfindungen wie Haß, Wut, Groll oder Verbitterung. Aber auch Gefühle der eigenen Minderwertigkeit oder überholte, schal gewordene Gedankenmuster sind außerordentlich schädlich und zehren an unseren Kräften. Wollen wir ein reibungsloses Funktionieren unserer Schaffenskraft gewährleisten, empfiehlt sich also als erstes ein geistiges ›Großreinemachen‹, um alle unnützen, störenden oder schwächenden Gedanken gründlich fortzuspülen.

Im Anschluß an den Vortrag stürmte ein Mann von Anfang Dreißig aufgeregt auf mich zu. »Da haben Sie mich auf etwas gestoßen!« sagte er. »Als Sie das Bild des geistigen ›Motors‹ gebrauchten, ging mir plötzlich ein Licht auf, warum ich geschäftlich und privat so oft versagt habe. Es lag an den – wie Sie es nannten – Verunreinigungen meiner geistigen Maschinerie! Während Sie weitersprachen, betete ich zu Gott, er möge mir helfen, mich von den negativen Gedankeneinflüssen zu befreien. Ich bin sicher: Mein Gebet wurde erhört – denn ich spüre bereits etwas in mir arbeiten.« Voller Zuversicht schloß er mit den Worten: »Ja, ich bin ein neuer Mensch geworden!« Wenn dem so war, dann war das eine ungewöhnlich schnelle Wandlung, doch warum sollte ich andererseits an seinen begeisterten Worten zweifeln? Er hatte eine neue Einsicht gewonnen, die ihm sicher helfen würde, in Zukunft alte Fehler zu vermeiden. Deshalb bestärkte ich ihn in seinem Optimismus. »Nun werden Sie es schaffen, weil Sie glauben, daß Sie es schaffen!« versicherte ich ihm.

Von dem ehemaligen britischen Kabinettsmitglied und Verleger Lord Beaverbrook erhielt ich einmal eines seiner Bücher zur Ansicht, in dem er zu Themen wie Leistung und Erfolg Stellung nahm. Seiner Auffassung nach gibt es drei Schlüssel zum Erfolg: Urteilsvermögen, Fleiß und Gesundheit. Er schrieb dazu: »Wer mit zwei dieser drei Eigenschaften gesegnet ist, wird es weit bringen. Doch die höchsten Ziele wird nur der erreichen, der alle drei in gleichem Maße einsetzen kann. Zu dieser Regel fällt mir allerdings eine Ausnahme ein: Franklin Delano Roosevelt. Roosevelt war trotz mangelnder Gesundheit ein wahrhaft großer Mann. Wer weiß, was er noch alles geleistet hätte, wenn seine Krankheit nicht gewesen wäre! Sir Winston Churchill hingegen, dessen überaus vielseitiges Lebenswerk als einmalig in der Geschichte dasteht, vereinigte alle drei Qualitäten in einer Person: Er hatte ein scharfes Urteilsvermögen, einen unermüdlichen Fleiß und beste Gesundheit.«

Wenn wir Lord Beaverbrook, der selbst zu den erfolgreichsten Männern seiner Zeit zählt, Glauben schenken wollen, liegt also der Schlüssel zum Erfolg in den drei genannten Eigenschaften, von denen dem Urteilsvermögen die größte Bedeutung zukommt, Deshalb soll uns dieser Aspekt hier auch in erster Linie beschäftigen; Einzelheiten zum Thema Gesundheit werden Sie im zwölften Kapitel nachlesen können; und was die Rolle des Fleißes, des Einsatzes und der Arbeit angeht, nun, sie ist bereits verschiedentlich angesprochen worden, weil sie überall mit hineinspielt.

Das Vermögen, Urteile zu fällen und Entscheidungen zu treffen, basiert – als geistiger Prozeß – auf der Fähigkeit eines nüchternen, logischen und folgerichtigen Denkens. Die Ausbildung einer guten Urteilskraft trägt zur Verminderung von Irrtümern und Fehlentscheidungen bei. Da jeder Erfolg, langfristig gesehen, von der Summe richtig getroffener Entscheidungen und Urteile abhängt, ist es von vorrangiger Bedeutung, alles auszuschalten, was sich störend auf den Urteilsprozeß auswirken kann. So wird beispielsweise jede ungezügelte Gefühlsreaktion auf Menschen oder Situationen das gesunde Urteil behindern, wenn nicht sogar im Einzelfall völlig blockieren.

Das Ausbleiben des erwarteten Erfolges ist nur allzu häufig auf einen Mangel an Gefühls- und Affektbeherrschung zurückzuführen, wie es auch der Fall war bei einem jungen Mann namens Bill, der mich während einer Industrietagung um Rat ersuchte. Nachdem seine Frau und er meinen Vortrag über das Thema »Warum positives Denken stets positive Ergebnisse herbeiführt« mitverfolgt hatten, kamen sie zu mir, und er platzte gleich mit der Frage heraus: »Warum gelingt es mir dennoch nie, positive Egebnisse zu erzielen? An meinen Erfolgen gemessen bin ich ein völliger Versager.« Bei diesen Worten fiel ihm seine Frau ins Wort: »Nein, Bill, du darfst dich nicht als Versager bezeichnen. Du steckst zur Zeit in einer schwierigen Phase, doch sie wird vorübergehen.« Sie erklärte mir, ihr Mann habe eine ausgezeichnete Schulbildung genossen und könne auf einschlägige Berufserfahrung zurückblicken, sei sehr kompetent in seinem Fach und gelte allgemein als ›kluger Kopf‹. Aber er hatte ein großes Handicap: Er wurde allzu leicht zum Spielball seiner Launen und Stimmungen; er geriet äußerst schnell in Rage; er war überempfindlich, jähzornig und nachtragend. Um die Wahrheit zu sagen, war er für seine Mitmenschen in seiner Unfreundlichkeit manchmal schier unerträglich. »Im Grunde aber«, schloß sie ihren Bericht, »macht sich der arme Kerl nur selbst das Leben schwer.«

Aufgrund seines unermüdlichen Einsatzes, seines Engagements und Fleißes erhielt er immer größere Verantwortlichkeit, bis er schließlich die Aufgaben des Stellvertretenden Direktors übernahm. Doch die hohe Position stellte sich als eine erhebliche nervliche Belastung heraus; nervös und aufbrausend, wie er war, verlor er leicht die Fassung, wenn seine Meinung einmal in Frage gestellt wurde. So war es kein Wunder, daß er in seiner Firma nicht beliebt war, ja, daß er sich auf seinem Weg nach oben nicht wenige Feinde geschaffen hatte.

Sein größter Fehler war sein Mangel an Sachlichkeit. Wenn es um geschäftliche Entscheidungen ging, die andere Kollegen mitbetrafen, ließ er sich von Gefühlseindrücken leiten. »Das ging lange Zeit gut so«, erklärte seine Frau, »weil er ein ausgesprochenes Geschick besitzt, Fehlentscheidungen zu verschleiern oder plausibel zu machen.«

Als der derzeitige Firmendirektor aus dem Dienst ausschied, kam es, wie es kommen mußte. »Bill rechnete fest damit, sein Nachfolger zu werden«, sagte seine Frau, »doch der Vorstand überging ihn einfach und stellte für den Posten eine neue Kraft ein. Da verlor Bill die Beherrschung. Er tobte, er schrie und verfeindete sich mit jedem. Anstatt seinen Gefühlstumult erst einmal abflauen zu lassen und den neuen Stand der Dinge in Ruhe zu durchdenken, um vielleicht Konsequenzen für sein zukünftiges Handeln daraus abzuleiten, machte er seinem aufgestauten Ärger und seiner blinden Wut Luft.«

Damit aber war das Maß voll. Er erhielt die Kündigung. »Wir sehen ihn mit Bedauern gehen, denn er hat stets fabelhafte Arbeit geleistet, aber er war einfach zu unbeherrscht« – so der Kommentar zu seiner Kündigung.

»Wie sehen Sie selbst die Sache, Bill?« fragte ich ihn.

Er stierte vor sich hin und antwortete in einem eiskalten Ton: »So etwas haben sie mir angetan! Aber denken Sie nicht, daß ich es denen nicht zeigen werde. Am liebsten brächte ich jeden einzelnen von ihnen auf der Stelle um, mit meinen eigenen Händen.«

Mir lief ein Schauer über den Rücken. Der Mann war krank vor Haß. Ich konnte mir kaum vorstellen, daß dies derselbe Mensch sein sollte, dessen berufliche Leistungen so hoch angesehen waren, der eine Führungsposition innehatte. Wie kann jemand, der von solchem Haß besessen ist, sein nüchternes Denken bewahren? Mußte nicht sein Urteilsvermögen erheblich getrübt werden bei all dem Haß und Zorn?

Ich fragte ruhig weiter: »Haben Sie danach irgendwelche neuen Beziehungen angeknüpft?« Er antwortete, dazu fühle er sich gegenwärtig noch nicht imstande – er sei innerlich noch viel zu aufgewühlt. Diese Beschreibung seines Zustandes war zweifellos richtig. »Sie werden auch so lange dazu nicht imstande sein, bis Sie Ihr kühles, sachliches Denkvermögen wiedergewonnen haben«, fuhr ich fort. »Um sich zu fangen und neu anfangen zu können, müssen Sie Ihre überempfindliche Ader und ihre unbeherrschten Affekte unter Kontrolle bringen. Was halten Sie davon, Ihre Wutausbrüche und Ihren unmäßigen Jähzorn durch nüchternes, sachbezogenes Denken zu ersetzen, wie es von einem Mann in Ihrer Position zu erwarten wäre? Wie auch immer die Vergangenheit aussieht: Sie können sich wieder in den Griff bekommen – vorausgesetzt, Sie glauben, daß Sie es können. Mit Ihren fünfundvierzig Jahren haben Sie eine hochentwickelte Intelligenz, aber Ihre Gefühlsreaktionen sind die eines kleinen Kindes. Haben Sie das jemals bedacht? Sie sind körperlich und verstandesmäßig erwachsen, doch gefühlsmäßig verhalten Sie sich wie ein Kind.«

Diese letzte Bemerkung traf ihn schwer. Er verstummte. »So habe ich es noch nie gesehen«, räumte er schließlich ein. »Doch eben, als Sie die Dinge so unverblümt beim Namen nannten, sah ich blitzartig, wie ich wirklich bin. Das ist ein sehr schwieriges Problem. Ich ein erwachsener Mann – doch was mein Gefühlsleben betrifft, so fehlt mir jede Reife. – Was mache ich nun? Mein Leben ist ruiniert!«

»Das ist es keineswegs«, entgegnete ich, »wenn Sie sich wieder auf ihr nüchternes Denk- und Urteilsvermögen besinnen. Sagen Sie mir eines: Als Geschäftsmann, der gewohnt ist, sachliche Urteile abzugeben, kann Ihnen da Ihre gegenwärtige Haltung irgendwelche Vorteile bringen?«

Zum ersten Mal lächelte er. »Natürlich bringt sie mir nichts ein.«

»Die nächste Frage wäre, was Sie statt dessen unternehmen könnten«, bohrte ich weiter. »Denken Sie hierüber einmal in aller Sachlichkeit nach, ohne hitzige Gefühle aufkommen zu lassen. Ich bin sicher, Ihnen wird ein vernünftiger Gedanke kommen…«

Bill dachte angestrengt nach. Es dauerte nicht lange, bis er zu einem Schluß gekommen war. »Ich sehe die Lösung vor mir. Es ist die einzige Möglichkeit, so peinlich sie auch ist. Mir wird nichts anderes übrigbleiben, als zu dem neuen Firmendirektor zu gehen und ihn um ein Gespräch unter vier Augen zu bitten. Ich werde ihm wohl oder übel erklären müssen, daß die Ursachen für mein vergangenes Verhalten in meiner gefühlsmäßigen Unreife lagen. Dann werde ich ihn bitten, mich wieder auf meinen alten Stuhl zu setzen oder...«, er schluckte, »...falls das nicht mehr möglich ist, mir einen anderen Posten innerhalb des Betriebes zu geben, denn ich habe einiges wiedergutzumachen – ich möchte unter Beweis stellen, daß ich mich wirklich zu meinem Vorteil geändert habe.«

Gewöhnlich stellt sich eine Wandlung nicht so plötzlich ein, doch bei Bill gewann ich den Eindruck, daß der kurze Augenblick seiner Selbstschau tiefgreifend genug gewesen war, um eine Änderung zum Positiven einzuleiten. Daher gab ich mich auch keineswegs skeptisch, sondern beglückwünschte ihn von Herzen zu seinem neuen Kurs.

Bill sollte tatsächlich eine Gelegenheit zur Bewährung erhalten. Sei es wegen seiner anerkannt guten Arbeitsleistung, sei es aus Mitleid, der neue Direktor stellte ihn jedenfalls wieder ein, wenn auch nur auf Probe. Er sollte es nicht bereuen, denn Bill lernte, seine Gefühle im Zaum zu halten. Er legte jeden Hochmut ab und trat offen und sachlich auf. Im Umgang mit seinen Arbeitskollegen stand von nun an sein gesundes Urteilsvermögen an erster Stelle.

Finden Sie zu sich selbst!

In dem soeben dargestellten Beispiel fand ein Mensch zu sich selbst – noch im Alter von fünfundvierzig Jahren. Der Zeitpunkt einer Selbstfindung hängt natürlich von vielen

Faktoren ab – ob wir uns bereits in frühen Jahren oder erst sehr spät finden, das kann niemand vorhersagen. Gewiß aber ist: Wir müssen uns selbst begegnen, wenn wir uns entsprechend unseren inneren Anlagen selbst verwirklichen wollen. Wir müssen uns an irgendeinem Punkt selbst gegenübertreten und erkennen, wie wir sind, warum wir so und nicht anders sind und worin unsere Vorzüge und Nachteile bestehen. Nur so können wir die innere Zerrissenheit beseitigen und zu einem erfüllten Leben gelangen.

Vom Glück begünstigt muß selbstverständlich derjenige scheinen, den bereits in jungen Jahren ein Erlebnis zur Selbstfindung führt, wie es etwa bei dem Oberschüler Mike der Fall war...

Mike war ein grüblerischer Junge voller ungelöster Konflikte, feindselig seiner Umwelt gegenüber, verstockt und verbittert. In dieser Phase half ihm das Verhalten seines Schulleiters unerwartet zu einem neuen Anfang. Der Schulleiter ließ Mike eines Tages zu einer persönlichen Unterredung zu sich kommen. Voller Widerspenstigkeit erschien der Junge in dem gefürchteten Direktorzimmer, in trotziger Erwartung einer geharnischten Strafpredigt. Der Schulleiter lehnte sich in seinem Stuhl zurück und sah den Jungen aufmerksam, aber keineswegs unfreundlich oder gar streng an. Schließlich sagte er: »Zeig mir doch mal deine Hände, Mike.« Verblüfft streckte Mike sie ihm entgegen. Der Schulleiter schaute sich die Hände des Jungen lange prüfend an. Schließlich sagte er langsam: »Das sind starke, empfindsame Hände... die Hände eines Chirurgen...?« Er sah Mike an: »Vielleicht ist dir in die Wiege gelegt worden, Arzt zu werden? Wer weiß, was in dir steckt...?« Das war alles.

Völlig verwirrt verließ Mike das Direktorzimmer. Er begriff einfach nicht, warum die gefürchtete Strafpredigt ausgeblieben war. Langsam ging er die Stufen hinunter. Dann blieb er stehen und betrachtete seine Hände – und in diesem Augenblick ging in seinem Inneren etwas Sonderbares vor: In einem jener seltenen Erlebnisse ungewohnter Selbsterfahrung, die zuweilen in unser Bewußtsein dringen, sah er sich plötzlich in einem neuen Licht. Er spürte, nein er wußte: Er hatte das Zeug zu einem Arzt! Er konnte, nein er wollte Arzt werden, ein guter Arzt werden! Gleichzeitig mit diesem Entschluß erwuchs ihm ein nie gekanntes Vertrauen in die eigenen Fähigkeiten.

Anerkennung und Dank gebührt aber auch dem Schulleiter, der als wahrer Pädagoge seine Aufgabe darin sah, die Schüler, und besonders die ›schwarzen Schafe‹ unter ihnen, zur Selbstverwirklichung anzuleiten, indem er ihre Motivation weckte und ihnen half, bislang verborgenes Potential freizulegen.

Die geistige Disziplin

Das Geheimnis eines gesunden und reifen Urteilsvermögen beruht auf geistiger Disziplin. Der menschliche Geist, dieses wunderbare Werkzeug, wurde uns gegeben, um uns zu dienen. Wie jedes Werkzeug bei unsachgemäßer Bedienung jedoch Schaden zufügen kann, so können sich auch die geistigen Kräfte gegen uns richten, wenn wir nicht diszipliniert mit ihnen umgehen. Haben wir sie aber fest unter Kontrolle, werden sie uns stets gute Dienste leisten. Mit ihrer Hilfe können wir sogar erstaunliche Leistungen vollbringen und das Leben meistern.

An dieser Stelle muß ich an eine Bodenstewardeß denken, die auf mich in ihrer ganzen Art einen tiefen Eindruck machte. Ich bewunderte ihre Ausstrahlung und innere Festigkeit. »Das verdanke ich meinem Mann«, erklärte sie lächelnd. Allein diese Bemerkung war ungewöhnlich in einer Zeit, in der den Ehemännern so gern eine untergeordnete Rolle im ›Kampf der Geschlechter‹ zugedacht wird. »Sie sollten meinen Mann einmal kennenlernen. Er hat sich völlig in der Gewalt«, fuhr sie fort. »Das verdankt er seiner geistigen Disziplin. Wissen Sie, mein Mann hatte vor einiger Zeit einen schweren Unfall und litt lange unter starken Schmerzen. Schließlich besann er sich auf die Kraft seines Geistes und ging gegen sein Leiden an. Er besiegte den Schmerz dank seines starken Willens und seiner Selbstkontrolle. Es ist einfach wunderbar, wie er alles durch die innere Steuerung seiner Gedankenkräfte erreicht.«

»Und Sie«, fragte ich, »verstehen Sie sich ebenfalls auf diese innere Disziplin?«

Sie nickte.

»Es ist ein herrliches Gefühl, sein Leben selbst zu steuern. Das erleben wir tagtäglich am eigenen Leibe.«

Eine ähnliche Meisterung der Lebensumstände durch die Kraft geistiger Disziplin kommt auch in einem Schreiben zum Ausdruck, das mich unlängst erreichte. In knappen, kurzen Sätzen schildert ein Mann einige markante Stationen seines Lebensweges...

»Vor etwas mehr als zehn Jahren herrschte in meinem Leben noch ein grenzenloses Chaos. Ich hatte alle Ersparnisse verloren, war mit fünfundzwanzigtausend Dollar verschuldet und konnte keine Arbeit finden. Da stand ich nun, ohne Einkommen für mich und meine Familie. Ich verlor mein Haus und mußte bei Verwandten wohnen. Zu all dem ließen mir meine Gläubiger keine Ruhe – die Prozesse, die ich bei Gericht durchzustehen hatte, wollten kein Ende nehmen.

Schließlich fand ich eine Aushilfsarbeit bei einem Wirtschaftsprüfer. Nach einiger Zeit lieh er mir Ihr Buch *Die Kraft positiven Denkens*, nicht ohne mir dabei eindringlich ans Herz zu legen, es auch wirklich zu lesen – wenn mir ein Buch helfen könne, behauptete er, dann dieses. So machte ich zum ersten Mal in meinem Leben die Bekanntschaft mit Ihrem Konzept des positiven Denkens – und ich machte eine total neue Erfahrung: Mir wurde bewußt, daß es meine negative innere Haltung gewesen war, die zu all den Fehlschlägen geführt hatte. Schließlich öffnete ich mich: Ich spürte eine intensive spirituelle Kraft und fand zu einer nie vorher erfahrenen inneren Stärke – aus mir wurde ein neuer Mensch.

Heute lebe ich mit meiner Familie in einem hübschen Eigenheim auf einer meerumspülten Landzunge. Schulden sind für mich ein Fremdwort, mein Gehalt erlaubt mir und meiner Familie einen gewissen Luxus, und mein Sparbuch wächst stetig. Das eigentlich Wunderbare ist jedoch, daß ich zu mir selbst gefunden habe. Sie glauben gar nicht, welche Freude es bereitet, wenn man spürt, daß man aus dieser Stärke heraus auch anderen Menschen helfen und Beistand leisten kann! Vielen Dank für alles!«

Dieser Bericht verdeutlicht, wie zu Beginn einer Veränderung der äußeren Lebensumstände stets die innere Wandlung steht. In einer Erfahrung der Innenschau lernte dieser Mann sich selbst kennen und verstand die Kausalzusammenhänge zwischen den negativen Denkmustern und den daraus resultierenden Fehlschlägen. Mit geistiger Disziplin gelang es ihm schließlich, eine positive Richtung einzuschlagen und diese auch zu bewahren.

Die innere Organisation

Wenn wir erfolgreiche Menschen beobachten, um von ihnen mehr über das Geheimnis einer gelungenen Lebensgestaltung zu erfahren, werden wir feststellen, daß solche Menschen stets gut ›organisiert‹ sind. Hier ist natürlich in erster Linie die innere Organisation gemeint, also ein geordnetes Ineinanderspielen von Willen, Bestrebung, Fähigkeiten, Neigungen und Denken. Die vielfältigen Facetten der Persönlichkeit wirken bei ihnen harmonisch zusammen und ergänzen sich gegenseitig. Wer hingegen innerlich zerrissen ist, heute so und morgen so denkt, und seine unterschiedlichen Strebungen nicht auf eine Sache konzentrieren kann, der kann noch so große Anstrengungen unternehmen – sein gestecktes Ziel wird er nie erreichen.

Die innere Organisation setzt voraus, daß wir uns im wahrsten Sinn des Wortes ›zusammenreißen‹, daß wir unsere Kräfte um einen Mittelpunkt sammeln, von dem aus wir ein einheitliches Handeln anstreben.

Schauen wir uns beispielsweise die Situation eines Handelsvertreters an, der auf einem Flug mein Platznachbar war. Er war ausgesprochen mutlos und niedergeschlagen. Wie er mir sagte, hatte er das beklemmende Gefühl, nicht einen Schritt voranzukommen. Scheinbar wollte er seinem Elend Luft machen, indem er mich daran teilhaben ließ, denn er häufte Klage an Klage. Aus all seinen Äußerungen klang jedoch das wiederkehrende Motiv eines nagenden Selbstzweifels – ihm fehlte jedes Vertrauen in seine Fähigkeiten, und er fühlte sich äußerst unwohl in seiner Haut.

»Ist es nicht im Grunde eine entwürdigende Tätigkeit, wenn man wie ein Hausierer von Tür zu Tür geht und seine Waren anpreist?« fragte er mich um meine Meinung.

»Womit handeln Sie eigentlich?« fragte ich zurück.

»Zur Zeit vertreibe ich keine Waren«, entgegnete er, »sondern ich werde in Kürze in Seminaren und Tagungen die Arbeitsmoral und die Motivation unserer Nachwuchskräfte fördern.«

Ich mußte laut lachen. »Was müssen Sie für Vorgesetzte haben, die einen Mann wie Sie mit einer solchen Aufgabe beauftragen!«

Er war empört: »Auf meine Firmenleiter lasse ich nichts kommen! Sie wissen sehr wohl, was sie tun.«

»Demnach sehen Ihre Chefs vermutlich etwas in Ihnen, was Sie selbst noch nicht entdeckt haben, nämlich Begeisterung für Ihre Arbeit, die Fähigkeit, andere durch Ihren Elan anzustecken – was jedoch Ihre Einstellung zu Ihrem Beruf angeht, so will ich Ihnen einmal meine aufrichtige Meinung dagegenhalten: Wo stände denn unsere freie Marktwirtschaft ohne die Handelsvertreter und Verkaufsexperten? Sind sie nicht ein unentbehrliches Glied in der Kette zwischen Produktion und Endverbraucher? Sie sollten stolz auf Ihren Beruf sein! Sie sind ein Vertreter eines bedeutenden und geachteten Berufszweiges, denn ohne Sie wäre die Verteilung der Produktionsgüter und der ständige Dialog zwischen der produzierenden Industrie und dem Konsumenten gar nicht denkbar!«

Er hüllte sich in Schweigen.

Doch ich war noch nicht fertig: »Glauben Sie daher an Ihre Aufgabe, vertreiben Sie Ihre Zweifel, finden Sie die richtige Einstellung zu Ihrem Beruf! Dann werden Sie auch den Nachwuchs – welch eine herrliche Aufgabe! – entsprechend motivieren können! Und noch eines: Glauben Sie an Ihre zweifellos vorhandenen Fähigkeiten!«

Als ich ihn später einmal zufällig wiedertraf, begrüßte er mich freudestrahlend: »Erinnern Sie sich an damals, im Flugzeug? Dank Ihrer Hilfe bin ich ein anderer Mensch geworden. Ihre appellierenden Worte haben dazu geführt, daß ich mich intensiv mit mir auseinandergesetzt habe. Dies wiederum hat bewirkt, daß ich Ordnung in mein Inneres gebracht habe.«

Um unsere Kräfte konzentrieren und uns innerlich organisieren zu können, ist eine zielgerichtete Motivation unerläßlich: Wir müssen wissen, was wir wollen! Wie wir bei jeder Reise zunächst entscheiden müssen, wohin wir wollen, und uns dann überlegen, wie wir am besten dorthin gelangen, so verhält es sich auch mit unserer erfolgreichen Lebensreise: Wir müssen uns darüber klarwerden, was wir unternehmen wollen und wozu wir uns am ehesten eignen. Natürlich darf die Bereitschaft zu unermüdlichem Handeln, darf auch die Beharrlichkeit nicht fehlen. Wer sein Ziel wirklich erreichen will, der gibt nie auf. Die Essenz dieses Gedankens findet sich in der folgenden prägnanten kleinen

Weisheit. »Wer aufgibt, siegt nicht, und wer siegt, gibt nicht auf.«

Planvolles Handeln

Vor etlichen Jahren unterhielt ich mich einmal mit einem jungen Mann. »Ich möchte die Welt kennenlernen und vorwärtskommen«, verkündete er. »Wie mache ich es am besten?«

»Nun«, entgegnete ich, »was möchten Sie kennenlernen, und welchen Weg möchten sie einschlagen?«

Er zögerte unschlüssig. »Also... ich weiß noch nicht so recht.« Offenbar hatte er sich noch keine genauen Vorstellungen gebildet.

Ich versuchte einen anderen Ansatzpunkt: »Was können Sie am besten? Auf welchem Gebiet liegen Ihre besonderen Begabungen?«

Auch auf diese Frage gab er eine ausweichende Antwort. Seine Vorstellungen waren vage und ungenau. Zudem gewann ich den Eindruck, daß er sich nicht allzuviel zutraute.

»Wenn Sie sich eine Beschäftigung wünschen könnten«, fragte ich weiter, »was würden Sie am liebsten tun?«

Er schüttelte ratlos den Kopf: »Darüber habe ich noch nicht nachgedacht.«

Dieser junge Bursche steht stellvertretend für die vielen Menschen, die in sich den Drang verspüren, ›die Welt kennenzulernen‹ und etwas Wunderbares zu unternehmen. Was ihm allerdings noch fehlte, war eine konkrete Zielsetzung. Er hatte bei aller Schwärmerei etwas Fundamentales übersehen: Am Anfang jedes sinnvollen Handelns muß ein klar umrissenes Ziel stehen, das wir uns im Einklang mit unseren Begabungen und Interessen ausgewählt haben!

Im Gegensatz zu dem jungen Mann hatte das frisch verheiratete Ehepaar, von dem das nächste Beispiel handelt, seine Ziele, noch dazu recht anspruchsvolle, klar vor Augen.

Aber lassen wir die junge Frau in ihren eigenen Worten berichten..

»Im neunten Schuljahr kam ich mit unserer Schulband zum ersten Mal nach New York. Eines Tages besuchten wir einen Ihrer Vorträge. Ihre Worte enthielten eine Botschaft für mich. Ich fühlte, daß in mir viele große Möglichkeiten verborgen lagen, daß ich Ziele verwirklichen könnte, von denen ich nicht zu träumen gewagt hatte. Der menschliche Geist ist wie ein unendlicher Strom, der ungestüm dahinfließt und über seine Ufer tritt, wenn man nicht steuernd eingreift. Man muß seinen Wünschen und seinem Handeln eine Richtung geben, um diesen Strom in richtige Bahnen zu lenken. Positives Denken half mir, meine Richtung zu erkennen und nicht mehr aus dem Auge zu lassen.

Ich heiratete einen wundervollen Mann, dessen Wesen sich vor allem durch Begabung und Ehrgeiz auszeichnete. Er wollte einen College-Abschluß machen, um Jura zu studieren und später Rechtsanwalt zu werden. Ich identifizierte mich mit seinem Ziel, obwohl mir klar war, daß ein langer Weg mit viel Mühsal vor uns lag.

Damals besaßen wir keinen Pfennig Geld, doch wir vertrauten auf unsere Kraft und auf Gottes Beistand. Anfangs arbeitete ich als Näherin in einer Kleiderfabrik. Wer Akkordarbeit am Fließband nicht kennt, der sollte einmal Charlie Chaplins Film *Moderne Zeiten* ansehen – und er wird begreifen, welche körperliche Belastung das unerbittliche, ewig gleiche Arbeitstempo hervorruft. Vier Jahre lang nähte ich tagtäglich achtzig Dutzend Jeansvorderteile!

Insgesamt war die Studienzeit meines Mannes eine Zeit der Entbehrungen und des Kampfes. So schliefen wir bis vor zwei Jahren noch in einem Bett, das aus Orangenkisten zusammengezimmert war! Jahrelang mußten wir von zweihundert Dollar pro Monat leben, dabei waren wir inzwischen schon zu dritt. Unser kleiner Sohn, der heute sieben Jahre alt ist, hat sechs Jahre Armut mitgemacht.

Doch das ist nun vorbei! Unsere Zukunftspläne sind Wirklichkeit geworden! Mein Mann schloß sein Studium erfolgreich ab und erwarb in zwei Bundesstaaten Zulassungen vor Gericht. Er plant, sich mit einer eigenen Kanzlei selbständig zu machen. Dann kann ich ihn unterstützen, indem ich als Sekretärin mitarbeite. Alles in allem blicken wir sehr optimistisch in die Zukunft. Mit dem Glauben an uns, unterstützt durch Gottes Hilfe, werden wir unser Ziel erreichen!«

Diese junge Frau vereinigt mehrere bewunderswerte Eigenschaften in einer Person. Ihre Opferbereitschaft und ihr Fleiß sind genauso beispielhaft wie ihr Glauben an ihren Mann, an sich selbst und an ihre gemeinsamen Ziele. So hart der Weg auch war, ließ sie sich dennoch nie entmutigen. Eine positive Einstellung zum Leben wie die ihre ließ auch in schlechten Zeiten nie einen Gedanken an ein mögliches Scheitern oder Versagen aufkommen.

Wie Sie sich erinnern, nannte Lord Beaverbrook den Fleiß als eine von drei Komponenten für den Erfolg. Um in unserem Fleiß nicht vorzeitig zu erlahmen, bedarf es einer gewissen Seelenstärke, eines gesunden Lebensmutes. Solange Sie ein lohnenswertes Ziel vor Augen haben und wissen, wofür Sie sich trotz aller Entbehrungen einsetzen, werden Sie den erforderlichen Mut und das nötige Durchhaltevermögen bewahren können, selbst wenn das Ziel zunächst auch in noch so unerreichbarer Ferne liegt wie im Fall dieses Ehepaares.

Die Dynamik positiver Vorstellungen

Der beste Weg, einen drohenden Fehlschlag zu vermeiden, führt über positive Vorstellungen. Wie bereits erwähnt, gilt das Sprichwort »Gleich und gleich gesellt sich gern« auch für den Bereich der Gedanken. Negative Vorstellungen ziehen entsprechende negative Auswirkungen nach sich, während umgekehrt ein positiver, hoffnungsvoller Gedanke positive Resultate herbeiführt. In diesem Sinne ist auch die Äußerung eines Psychologen zu verstehen, der sagte, die Menschen neigten ihrem Wesen nach stets dazu, sich gemäß ihrer Vorstellungen zu entwickeln.

Diese Vorstellungen, die, wie das Wort besagt, Bilder sind, die wir vor unser geistiges Auge stellen, beeinflussen also ganz entscheidend die Richtung unserer weiteren Entwicklung. Prüfen wir daher das Bild, das wir von uns haben. Sehen wir uns selbst in einem ungünstigen Licht? Enthält das Bild von uns Züge von Zweifeln, von Minderwertigkeit? Denken wir, daß uns die richtige Begabung fehlt oder daß wir Mißerfolg haben werden? Dann sollten wir damit beginnen, die Vorstellungen zum Positiven hin zu ändern, was jederzeit möglich ist. Gedanken von Mißerfolg können durch Erfolgsgedanken ersetzt werden, Befürchtungen an ein Scheitern durch Hoffnung auf ein Gelingen.

Der Philosoph und Psychologe William James vertrat schon Anfang unseres Jahrhunderts die Ansicht, daß der Mensch sein Leben ändern kann, indem er seine geistigen Einstellungen ändert. Wie mit einer Änderung der Denkweise tatsächlich der Ablauf der Ereignisse entscheidend beeinflußt wird, mag eine Begebenheit aus der Gründungsgeschichte des amerikanischen überkonfessionellen Magazins *Guideposts* verdeutlichen…

Es begann im Jahre 1945, als bei einem Treffen namhafter Persönlichkeiten der Vorschlag laut wurde, eine Zeitschrift ins Leben zu rufen, deren Anliegen es sein sollte, Menschen aller Glaubensrichtungen zu der Entfaltung ihres oft wunderbaren Potentials anzuregen. Die Idee wurde begeistert aufgenommen, und ich wurde als Herausgeber vorgeschlagen, während mein Freund Raymond Thornburg als Mitbegründer auftrat. So geehrt ich mich auch fühlte, zum führenden Kopf eines noch nicht vorhandenen Magazins auserkoren worden zu sein, kamen mir dennoch gleich die ersten Bedenken. Ich erinnerte die Anwesenden daran, ein solches Vorhaben erfordere auch Kapital und von daher sei jeder Beitrag zu einer finanziellen Beteiligung sehr begrüßenswert. Erstaunlich plötzlich löste sich nun die Gesellschaft auf, weil jeder feststellte, wie fortgeschritten die Stunde schon sei, und sich eilig entfernte. Zur Ehrenrettung der Anwesenden sei hinzugefügt, daß sie sich zu einem späteren Zeitpunkt, nach reiflicher Überlegung, sehr generös zeigten und sowohl Zeit als auch Geld investierten. Doch an jenem Tag stand ich nun da, ohne jedes Wissen über das Verlagswesen, ohne Ausrüstung, ohne Geldmittel.

Ich war nahe daran, die ganze Sache fallenzulassen, doch die Idee hatte mich gepackt und ließ mich nicht mehr los. Es blieb also die dringende Frage, wie die nötigen Finanzen zu beschaffen waren. Es galt, jemanden zu finden, der nicht nur wohlhabend, sondern dabei noch spendabel war. Leider sind beide Eigenschaften selten in einer Person vereinigt. Schließlich machte der Zeitungsverleger Frank Garnett den Anfang mit einem Beitrag von siebenhundert Dollar. Damit war der Stein ins Rollen gebracht. Weitere Geldgeber fanden sich ein, bis unser Startkapital auf siebentausend Dollar angewachsen war.

Da wir keine Werbung in die Zeitschrift aufnehmen wollten, hing alles von der Zahl der Käufer beziehungsweise der Abonnenten ab. Das Geschäft lief sehr langsam an. Als wir zwanzigtausend Abonnenten für das Magazin zählten, wurde das gepachtete Büro durch einen Häuserbrand zerstört, und wir mußten noch einmal von vorn anfangen. Schließlich, als wir bei vierzigtausend Abonnenten angelangt waren, mußten wir feststellen, daß die laufenden Kosten bedeutend schneller in die Höhe geklettert waren als die Einnahmen. Die finanzielle Situation war sogar so bedrohlich, daß wir mit der Möglichkeit eines Konkurses rechneten.

Eine außerordentliche Vorstandssitzung wurde anberaumt, um die Lage zu klären und, wenn möglich, eine Lösung auszuarbeiten. Die Stimmung war ausgesprochen düster. Niemand aus dem Vorstand konnte mit einer Idee aufwarten; es war, als wären alle von einer geistigen Starre befallen. Eine Besucherin, die früher einmal fünfundzwanzigtausend Dollar für das Unternehmen gespendet hatte, nahm ebenfalls an der Vorstandssitzung teil; vielleicht war sie bereit, uns ein weiteres Mal zu unterstützen? Doch dem war nicht so; die Stimmung sank fast bis auf den Nullpunkt, als sie gleich zu Beginn erklärte: »Meine Herren! Um von vornherein jeden Zweifel auszuräumen: Von meiner Seite ist kein einziger Cent mehr zu erwarten!«

Damit war uns allen klar: Das Magazin würde keine Zukunft mehr haben!

»Aber«, fuhr sie fort, »vielleicht kann ich etwas beisteuern, was für Sie am Ende wertvoller ist als jeder Geldbeitrag.«

Niemand unter uns konnte sich angesichts der vielen unbezahlten Rechnungen auf dem Tisch vorstellen, was in dieser Situation wertvoller wäre als Geld.

»Ich werde einen Vorschlag beisteuern, der Ihnen alle Mittel an die Hand geben kann, die zum Fortbestehen des Magazins erforderlich sind.«

Daraufhin begann sie mit einer Bestandsaufnahme der Situation. Sie fragte, wie viele Abonnenten wir nach unserer Schätzung benötigten, damit das Magazin eine solide finanzielle Basis bekäme. Ohne mir sicher zu sein, nannte ich als geschätzte Zahl einhunderttausend, was bedeutete, daß ein Weiterbestehen, und zwar eines auf solider Basis, nur möglich schien, wenn wir noch etwa sechzigtausend Abonnenten gewännen.

»Sehen wir den Fakten ins Gesicht«, sagte die energische Frau. »Es fehlt uns an allem möglichen, an Geld, Abonnenten, Ausrüstung, Phantasie, Ideen. Und woran liegt das

Ihrer Meinung nach? Unserem Unternehmen fehlt so vieles, weil unsere Gedanken sich ständig um das Thema des Fehlens drehen. Unsere negativen Gedanken und ständigen Befürchtungen haben zu dieser Lage geführt.«

Diese Betrachtungsweise war für uns alle damals nicht nur neu, sie erschien uns sogar, um ehrlich zu sein, ziemlich unwahrscheinlich. Allerdings mußten wir gerechterweise zugeben, daß sich unser Denken tatsächlich in negativen Bahnen bewegte.

»Was raten Sie also?« fragte ich.

»Ganz einfach«, lautete die Antwort, »unternehmen Sie etwas gegen diese schädlichen, zerstörerischen Gedanken. Verbannen Sie sie aus Ihren Köpfen!«

»Geht denn das?« erwiderte ich. »Besteht nicht die Gefahr, daß sich unsere Gedanken um so tiefer in unserem Bewußtsein einnisten, je mehr wir uns anstrengen, sie zu vertreiben? Können wir denn auf unsere Gedanken einwirken? Oder sind es nicht vielmehr die Gedanken, die auf uns und unser Handeln einwirken?« Kaum hatte ich diese Meinung geäußert, klang sie mir bereits wenig überzeugend.

Eine Mischung aus Verachtung und Mitleid lag in ihrem Blick, als sie entgegnete: »Diese willensschwache Einstellung ist nicht gerade schmeichelhaft für Sie. Kennen Sie nicht die Worte des großen Platon?«

Heute sind mir Platon und die Werke dieses bedeutenden Philosophen selbstverständlich ein Begriff; damals aber war es um meine Kenntnisse der griechischen Klassiker weniger gut bestellt; doch um meinen Mangel an Bildung nicht eingestehen zu müssen, antwortete ich mit einer Gegenfrage: »Auf welchen der vielen bekannten Aussprüche Platons spielen Sie an?«

»Ich spiele auf ein Zitat an, das Sie vermutlich noch nie gehört haben. Es lautet nämlich: ›Nimm deine Gedanken an die Zügel, und du wirst sehen, daß sie sich ganz nach Wunsch lenken lassen.‹«

Die Wahrheit dieser Behauptung bestätigte sich noch am selben Tag, denn wir lernten im weiteren Verlauf der Sitzung, sie uns zunutze zu machen. Nicht als ohnmächtige Wesen, die ihrem Schicksal schutzlos ausgeliefert sind, sind wir erschaffen worden; vielmehr sind wir mit wunderbaren Geistesgaben ausgestattet, dank derer wir unser Leben selbst bestimmen können; wir haben es in der Hand, unser Denken – und damit auch unser Handeln – in die gewünschten Bahnen zu lenken.

Doch zunächst herrschte noch Ratlosigkeit. »Wie können wir das bewerkstelligen?« fragte ich.

»Verbringen Sie die nächste Viertelstunde damit, jeden Gedanken an ein Scheitern zu vertreiben. Machen Sie sich völlig leer. Dann ist es wichtig, neue schöpferische Gedanken an die Stelle der alten zu setzen, denn der Zustand der Leere läßt sich nicht lange aufrechterhalten. Die alten Gedankenmuster lauern geradezu darauf, ihren Platz wieder einnehmen zu können. Deshalb müssen wir in unserer Vorstellung nach konstruktiven Bildern suchen, die wir uns statt dessen vor Augen halten. In unserem Fall können Sie sich beispielsweise ein Bild von den zukünftigen sechzigtausend Abonnenten machen. Stellen Sie sich Menschen vor, die an unserem Magazin interessiert sind, die es lesen wollen und die natürlich auch« – und hier zeigte sie ihren Sinn fürs Geschäftliche – »bereit sind, dafür zu zahlen.«

Mein erster Impuls war der, ihr zu entgegnen, ich könne mir das nicht so recht vorstellen, als sich unsere Blicke begegneten. Ihre großen dunklen Augen funkelten. Im selben Augenblick ›sah‹ ich in ihren Augen die hunderttausend Abonnenten. Ihre Begeisterung und ihre Überzeugung übertrug sich auf uns, und ich sagte: »Ich kann sie sehen.«

Daraufhin fuhr sie fort: »Wenn wir sie erst sehen, bedeutet es auch, daß wir sie haben.«

Ihre Zuversicht und Begeisterung steckte uns alle an: Der Bann war gebrochen, und der Vorstand erwachte aus seiner untätigen Erstarrung. Plötzlich sprudelten Ideen und Lösungsvorschläge nur so aus uns hervor. Wenn sich auch der größte Teil der Gedanken und Einfälle als unbrauchbar erwies, so blieb dennoch ein kleiner Rest an nützlichen, wertvollen Ideen – und dieser kleine Rest reichte völlig, einen neuen Anfang zu finden.

Diese Sitzung war der Wendepunkt. Heute zählt das Magazin *Guideposts* über zwei Millionen ständige Abonnenten, und viele Betriebe legen die Zeitschrift für ihre Angestellten aus, so daß *Guideposts* wohl von knapp sechs Millionen Menschen gelesen werden dürfte.

An dieser Entwicklung haben sich – die Zahlen belegen es – wieder einmal die Erfolgsprinzipien des positiven Denkens bewahrheitet.

Lassen Sie uns nachfolgend nun die wichtigsten Anhaltspunkte auf dem Weg zum Erfolg noch einmal wiederholen:

- Stecken Sie sich stets konkrete und genau definierte Ziele.
- Scheuen Sie sich nicht, Hilfe im Gebet zu suchen, wenn Sie bei Ihrer Zielsetzung die richtigen Entscheidungen treffen wollen. Denn durch das intensive Gebet haben Sie teil an der unendlichen göttlichen Weisheit.
- Beschäftigen Sie sich immer wieder in Ihrem bewußten Denken mit dem einmal gesteckten Ziel, bis es auch Ihr Unterbewußtsein durchdrungen hat, damit Sie ganz mit ihm eins werden.
- Widmen Sie der Verwirklichung Ihres Zieles Ihre Gedanken, Ihren Fleiß, Ihre ganze Schaffenskraft.
- Geben Sie auch in widrigen Umständen nie auf – fahren Sie fort mit Ihren Bemühungen, in dem Wissen, daß Sie das Ziel erreichen werden, weil Sie daran glauben, es zu erreichen.

11

Entdecken Sie neue Kraftreserven in Ihrem Inneren!

Alle Kraftreserven, die wir jemals benötigen, sind bereits in uns vorhanden. Sie sind da für uns, damit wir uns ihrer bedienen. Die Tragweite dieser Wahrheit und ihre Bedeutung für die menschliche Existenz läßt sich an vielen Beispielen aufzeigen – mehr als jede Beschreibung von Erfahrungen Dritter wird uns jedoch die eigene Erfahrung überzeugen können. Mir selbst verhalf eine kleine Episode in meiner Jugend zu dieser Erkenntnis…

Die unerschöpfliche Quelle

Ich hatte gerade mein Studium auf dem College abgeschlossen und stand am Anfang meiner beruflichen Laufbahn, als ich gebeten wurde, in meiner Eigenschaft als Kaplan zu einem Gedenkfeiertag, dem Memorial Day, bei einer großangelegten Feier ein kurzes Bittgebet zu sprechen.

Als ich mich an jenem Maitag von Brooklyns Prospect Park einfand und die riesigen Menschenmengen sah, bekam ich es mit der Angst zu tun. Ein Ordnungshüter schätzte die Anzahl der Versammelten auf etwa fünfzigtausend! Ich bahnte mir einen Weg nach vorn zur Tribüne, um mich dem Hauptredner des Tages, dem Sohn des ehemaligen Präsidenten Roosevelt, Colonel Theodore Roosevelt, vorzustellen. Beiläufig erwähnte ich, daß ich während der Veranstaltung ein kurzes Gebet zu sprechen hatte. Das ausgelegte Programmheft belehrte mich jedoch schnell eines Besseren. Zu meiner grenzenlosen Verblüffung mußte ich feststellen, daß ich als Vortragsredner aufgeführt worden war, und zwar direkt vor Colonel Roosevelt. Schwarz auf weiß verkündete das Programm: »Ansprache von N.V. Peale, Kaplan der *American Legion of Kings County*«.

Ich schluckte, schluckte nochmals, erstarrte. Natürlich hatte ich nichts in dieser Richtung vorbereitet. Was sollte ich nur tun? Aufgeregt lief ich zum Programmleiter: »Das muß ein Irrtum sein. Ich sollte eine kurze Fürbitte sprechen, und nun, hier im Programm, bin ich mit einer Ansprache angekündigt!«

»Wenn Sie für eine Rede aufgestellt sind«, entgegnete er lapidar, »werden Sie auch eine halten müssen!«

Ich war verzweifelt: »Aber das ist völlig unmöglich! Ich habe kein Konzept, kein Thema, nichts! Außerdem«, fügte ich hinzu, »schauen Sie sich diese Menschenmenge an! Jemand anderes wird für mich einspringen müssen...«

Colonel Roosevelt, der den Wortwechsel verfolgt hatte, wandte sich mir zu: »Was ist los mit dir, mein Junge? Hast du Angst?« Es war ihm nicht entgangen, daß mich diese Menschenansammlung in helle Panik versetzte.

»Ich habe doch überhaupt nichts vorbereitet. Wie kann ich in der verbleibenden Zeit eine Rede entwerfen?« klagte ich.

»Es wird gehen«, beschwichtigte er mich. »Und ich werde dir auch sagen, wie. Als erstes mußt du aufhören, dir selber Angst zu machen. Besinne dich auf deinen Mut! Und noch etwas ist wichtig: Du mußt aufhören, dich selbst zu bemitleiden. Wende deine Aufmerksamkeit statt dessen anderem zu.« Er führte mich ein Stück an der Rednertribüne entlang und machte mich auf eine Gruppe Frauen im Publikum aufmerksam. »Weißt du, warum diese Frauen und Mütter hier sind?« Es waren, das wußte ich, Mütter, von denen jede einen Sohn im Krieg verloren hatte. »Diese Frauen trauern um ihre Söhne. Versetze dich in ihre Lage, versuche, ihren Kummer nachzuempfinden, und dir werden im richtigen Moment die geeigneten Worte einfallen, mit denen du sie in deiner Ansprache erreichen kannst. Denke während deines Auftritts nur nicht über die eigene Situation nach, sondern richte deine ganze Aufmerksamkeit in das Publikum, um mit den Menschen zu fühlen, zu denen du sprichst.«

Als er mein unschlüssiges Gesicht sah, wiederholte er mit Nachdruck: »Es wird gehen!« Die Begründung, die er dann lieferte, habe ich bis heute nicht vergessen: »Hör zu, Norman! Alle Kraftreserven, die du jemals brauchst, sind bereits in dir vorhanden! Du mußt sie nur noch herausholen! Jegliche Kräfte und Fähigkeiten, also auch die Gedanken und Worte, die du für deine Rede brauchst, sind schon in dir angelegt. Entspanne dich – und hör auf, dich zu sorgen, damit diese Kräfte ungehindert wirksam werden können.« Er schlug mir liebevoll auf die Schulter. »Nur Mut!«

Ich holte tief Luft und fügte mich in mein Schicksal. »Also gut, Colonel, ich werde es versuchen. Aber es wird sicher eine sehr kurze Rede werden.«

»Je kürzer sie ausfällt, desto besser für alle!« entgegnete Roosevelt. »Vergiß nur nicht, deine Aufmerksamkeit und dein Mitgefühl ganz dem Publikum zu widmen, dann ist kein Platz mehr für irgendwelche Ängste.«

Im Anschluß an meine bescheidene Rede kam Roosevelt noch einmal auf mich zu, um mich zu beglückwünschen. »Das war großartig! Alle hörten dir wie gebannt zu!« Wenn er auch maßlos übertrieb, so war ich ihm doch unendlich dankbar für seinen wohltuenden Zuspruch.

Seine Ratschläge hatten sich als nützlich erwiesen. In dem Maße, wie wir unseren Geistesgaben vertrauen, werden sie auch zu gegebener Zeit die erforderlichen Resultate erzielen. Allerdings müssen wir uns selbst, unsere egoistischen Ängste und kleinlichen Sorgen vergessen können. Wenn wir uns einer Aufgabe stellen, sie annehmen, uns mit ihr auseinandersetzen, wenn wir uns in sie vertiefen, ihr also unsere ganze Aufmerksamkeit widmen, ja, unsere gesamte Persönlichkeit auf sie konzentrieren, dann wird uns folgende Wahrheit, auf die wir uns in dieser Situation voll und ganz verlassen können, bewußt werden: *Die Macht unseres Unterbewußtseins stellt eine unerschöpfliche Kraftquelle dar!*

So lautet übrigens auch der Titel eines der berühmtesten Bücher innerer und äußerer Entfaltung: *Die Macht Ihres Unterbewußtseins* – von Dr. Joseph Murphy (Ariston Verlag, Genf), das allein in deutscher Übersetzung von bald einer Million Menschen gekauft und mit größtem Gewinn gelesen wurde. Denken Sie stets daran: *Die Macht Ihres Unterbewußtseins stellt eine unerschöpfliche Kraftquelle dar.* Aus ihr können Sie schöpfen, wenn Sie nach dem Grundsatz handeln: *Du kannst, wenn du glaubst, du kannst.* Denn was Sie zu denken vermögen, können Sie auch in die Tat umsetzen!

Das Wesen des Menschen artikuliert sich jedoch nicht allein in mechanischen Denkvorgängen. Vielmehr ist es so, daß sich Bewußtsein und Unterbewußtes ergänzen, daß sie unmittelbar zusammenwirken, eine Symbiose bilden. Wenn Sie an die Ihnen innewohnenden Kräfte glauben, dann sollten Sie sich ihnen auch anvertrauen, um somit bewußt zu erleben, wie Sie dadurch mit der unendlichen göttlichen Weisheit verbunden sind. Dieses geistige Element in uns Menschen ermöglicht es uns demnach, daß wir die Verbindung zu Gott und zur göttlichen Kraft herstellen können. Wenn es im *Evangelium nach Lukas* (17,21) heißt: »Denn sehet, das Reich Gottes ist inwendig in euch«, so ist hier die Rede von ebendieser Wahrheit der göttlichen Kraft, an der wir durch unseren Geist teilhaben. Die Aussage, alle Kräfte seien bereits in uns angelegt, fußt also auf dieser Grundlage und ist somit gleichzeitig ein Bekenntnis zur göttlichen Wirklichkeit in uns. Lassen wir daher die Kräfte frei fließen – hervorgerufen durch spirituelle Versenkung und den festen Glauben an diese Wirklichkeit!

Der innere Quell geistiger Kraft

Daniel Negris war von Kindheit an ein musikalisches Genie. Er improvisierte Melodien und Rhythmen am Klavier wie kein anderer. Im Alter von fünfzehn Jahren spielte er bereits in Tanzbands mit. Auf der Höhe seiner Karriere trat er sogar mit solchen Größen des amerikanischen Jazz wie Billie Holliday, Dizzy Gillespie oder Coleman Hawkins zusammen auf.

Daniel war noch keine Zwanzig, als er zum ersten Mal mit Drogen in Berührung kam. Eines Abends spielte ein neuer Saxophonist in seiner Band mit, der in der Pause eine schlanke, überlange Zigarette aus seiner Hemdtasche holte und dem jungen Daniel anbot – es war Marihuana. Da er sich seine Unerfahrenheit nicht anmerken lassen wollte, griff Daniel zu und nahm einen tiefen Zug. Erst spürte er gar nichts, doch nach einer Weile überkam ihn eine seltsame Benommenheit.

Nach diesem ersten Mal schien er dazuzugehören. Wenn der ›Joint‹ kreiste, machte er mit. Immer häufiger griff er zur Droge, ja, schließlich wollte er schon am frühen Morgen den berauschenden Zustand erleben.

Es dauerte nicht lange, da wurde er neugierig auf Heroin. Mit jeder Spritze ging es weiter bergab. Er ließ sich gehen, bis er jede Kontrolle über sich verlor und in einen Zustand der Gleichgültigkeit versank. In den wenigen Momenten, in denen er klar denken konnte, verfluchte er das Heroin, verfluchte er seine Sucht, doch Augenblicke später war der Drang nach der nächsten Spritze wieder da; die ›Szene‹ ließ ihn nicht mehr los. Immer häufiger erschien er zu spät bei den Proben; er verlor seinen Job. Die nächsten Engagements glichen eher Gastspielen, die zudem immer kürzer wurden; der Teufelskreis schien sich geschlossen zu haben.

Daniel Negris merkte, daß es so nicht weitergehen konnte. Er brauchte Hilfe, doch an wen konnte er sich in seiner Not wenden?

Seine Mutter hatte sich zur Angewohnheit gemacht, ihrem Sohn eine Bibel in den Koffer zu legen, wann immer er auf Reisen ging. Daniel benutzte sie nie, doch er ließ seine Mutter gewähren.

Eines Tages, in einem billigen, kahlen Hotelzimmer, überkam ihn die ganze Hoffnungslosigkeit seiner Lage. Er fühlte sich leergebrannt und mutlos. Er wollte nicht mehr weiterleben. Er starrte vor sich auf den Boden, als ihm die Bibel in seinem Koffer in den Sinn kam. Er packte sie aus und begann zu blättern. Zufällig hatte er das *Evangelium nach Matthäus* aufgeschlagen. Er las (11,28): »Kommt her zu mir alle, die ihr mühselig und beladen seid; ich will euch erquikken.« Ihm war, als wandten sich diese Worte direkt an ihn! Er wurde überwältigt von einer tiefen Scham und von Reue über sein Vorgehen, das ihn in diese prekäre Situation gebracht hatte. Schließlich sprang er abrupt auf und spülte seinen ganzen Vorrat an Drogen die Toilette hinunter.

Daniel fiel auf die Knie, weinte, betete. Da geschah etwas mit ihm. Er fühlte sich ›durchdrungen vom Geist Christi‹, wie er selbst sagte, und ›innerlich gereinigt von Gottes Liebe‹. Später schrieb er: »Seit jener Nacht habe ich nie wieder Drogen angefaßt. Mein Absprung vom Rauschgift war total.«

Die seelische Kraft, den dramatischen Wendepunkt herbeizuführen und aus dem Teufelskreis auszubrechen, schöpfte er aus der inneren Quelle geistiger Kräfte, als er sich ihr öffnete und sich glaubend und vertrauend auf sie einstimmte.

Der Vorteil in jedem Nachteil

Jeder Zweifel und jedes Mißtrauen an unseren inneren Kraftvorräten kann deren freie Entfaltung hemmen, kann den Zustrom an Kraft blockieren. Umgekehrt aber trägt der Glaube an diese Kräfte dazu bei, sie in bislang ungekanntem Ausmaße freizusetzen. Auch der Begründer der angewandten Psychologie, William James, bekannte sich zu der Ansicht, daß der Glaube und das Denken Tatsachen schaffen! Schon aus diesem Grund ist es so wichtig, jeden Zweifel, jedes Mißtrauen, alle negativen Gedanken aus dem Bewußtsein fernzuhalten. »Blockiere dich nicht selbst!« pflegte ein alter Freund von mir stets zu sagen.

Andererseits liegt es selbstverständlich in der menschlichen Natur, gelegentlich den Mut zu verlieren und alles in Zweifel zu ziehen, besonders dann, wenn wir uns dem Lauf der Dinge gegenüber ohnmächtig fühlen und wenn zu viele Schwierigkeiten auf uns einstürmen. Doch gerade in solchen Momenten ist es äußerst wohltuend, sich an folgende unumstößliche Wahrheit zu erinnern: Alle erforderlichen Kräfte tragen wir bereits in uns! Nur dürfen wir diese wunderbaren Gaben in unseren geistigen Tiefen nicht durch übergroße Skepsis blockieren, was etwa dann geschieht, wenn wir uns von Gefühlen der eigenen Wertlosigkeit überwältigen lassen und uns eine großartige Leistung nicht zutrauen.

In jedem von uns steckt viel mehr, als wir normalerweise ahnen! Es bedarf nicht einmal einer lebensbedrohlichen Krise, um das in uns schlummernde Potential freizusetzen – vielmehr können wir auch zur Bewältigung von Alltagssituationen auf jene Kräfte in uns zurückgreifen. Je mehr wir uns diesen Kräften anvertrauen, desto sicherer werden wir auch auftretende Schwierigkeiten meistern.

Wie diese vertrauensvolle Haltung in einer Krise aussehen kann, kam recht deutlich in Franks Verhalten zum Ausdruck, als er plötzlich arbeitslos wurde...

Ich erkundigte mich beiläufig nach seinem Befinden, und er antwortete ebenso beiläufig, er habe seine Arbeitsstelle verloren. Es war erstaunlich, wie ruhig und gefaßt er anläßlich eines solchen Schlages blieb. Soviel ich wußte, hatte er eine gutdotierte Position in seiner Firma bekleidet. Auch hatten bisher alle Anzeichen auf eine gute Karriere hingedeutet. Was immer der Grund für seine plötzliche Entlassung war, ob betriebsinterne Querelen oder eine geänderte Personalpolitik, jedenfalls wurde er zusammen mit einem weiteren Kollegen von heute auf morgen entlassen.

»Einfach so«, sagte er, »und nun stehen wir beide auf der Straße.« Er tat mir aufrichtig leid, doch bevor ich ihm noch Mut zusprechen konnte, fügte er schon in zuversichtlichem Ton hinzu: »Keine Angst, ich werde schon damit fertig.« Seine Haltung war bewundernswert.

»Doch was werden Sie jetzt machen?« fragte ich besorgt.

»Ein fertiges Konzept habe ich noch nicht. Ich muß erst einen neuen, konstruktiven Denkansatz finden. Ich werde Sie auf dem laufenden halten«, versprach er zum Schluß.

Ob er ganz bewußt oder eher instinktiv seinen Kräften vertraute, auf jeden Fall war er voller Zuversicht, einen Weg zu finden. Natürlich ließ er es nicht bei einer theoretischen Hoffnung bewenden, sondern verlegte sich aufs Handeln. Als ersten Schritt überwand er seine negativen Gefühle, die Ressentiments und den Haß auf diejenigen, die ihm das Unglück zugefügt hatten. Dem gekränkten Stolz setzte er als positives Gegengewicht die Überzeugung entgegen, daß aus jedem Nachteil ein neuer Vorteil, aus jedem Unglück ein Gewinn erwachsen kann. Sein beharrliches Nachdenken brachte schließlich eine ausgezeichnete Idee zutage. Er entschloß sich, ein Bewerbungsschreiben ganz besonderer Art abzufassen und an alle in Frage kommenden Unternehmen in seiner Gegend zu verschicken. Dem in sachlichem Ton gehaltenen Schreiben fügte er die üblichen Unterlagen bei, aus denen seine Ausbildung und seine beruflichen Qualifikationen zu erkennen waren. Doch er tat noch etwas anderes, etwas Ungewöhnliches: Er nannte ganz offen auch seine schwachen Seiten. Abschließend gab er der Hoffnung Ausdruck, daß seine Mitarbeit in einem der Betriebe vielleicht von Interesse und Nutzen sein konnte.

Von den etwa hundert angeschriebenen Unternehmen zeigten sich mehrere interessiert, so daß er die Auswahl zwischen verschiedenen vielversprechenden Angeboten hatte. Die Stellung, für die er sich dann entschied, stellte sich am Ende als viel lohnenswerter heraus als die Position, die er verloren hatte – sowohl was seine Aufstiegsmöglichkeiten als auch den Tätigkeitsbereich selbst betraf.

Der Kollege, den das gleiche Mißgeschick wie Frank ereilt hatte, tat sich besonders anfangs bedeutend schwerer, mit seiner Situation zurechtzukommen. Er verstrickte sich in Ärger und Bitterkeit wegen des Unrechts, das man ihm angetan hatte. Der Haß zehrte seine Kräfte auf. Aus Sorge um die Zukunft griff er mehr und mehr zur Flasche und geriet allmählich in einen Teufelskreis, aus dem es immer schwerer wurde, auszubrechen. Als er sich keinen Rat mehr wußte, begab er sich in psychotherapeutische Behandlung. Durch fachkundige Hilfe gelang es ihm endlich, einen neuen Anfang zu finden. Mit der ersten bescheidenen Arbeitsstelle, die er schließlich fand, gewann auch er neue Hoffnung zurück, so daß es langsam wieder bergauf gehen konnte.

Charles F. Kettering, das große Erfindergenie, sagte einmal: »Was interessiert mich die Vergangenheit? Mein Interesse gilt der Zukunft, denn dort werde ich den Rest meines Lebens verbringen!« Diese Zukunft, das Leben, das noch vor uns liegt, können wir durch unsere Denkweisen und geistigen Einstellungen bestimmen und gestalten. Rückschläge, so bitter sie mitunter auch sein mögen, muß jeder von uns erleiden. Doch wer sich einmal davon überzeugen konnte, wie jeder Fehlschlag wieder zum Guten, jeder Nachteil wieder in einen neuen Vorteil verwandelt werden kann, der braucht sich nicht länger um Vergangenes zu grämen, sondern er richtet seinen Blick vertrauensvoll auf die Zukunft, die alle Möglichkeiten für ihn bereithält. Auf dieser Grundlage können wir gestaltend und lenkend auf den Lauf der Ereignisse einwirken, und unsere Kraft wird uns nicht im Stich lassen.

Die geistige Kopfwäsche

Vielfach stehen wir uns jedoch mit einer unrichtigen, weil negativen Einstellung selbst im Wege. Das Kräftereservoir in unserem Inneren bleibt uns nämlich so lange nicht zugänglich, wie wir geistige Blockaden aufgebaut haben. Irrtümer, Denkfehler oder übertriebenes Nachsinnen über vergangene Fehler und Mißerfolge wirken in uns wie Fremdkörper und Barrieren, die den freien Fluß unserer großartigen Kräfte hemmen und blockieren. Nun können wir aber unser Denken durch stetiges Lernen und Üben schulen, so daß sich im Laufe der Zeit ein immer schärferes Urteilsvermögen einstellt, was die beste Grundlage für immer mehr richtige Entscheidungen bietet. Um unsere geistigen Kräfte also frei und ungehindert strömen zu lassen und uns ihrer richtig zu bedienen, müssen wir zunächst eventuell vorhandene Fremdkörper und Blockaden beseitigen und uns von unnötigem, hemmenden Ballast befreien. Dieser Prozeß kann stetig und allmählich vonstatten gehen, er kann aber auch auf drastische Weise, in Form einer plötzlichen Selbsterkenntnis, auftreten, wie es bei einem meiner engsten Freunde, Louis, geschah.

Louis war ein Mensch, der alle Höhen und Tiefen des Lebens auskostete – am Anfang seiner Laufbahn allerdings mehr die Tiefen, um der Wahrheit die Ehre zu geben. In Krisenzeiten lief er mir ständig die Türen ein, um mir sein Leid zu klagen. Warum, fragte er, liefe denn immer alles schief, was er nur anfasse? »Warum kommt nie etwas Vernünftiges bei meinen Unternehmungen heraus? Bin ich zu dumm? Oder woran liegt es?« Was er von mir zu erwarten schien, war wohl so etwas wie eine psychologische Gesprächstherapie. Deshalb empfahl ich ihm auch immer wieder, sich mit seinen Problemen doch an einen guten Therapeuten zu wenden, der sich, anders als ich, entsprechend viel Zeit für ihn nehmen und vielleicht auch zu einer Lösung beitragen könnte. Doch Louis zog es scheinbar vor, sein Herz bei mir auszuschütten.

Einmal, als er wieder bei seinem Lieblingsthema, dem ewigen Scheitern, angelangt war, fügte er einen neuen Gedanken hinzu: »Außerdem schmerzt es mich.«

»Es schmerzt? « fragte ich erstaunt, denn ich konnte mir nicht vorstellen, daß Louis an Schmerzen litt, weil er recht gesund aussah.

»Ich meine keine körperlichen Schmerzen, sondern eher die geistig-seelischer Art. So etwas wie Schmerzen im Denken.«

Das war ein merkwürdiges, aber vielleicht sehr treffendes Bild seiner inneren Verfassung. Mir fiel eine Parallele dazu ein, die ich ihm nun schilderte: Ein Mann in Neuengland befand sich in zahnärztlicher Behandlung. Der Arzt war gerade dabei, den kranken Zahn für eine Plombierung vorzubereiten, als durch einen unglücklichen Zufall der Bohrer abbrach. Sorgfältig und peinlich genau entfernte der Zahnarzt alle Bruchstücke aus dem schadhaften Zahn, und der kleine Zwischenfall war schon bald wieder vergessen. Doch Monate später stellten sich bei dem Patienten Schmerzen im Nacken ein. Noch dachte niemand an einen Zusammenhang mit dem Vorfall in der Zahnarztpraxis. Erst viel später, als die Schmerzen stetig weiterwanderten, in die linke Schulter und dann weiter bis in die Arme, machte man eine Röntgenaufnahme, die als Ursache der peinigenden Schmerzen einen winzigen Fremdkörper entlarvte, der sich bei näherer

Untersuchung als ein Splitter des zerbrochenen Bohrers herausstellte.

Diesen Vorfall nahm ich nun zum Anlaß, meinen Freund Louis darauf hinzuweisen, daß er vielleicht in einem ähnlichen Sinne einen Fremdkörper in seinen Geist hatte eindringen lassen, der nun irgendwo schwärte und so etwas wie eine geistige Infektion verursachte, die vielleicht die Ursache seiner ›Schmerzen‹ war.

»Beispielsweise ein nicht ganz lupenreines Geschäft?« gab ich ihm zu bedenken.

»Von denen gibt's in meinem Leben 'ne ganze Menge«, war die entwaffnend ehrliche Antwort.

Die Ärztin Sarah Jordan von der Lahey-Klinik wies auf die Bedeutung einer seelisch-geistigen Hygiene hin, indem sie ihren Patienten stets empfahl: »Nehmen Sie täglich auch eine geistige Kopfwäsche vor!« In diesem Sinne drang ich nun auf Louis ein, die unterschwellig bohrende Angelegenheit doch besser zu bereinigen. Wie sich später herausstellte, war er sich durchaus im klaren, was es war. Als er die Sache wenig später in Ordnung gebracht hatte, verschwanden auch seine seltsamen Schmerzen.

Ansonsten lief jedoch alles auf den eingefahrenen Gleisen weiter, und seine beharrlichen Besuche und Klagen verfolgten mich wie eh und je. Es war immer dasselbe Lied: »Was ist nur los mit mir? Warum geht immer alles schief?«

Eines Nachmittags, als ich gerade nach Pennsylvania aufbrechen wollte, um dort einen Redetermin wahrzunehmen, lief Louis mir auf der Straße vor meinem Haus über den Weg. Kaum hatte ich ihm erklärt, daß ich mich gerade im Aufbruch befand, fiel er mir schon ins Wort: »Dann komme ich eben mit!« Ohne meine Antwort abzuwarten, stieg er in den bereitstehenden Wagen. Es blieb mir nichts anderes übrig, als mich in mein Schicksal zu fügen. Da ich mir vorgenommen hatte, unterwegs noch über meine bevorstehende Rede nachzudenken, schlug ich nun vor: »Also gut, Louis, aber dann fahre du, damit ich etwas Ruhe habe und an meinen Unterlagen arbeiten kann.« Er setzte sich ans Steuer – aber es war hoffnungslos, denn er konnte keine fünf Minuten schweigen. Unentwegt bekam ich auf der über zweihundert Kilometer weiten Fahrt die alte Leier zu hören. Auf der Rückfahrt war es das gleiche. Immer nur ging es um die eine Frage: »Warum läuft alles nur so verkehrt mit mir?«

Es war schon spät, als wir beschlossen, noch einen Imbiß zu uns zu nehmen. Wir kehrten in einem kleinen, gemütlichen Lokal ein und nahmen auf Barhockern an der Theke Platz. Plötzlich, aus heiterem Himmel, als wäre wer weiß was in ihn gefahren, schlug Louis mit der Faust heftig auf die Theke, so daß Geschirr und Bestecke klirrten. »Ich hab's!« rief er immer wieder lautstark aus. »Wie konnte ich nur so begriffsstutzig sein? Nun weiß ich, warum alles so verkehrt läuft! Ich selbst war innerlich völlig verkehrt!«

Die anderen Gäste drehten sich nach uns um und starrten uns mit großen Augen an. Louis schien das jedoch nicht im geringsten zu kümmern – er war viel zu sehr mit sich selbst und mit seiner plötzlichen Einsicht beschäftigt.

Für den Rest der Heimfahrt war er ausgesprochen heiter. Er war buchstäblich so in Fahrt, daß ich ihn wiederholt ermahnen mußte, die Geschwindigkeit doch etwas zu drosseln. Scherzhaft bemerkte ich: »Wer hätte geahnt, daß ein kleiner Imbiß einen Menschen derart beflügeln kann!«

Louis beschrieb mir sein Erlebnis so: »Es war, als ob ein Vorhang vor meinem Inneren plötzlich beiseite geschoben worden wäre. Eine ganz neue Sicht tat sich vor mir auf. Glaub mir, wenn es auch nur einen Sekundenbruchteil dauerte, so reichte dieser Moment, mir zu der Einsicht zu verhelfen, daß in mir viel mehr Möglichkeiten angelegt sind, als ich bisher ahnte. Du wirst schon sehen, wie es von nun an anders laufen wird!«

Er sollte recht behalten mit seiner optimistischen Prophezeiung. In der Folgezeit hatte ich oft Gelegenheit, über seine phantastischen Leistungen zu staunen. Es war wirklich bemerkenswert, wie sich seine ganze Haltung von Grund auf geändert hatte. Auf einmal hatte er sich völlig in der Hand, und was er auch anfaßte, am Ende stand immer der Erfolg. – Hier hatte ein Mensch sich selbst gefunden und entfaltete fortan sein inneres Potential auf wunderbare Weise!

Die ›Wenn nur‹-Haltung

Der amerikanische Schriftsteller Arthur Gordon schildert cinc cindrucksvolle Etappe aus seiner eigenen Entwicklung, die zeigt, wie er lernte, sich auf seine geistigen Kraftquellen zu besinnen:

»Es war ein winterlicher, verregneter Nachmittag in Manhattan. Ich saß in einem kleinen französischen Restaurant. An dem Tag fühlte ich mich deprimiert und niedergeschlagen, weil ein Plan, auf den ich meine ganzen Hoffnungen gesetzt hatte, gescheitert war. Selbst der Gedanke an die bevorstehende Verabredung mit einem guten Freund, den ich immer nur voller Zuneigung den ›Alten‹ nannte, konnte meine trübsinnige Stimmung nicht heben. Ich starrte nur vor mich hin auf das karierte Tischtuch, während ich in Gedanken dem Unglück, das mir soeben geschehen war, nachhing.

Schon von weitem sah ich den ›Alten‹ auf das Lokal zukommen. Er trug einen vorsintflutlichen Regenmantel, und sein alter, verbeulter Filzhut war tief in die Stirn gezogen. Sein Erscheinungsbild ließ kaum vermuten, daß es sich um den bedeutenden Psychiater der Gegend handelte. Seine Praxis befand sich sogar ganz in der Nähe. Ich wußte, daß er erst jetzt seine Sprechstunde beendet hatte. Obwohl der alte Mann schon auf die Achtzig zuging, stand er mit beiden Beinen noch voll im Leben.

Kaum hatte er mich erblickt, fragte er auch schon, ohne lange Einleitung: ›Nun, junger Freund, was liegt dir auf dem Herzen?‹ Seine scharfe Beobachtungsgabe und Menschenkenntnis waren mir vertraut, deshalb überraschte mich seine Frage nicht weiter. Vielmehr kam ich gleich zum eigentlichen Thema und breitete meine Sorgen und Kümmernisse vor ihm aus. Ich versuchte, nichts zu beschönigen, denn ich selbst trug ja die Schuld an dem Scheitern. Also schilderte ich ihm die Einzelheiten, meine falschen Urteile, meine Fehlentscheidungen. Wenn ich ehrlich bin, empfand ich bei meinen Selbstbezichtigungen sogar einen seltsamen Stolz, den Stolz des Verlierers.

Nachdem der Alte mir eine Viertelstunde geduldig zugehört hatte, schlug er vor: ›Laß uns zu mir ins Büro gehen. Dort werde ich dir etwas zeigen.‹ In seinem Sprechzimmer angekommen, griff er zielstrebig nach einer Schachtel, die mehrere Tonbandkassetten enthielt, und legte eine von ihnen in sein Tonbandgerät. ›Auf diesem Band‹, erklärte er, ›sind Aufzeichnungen dreier Patienten, die bei mir in Behandlung waren. Ich möchte, daß du dir diese Aufnahmen aufmerksam anhörst. Vielleicht fällt dir etwas auf, das allen dreien gemeinsam ist, etwas an ihrer Art zu reden.‹ Er lächelte mich an: ›Schau nicht so verdutzt. Ich habe schon meine Gründe.‹

Was den Stimmen auf dem Band vor allem anderen gemeinsam zu sein schien, war ihr geradezu hörbares Unglücklichsein. Als erstes vernahm ich eine Männerstimme, die von einem Verlust berichtete. Der Mann beschuldigte sich, nicht vorausschauend genug gewesen zu sein und nicht hart genug gearbeitet zu haben. Die Frau, deren Stimme ich danach hörte, bedauerte voller Selbstmitleid die zahlreichen Ehechancen, die sie ungenutzt hatte verstreichen lassen. Der Grund für ihr Verhalten war in einem falsch verstandenen Pflichtgefühl ihrer alleinstehenden Mutter gegenüber zu finden, die von ihrer Tochter erwartete, ständig für sie dazusein. Die dritte Stimme war die einer Mutter, deren Sohn bereits als Jugendlicher straffällig geworden war. Sie machte sich endlose Vorwürfe, seine Erziehung vernachlässigt zu haben.

Der ›Alte‹ schaltete das Band aus und lehnte sich in seinem Sessel zurück. ›Sechsmal insgesamt ist auf dem Band eine Redewendung benutzt worden, die voller Gift steckt – ist sie dir aufgefallen?‹

Ich schüttelte den Kopf.

›Vielleicht hast du nichts gemerkt, weil dir die Wendung selbst so vertraut ist?‹

Er nahm die Schachtel, warf sie mir zu und forderte mich auf, die fein säuberlich in roter Tinte geschriebene Beschriftung zu lesen. Da standen nur die zwei Worte: *Wenn nur*...

›Das sind die traurigsten Worte, die man benutzen kann‹, war seine Meinung. Sicher sprach er aus Erfahrung. ›Wie oft habe ich mir hier in diesem Zimmer solche Wendungen anhören müssen, wie oft beginnen die Patienten ihre Klagen mit diesen zwei Worten! *Wenn* ich *nur*, so sagen sie, etwas anderes unternommen hätte. *Wenn* ich *nur* meine Beherrschung nicht im falschen Moment verloren hätte, *wenn* ich *nur* nicht gelogen hätte, *wenn* ich *nur* klüger gewesen wäre. *Hätte, wenn* und *aber*. *Wenn nur* mein Egoismus mich nicht zu dieser Tat verleitet hätte, *wenn nur* die Umstände andere gewesen wären... Manchmal gebe ich den Ratsuchenden ihre eigenen Aufnahmen zu hören, damit ihnen diese negative Art zu reden bewußt wird. Oft kann schon allein die Bewußtmachung dieser unzuträglichen Denkweise zu einem neuen Anfang führen.

Ein solches Denken‹, fuhr der ›Alte‹ fort, ›ist nämlich deshalb so schädlich, weil man damit doch nichts ändern kann. Es fixiert uns nur auf die falsche Richtung. Unsere Aufmerksamkeit bleibt auf die Vergangenheit anstatt auf die Zukunft gerichtet, was nichts anderes als eine Zeitvergeudung darstellt. Wird diese Art zu denken zur Gewohnheit, entpuppt sie sich als Hemmschuh, der jede neue Initiative im Keim erstickt.‹

Er zog die Parallele zu mir: ›Nimm deinen Fall. Deine Projekte scheiterten, weil du gewisse Fehler machtest. Doch was ist schon dabei? Schließlich machen wir alle Fehler. Sie sind da, aus ihnen zu lernen. Solange wir aber nur klagen und jammern, wie du vorhin im Restaurant, können wir keine neuen Einsichten gewinnen.‹

›Wieso bist du da so sicher?‹ fragte ich zurück, wohl um einen Versuch zu meiner Verteidigung zu unternehmen.

›Weil‹, sagte der ›Alte‹, ›du in der Vergangenheit verhaftet bliebst. Nicht einmal hast du die Zukunft erwähnt. Außerdem – wenn du vor dir selbst offen und ehrlich bist – hast du es irgendwie genossen, im vergangenen Unglück zu schwelgen. Es ist ein weitverbreiteter Grundzug des Menschen, sich selbst allzu gern in den Vordergrund zu spielen. Selbst wenn es sich um ein Unglück oder eine Enttäuschung handelt, selbst wenn wir die Verlierer sind und eine klägliche Figur abgeben, rücken wir uns dennoch gern ins Rampenlicht.

Ich spürte, wie recht er hatte. ›Doch was kann ich dagegen unternehmen?‹ frage ich ratlos.

›Ändere deinen Blickwinkel‹, war die prompte Antwort. ›Ersetze jedes Wenn und Aber durch zukunftsorientierte Wendungen, und deine Gedanken werden eine neue Richtung einschlagen.‹

Ich bat ihn um ein Beispiel.

›Wie wär's, wenn du jedes ›Wenn nur‹, jedes ›Hätte ich doch‹ durch ein ›Nächstes Mal‹ ersetzt?‹

Es schien einfach.

Der ›Alte‹ bekräftigte seinen Vorschlag: ›Ich habe die Wirkung oft genug miterlebt, und zwar hier in diesem Zimmer. Solange sich ein Patient mit Begriffen wie *wenn* und *aber* aufhält, wühlt er nur im vergangenen Schmerz. Doch sobald er den Blick hebt und vom *nächsten Mal* zu sprechen beginnt, hat er den Weg zur Besserung eingeschlagen. Solche zukunftsorientierten Worte sind das Erkennungsmerkmal, daß sich der Patient innerlich durchgerungen hat, die Lektion aus den vergangenen Fehlern zu beherzigen und sich auf die Zukunft, auf das nächste Mal hin orientiert. Es bedeutet, daß die Barrieren, die wir uns mit unserem Bedauern des Geschehens und mit unserem Selbstmitleid errichtet hatten, beiseite geräumt sind. Der Weg ist frei für einen neuen Anfang, für die ersten Schritte in die Zukunft.‹

Mein Freund verfiel in Schweigen. Das leise plätschernde Geräusch eines sanften Regens drang von draußen an die Fensterscheiben. Ich beschloß, seinem Rat zu folgen und mich auf zukunftsorientierte Gedanken zu konzentrieren. Eine seltsam anmutende Vorstellung half mir dabei. Im Geiste hörte ich, wie die neue Wendung mit einem vernehmlichen Klicken einrastete.

Der trübe, verregnete Nachmittag in Manhattan liegt nun schon mehr als ein Jahr zurück, doch diese Methode des Umschaltens habe ich mir bis heute bewahrt. Wenn ich mich ertappe, in die alten Bahnen des *Wenn nur, Hätte* und *Aber* hineinzurutschen, vertausche ich sie ganz bewußt mit Gedanken an ein *Nächstes Mal*, wobei ich mir jedesmal dieses leise Klicken vorstelle.«

Wie Arthur Gordon können wir uns alle mit einem solch einfachen Vorgehen von einer schal gewordenen, im Vergangenen verhafteten Denkweise befreien und den Blick für die Möglichkeiten der Zukunft öffnen. Wir können uns den Gedanken an das *Nächste Mal* zur Gewohnheit werden lassen, um voller Hoffnung und Mut neue Aufgaben in Angriff zu nehmen.

Richten wir daher unser Leben nach der Devise ein: Bewältige eine Aufgabe auf einmal, und lebe einen Tag auf einmal. Das mag selbstverständlich klingen, ist es aber keineswegs. Wie die Erfahrung zeigt, versuchen wir viel zu oft, in der Vergangenheit oder in einer fernen Zukunft zu leben, oder bemühen uns sogar verzweifelt, Vergangenheit, Gegenwart und Zukunft auf einmal zu leben.

Warum sollten wir unsere Energien aber in Grübeleien über vergangene Übel verschwenden oder uns mit Sorgen über Bevorstehendes – was zudem meist gar nicht eintrifft – belasten? Die richtige Art zu leben besteht in einem Aufgehen in der Gegenwart, der wir den größten Teil unserer Aufmerksamkeit widmen sollten. Statt in eine Vergangenheit zurückzublicken, die wir nicht mehr ungeschehen machen können, sollten wir in der Gegenwart leben und uns immer nur eine Aufgabe auf einmal vornehmen – nur so werden wir in der Zukunft Erfüllung finden!

Die alten Dummheiten vergessen!

Wie vergeblich jedes Nachtrauern um einmal Geschehenes ist, kann uns jederzeit die eigene Erfahrung bestätigen.

Als ich als junger Mann begann, öffentlich aufzutreten und Reden und Vorträge zu halten, pflegte ich stets alles sorgfältig vorauszuplanen. Ich gliederte meinen Stoff und fertigte einen schriftlichen Entwurf an. Da eine frei gesprochene Rede viel wirkungsvoller und ansprechender ist, lernte ich sie dann auswendig – wie ich es bis heute beibehalten habe. Das freie Sprechen erzeugt tatsächlich einen viel persönlicheren Kontakt zum Publikum, weil es die Zuhörer mit einbezieht.

Nun ist die freie Redetechnik nicht nur schwieriger als ein stures Ablesen vom Blatt, mir persönlich bereitete sie auch endlose Qualen. Ich litt nicht nur unter dem Lampenfieber vor jedem Auftritt, sondern erst recht unter den nachträglich auftauchenden Gewissensbissen. In Gedanken ging ich alles Gesagte noch einmal durch, wobei mir meine Schnitzer und Dummheiten dann stets siedendheiß bewußt wurden.

Aber es gab auch den umgekehrten Fall: Wie oft fielen mir im nachhinein tausend witzige, gewandte, einfallsreiche Bemerkungen ein, die ich an bestimmten Stellen hätte einflechten können. Meine Grübeleien bewegten sich zwischen: »O je, warum habe ich nur so etwas Dummes gesagt?« und: »Hätte ich doch besser das und das anstatt dieses und jenes erwähnt!« Stundenlang plagten mich derartige Gedanken. Sie kreisten immer und immer wieder um die gleichen Fehler, die vielen Versprecher, um die kleinen Unterlassungssünden – sie ließen mich einfach nicht zur Ruhe kommen.

Der beste Rat in solch einer Situation kann eigentlich nur so lauten, wie ihn ein älterer, sehr erfahrener Vortragsredner einmal formulierte: »Geben Sie Ihr Bestes, während Sie den Vortrag halten! Doch vergessen Sie alles sofort wieder, sobald Sie das Podest verlassen haben! Ihre Zuhörer werden es wahrscheinlich ebenso schnell vergessen!« Dem ist nur beizupflichten, denn: Sind die Worte einmal gesagt, so lassen sie sich nicht mehr rückgängig machen. Es ist also gar nicht ratsam, sich noch stunden- oder gar tagelang mit Gewissensbissen und Selbstvorwürfen zu quälen. Das einzige, was damit bewirkt wird, ist eine unnütze Vergeudung wertvoller Energien, die bedeutend nutzbringender auf die Planung des nächsten Schrittes angewendet werden können.

»Beenden Sie jeden Tag mit dem Gedanken, daß er nun vorüber ist«, riet Ralph Waldo Emerson. »Sie haben getan, was in Ihrer Macht stand. Zweifellos haben Sie Fehler und Ungeschicktes begangen, das ist unvermeidlich – doch vergessen Sie die alten Dummheiten so schnell wie möglich! Schleppen Sie die Last des Vergangenen nicht in den nächsten Tag. Beginnen Sie jeden neuen Morgen vielmehr heiter und mit frischem Mut. Denken Sie an die guten und schönen Möglichkeiten, die er für sie bereithält – er ist zu kostbar, als daß Sie auch nur einen weiteren Gedanken an ein mißlungenes Gestern verschwenden sollten.«

Wenn wir uns die Einstellung, die aus den Worten Emersons spricht, zu eigen machen, wird sie zu einer echten Lebenshilfe, die uns befähigt, auch schmerzliche oder hochpeinliche Erlebnisse sehr bald mit Gelassenheit hinter uns zu bringen.

Lassen Sie mich in diesem Zusammenhang eine Begebenheit schildern, die mir noch lebhaft in Erinnerung ist...

Es war an einem 12. Februar, dem Geburtstag Abraham Lincolns, der seinerzeit noch alljährlich mit großen Feierlichkeiten begangen wurde. Ich war gebeten worden, vor einer Versammlung in New Jersey, die von einer Industrieorganisation veranstaltet wurde, im Rahmen eines großen Festprogramms eine kurze Rede über Lincoln zu halten, diesen großen Präsidenten der Vereinigten Staaten von Amerika, der am 15. April 1865 dem Attentat eines Rassenfanatikers zum Opfer gefallen war. Während ich mit der Stadtbahn zum Ort der Feier fuhr, überflog ich noch einmal meine Notizen und Stichpunkte. Ein Mitreisender fragte mich, ob ich – ebenso wie er auch – im Vortragsgeschäft tätig sei; dann erwähnte er, er sei zu seinem Auftritt bei einem großen Unternehmen unterwegs. Der Name der Organisation machte mich hellhörig; es handelte sich nämlich um dieselbe Veranstaltung, zu der ich auch geladen war. Der Mann zog eine Broschüre aus seiner Aktenmappe, die ihn als den ›größten Kabarettisten der Welt‹ ankündigte, als den Mann, ›der Sie Tränen lachen läßt‹!

»Sie müssen ungewöhnlich begabt sein«, bewunderte ich ihn. »Da bleibt mir nur zu hoffen, daß ich meinen Lincoln-Vortrag nicht nach Ihnen halten muß...«

Im Festsaal hatten sich über zwölftausend Gäste eingefunden. Laut Programm war mein neuer Bekannter der erste Vortragende, und unmittelbar nach ihm sollte, wie ich es befürchtet hatte, meine Ansprache über Lincoln folgen. Der Conférencier, der den Kabarettisten anzusagen hatte, ließ sich zu einer überschwenglichen Lobpreisung hinreißen, die für meinen Geschmack etwas zu stark aufgetragen war (es gehört sowohl Fingerspitzengefühl wie auch ein Gespür für das jeweilige Publikum dazu, bei der Ansage den passenden Ton und die passenden Worte zu finden; werden nämlich die Vorzüge des auftretenden Künstlers zu sehr herausgestrichen, kann die interessierte und erwartungsvolle Haltung des Publikums leicht in ihr Gegenteil umschlagen; genau das geschah in diesem Fall).

Der Kabarettist eröffnete seine Vorstellung mit einer seiner besten Pointen und erntete nicht mehr als ein mäßiges Gelächter. Mit jedem weiteren Witz nahm das Volumen immer mehr ab. Von den angekündigten Lachsalven konnte keine Rede sein. Schließlich war nur noch hier und da ein vereinzeltes, dünnes Lachen zu vernehmen. Ich selbst lachte mit, so laut ich nur konnte, in dem verzweifelten Bemühen, die anderen anzustecken. Dem Kabarettisten standen dicke Schweißperlen auf der Stirn, als er schließlich von der Bühne abtrat und mir zuraunte: »Ein äußerst zähes Publikum, das kann ich Ihnen sagen! Es war fürchterlich!«

Wer des öfteren vor einem Publikum steht, weiß um die seltsamen psychologischen Vorgänge, die sich zuweilen abspielen. An einem Abend kann die Energie frei fließen, und der Auftretende wird das Publikum begeistern und mitreißen. Es ist dann, als ob die Begeisterung gleichsam in der Luft liegt. Beim nächsten Mal, selbst bei einer ganz ähnlichen Zuhörerschaft und der gleichen Rede, den gleichen Pointen, scheint plötzlich etwas zu fehlen. Die Atmosphäre ist nicht mehr dieselbe, und die erhoffte Wirkung bleibt aus. Was immer dem zugrunde liegt, ich habe es nie enträtseln können.

Nachdem das Publikum dem Kabarettisten, dessen Pointen übrigens wirklich geistreich und originell waren, nur sehr verhaltenen Höflichkeitsapplaus gespendet hatte, beschloß ich, meinen eigenen Vortrag diesmal ganz nüchtern und trocken zu halten, ohne alle Versuche, das Thema mit humorvollen Randbemerkungen aufzulockern, obwohl ich stets ein paar amüsante Anekdoten für solche Zwecke parat habe. Und nun mußte ich eine ähnliche Erfahrung machen wie mein Vorgänger, nur mit umgekehrtem Vorzeichen: Das Publikum reagierte auf meine ernstgemeinten Bemerkungen mit schonungslosem Gelächter!

Schweißgebadet und um einiges klüger fuhren wir beide anschließend wieder gemeinsam mit dem Zug zurück. Doch mein Begleiter schien das Geschehene auf die leichte Schulter zu nehmen. »Schwamm drüber!« mahnte er. »Der Auftritt ist vorbei. Das einzige, was uns bleibt, ist, die ganze Sache zu vergessen. Nur kein Wenn und Aber.« Im gleichen Atemzug fragte er: »Haben Sie morgen abend wieder einen Termin?« Als ich bejahte, nickte er und bemerkte, ihm ginge es ebenso. Mit unbeugsamem Optimismus fügte er hinzu: »Und das ist gut so! So brauchen wir uns nicht mit den vergangenen Niederlagen zu beschäftigen. Es gibt immer ein nächstes Mal, das zählt!«

Kraft im Glauben

Wer den *unermeßlichen Reichtum der geistigen Kraftreserven* kennengelernt hat und in richtiger Weise anzuwenden versteht, kann die wunderbarsten Dinge vollbringen, Dinge, die weit über das gewöhnlich für möglich gehaltene Maß hinausgehen. Die Kräfte, die wir uns im Alltag bei unseren üblichen Handlungen zunutze machen, sind nur ein Rinnsal im Vergleich zu dem gewaltigen Strom in unseren geistigen Tiefen. Wir beschränken uns im gewöhnlichen Leben durch unsere eigenen enggesteckten Erwartungen, die keinen Raum für das Außergewöhnliche lassen. Wenn wir jedoch, im Gegensatz zu der weithin üblichen Selbstbeschränkung, Erwartungen und Vorstellungen entwickeln lernen, die alles Bisherige in den Schatten stellen, so ist das keineswegs nur eitle Schwärmerei. Es ist vielmehr die Haltung, die den Weg zu größerer Leistung ebnet und die dazu beiträgt, den Umfang unseres Kräftepotentials zu vergrößern. Allerdings erfordert eine solche Haltung ein gewisses Maß an Lebensmut – wie der Autor Basil King uns riet: »Gehe an deine Aufgaben mit Kühnheit und Schwung heran, und du wirst sehen, wie unerwartete Kräfte dir zu Hilfe kommen!« Eigenschaften wie Kühnheit und Wagemut wirken in diesem Sinne wie Katalysatoren, die ungeahnte Kräfte in uns entfachen und zur Entfaltung bringen.

Ein ungewöhnliches Beispiel hierfür ist der Lebensweg der berühmten Missionarin Gladys Aylward...

Ich lernte Gladys Aylward bei einem Besuch in der taiwanesischen Hauptstadt Taipeh kennen. Die kleine Frau, eine gebürtige Britin, saß mir in einem stilvollen chinesischen Gewand gegenüber, während sie mir von ihren Erlebnissen berichtete.

Gladys Aylward stammte aus einer armen Familie in einem Londoner Arbeiterviertel. Ihre erste Arbeit fand sie als Hausmädchen in einem wohlhabenden Haushalt der Oberschicht. Eines Tages traf sie in der Londoner Innenstadt auf eine Straßenversammlung der Heilsarmee. Sie blieb stehen und lauschte der Musik. Anschließend hielt der Prediger der Gruppe eine Ansprache. Sie spürte instinktiv, daß hier die Botschaft verkündet wurde, nach der sie bisher gesucht hatte. Gleichzeitig mit dieser neuen Glaubenserfahrung erwachte in ihr der Wunsch, Missionarin zu werden. Sie wollte an der Verbreitung von Gottes Wort mitwirken. Doch wie sollte sie, ein Mädchen aus ärmsten Verhältnissen, das noch dazu völlig ungebildet war, diesen Wunsch je verwirklichen können?

In dem stattlichen Bibliothekszimmer ihrer Herrschaften entdeckte Gladys aufregende Bücher über China, die sie mit Feuereifer zu studieren begann. Sie erzählte mir, wie sie der Hausherr eines Tages mit einem Buch in der Hand überraschte und sie scharf zurechtwies. Doch nachdem sie ihn von ihrem aufrichtigen Interesse an diesem faszinierenden Land überzeugt hatte, zeigte er sich verständnisvoll und erlaubte ihr, auch weiterhin die Bibliothek zu benutzen. »Natürlich nicht, ohne mich zuvor noch einmal an meine Pflichten zu ermahnen«, erinnerte sich Gladys.

In unermüdlichem Fleiß erwarb sie sich ein umfangreiches Wissen über das ferne Land, und mit diesem Wissen nahm auch ihr Missionswunsch konkrete Formen an. China war das Land, wo sie tätig werden wollte! Schließlich bewarb sie sich bei der Missionsleitung der Heilsarmee und bat um Entsendung nach China. Da sie jedoch die geforderte Prüfung wegen ihrer mangelnden Schulbildung nicht bestehen konnte und somit die Voraussetzungen nicht erfüllte, wies man sie ab.

Gladys ließ sich nicht entmutigen. Jahrelang legte sie jeden Pfennig auf die hohe Kante, bis sie schließlich das Geld für die weite Reise zusammengespart hatte. Unerschrocken setzte sie ihr Vorhaben in die Tat um – sie wanderte auf eigene Faust nach China aus und begann, in den Straßen Nankings und Pekings die Gottesbotschaft zu verkünden. Ihr Mut und ihre Entschlossenheit erregten einiges Aufsehen, und ihr Name war bald weit über die Grenzen Chinas hinaus bekannt.

Welche unvergleichliche Kraft die tapfere Gladys Aylward aus ihrem Glauben schöpfen konnte, offenbarte sich an einem dramatischen Zwischenfall, der sie auf die wohl härteste Probe ihres Lebens stellte.

In einem Gefängnis der Provinz war ein Aufstand ausgebrochen. Schwerverbrecher und Mörder hatten sich zusammengerottet, die Wachen überwältigt und große Verwüstungen angerichtet. Das Gefängnis war von außen abgeriegelt, so daß niemand entkommen konnte, doch die blutrünstigen Kämpfe tobten im Innern weiter. Einer der Verbrecher, der sich in den Besitz eines riesigen Fleischermessers gebracht hatte, lief Amok und stach auf alle ein, die ihm in den Weg kamen.

In dieser Situation ließ der Gouverneur der Provinz die ausländische Predigerin zu sich rufen, von der er schon viel gehört hatte. Er bat sie, ihm dabei zu helfen, den gefährlichen Mörder im Gefängnis zu entwaffnen. Der Gouverneur setzte seine ganze Hoffnung auf sie, denn wie er vernommen habe, spreche die Missionarin von einem ungewöhnlich mächtigen Gott, der die Menschen nie im Stich lasse.

Er schlug also vor: »Bitte gehen Sie ins Gefängnis, und nehmen Sie dem Mann die Mordwaffe weg!«

»Das kann nicht Ihr Ernst sein!« antwortete sie, von Entsetzen gepackt.

Doch der Gouverneur meinte es ernst. »Sie sprechen von einem Gott, der Ihnen große Kraft verleiht. Sie verkünden die Botschaft eines allmächtigen Gottes, der dem Glaubenden in jeder Not helfen kann.«

Gladys versuchte einzuwenden: »Das ist ein Mißverständnis, Euer Exzellenz.«

»Mit anderen Worten: Sie haben nicht die Wahrheit gesprochen? Ich selbst habe Ihre Worte gehört. Bin ich also leerem Gerede zum Opfer gefallen?«

Bei diesen Worten des Gouverneurs wurde Gladys schlagartig bewußt, daß er recht hatte. Er verlangte nichts anderes von ihr als den Beweis, daß sie wirklich hinter ihren Aussagen stand und auch zu entsprechendem Handeln bereit war. Wenn Sie jemals auch nur einen dieser fremden Menschen von der Wirklichkeit Gottes zu überzeugen hoffte, mußte sie nun, in dieser Situation, ihre Worte durch Taten untermauern.

Sie ließ sich von einem Wärter in den Gefängnishof führen. Kaum war sie durch das Tor gegangen, als es auch schon wieder hinter ihr verriegelt wurde. Da entdeckte sie den tobsüchtigen Verbrecher, der wild auf dem Hof umherrannte und sein Messer schwang, während die anderen Häftlinge verzweifelt versuchten, sich vor ihm zu retten.

Plötzlich stand der Rasende vor ihr. Sie sah in seine Augen: Ein teuflisches Feuer loderte in ihnen. Nach einem kurzen Moment streckte sie ihm die Hand entgegen und sagte mit sanfter, fester Stimme: »Gib mir das Messer!« Völlig verwirrt stand der Mann vor ihr – und überreichte ihr zögernd das Mordinstrument.

Auch die anderen Häftlinge ließen sich von Gladys überreden, ihren Widerstand aufzugeben. Damit war die Revolte zerschlagen, und die Ordnung ließ sich binnen kurzem dank ihrer Mithilfe und Vermittlung zwischen Sträflingen und Gesetzeshütern wiederherstellen.

Sicher tun wir Gladys Aylward nicht zuviel Ehre an, wenn wir sie als wahre Heldin feiern. Es war ihr Heldenmut, der ihr half, ihr Leben völlig in Gottes Hand zu legen und auf seine Kraft und Hilfe zu vertrauen – selbst angesichts der mörderischen Gewalt eines Wahnsinnigen.

An dieser dramatischen Wende des Geschehens offenbarten sich die spirituellen Kräfte, die immer vorhanden sind und in unser aller Leben merklich oder unmerklich eingreifen können. Übernehmen wir also den Lebensmut der tapferen Gladys Aylward, auch wenn wir nur weit weniger abenteuerliche Alltagsaufgaben zu bestehen haben. Die Kraftreserven in unserem Inneren helfen uns, die Prüfungen, die das Leben an uns stellt, erfolgreich zu bestehen. Die Prüfungen des Lebens sind nicht dazu da, uns zu zerstören – sie sind da, damit wir uns an ihnen bewähren!

Nachfolgend noch einmal einige wesentliche Anhaltspunkte dieses Kapitels:

- Alle Kraftreserven, die Sie jemals benötigen, sind in Ihnen bereits angelegt.

- Das Wesen der Menschen artikuliert sich nicht allein in mechanischen Denkvorgängen. In den Tiefen des Unterbewußtseins liegen die Kräfte, die uns teilhaben lassen an der unendlichen göttlichen Weisheit.
- Wenn Sie mit wahrem Mut an ein Vorhaben herangehen, werden Ihnen die erforderlichen Kräfte im richtigen Moment zufließen.
- Aus jedem Nachteil kann wieder ein neuer Vorteil erwachsen, aus jedem Verlust ein Gewinn, aus jedem Unglück eine neue Chance.
- Vergeuden Sie Ihre Kräfte nicht in einer unnützen ›*Wenn nur*‹-Haltung, sondern wenden Sie Ihren Blick auf das ›*nächste Mal*‹.
- Der Glaube ist das Instrument, das Ihnen die unerschöpflichen Kraftquellen des Geistes erschließt.

12

So fördern Sie Ihre Gesundheit und Schaffenskraft

Eine Frau Anfang Dreißig suchte wegen ihres labilen Gesundheitszustandes einen Arzt nach dem anderen auf, ohne daß jedoch eine eindeutige Ursache ihrer Leiden festgestellt werden konnte. Trotz der Bemühungen der Ärzte verschlechterte sich ihr Allgemeinbefinden mehr und mehr.

Eines Tages wurde sie im Rahmen einer Vortragsreihe mit einem für sie völlig neuen Gedanken bekanntgemacht. Der Vortragende sprach davon, wie verschiedene Geistes- und Gefühlshaltungen unseren Gesundheitszustand deutlich beeinflussen. Er schilderte, wie eine positive Einstellung zum Leben unsere natürliche Lebenskraft stimuliert, während ungesunde Haltungen an unseren Kräften zehren und uns krank werden lassen. Mit dieser Auffassung bewegte sich der Sprecher auf dem Boden der *psychosomatischen Medizin*, die von der Einheit des Körpers und der Seele ausgeht (*Psyche* = Seele, Gemüt; *Soma* = Körper) und daher den seelischen Komponenten auch im körperlichen Krankheitsverlauf große Bedeutung beimißt. Was er darlegte, war nichts anderes als die grundlegende Erkenntnis, daß unser Denken und Fühlen entsprechende Auswirkungen auf unsere Körperfunktionen haben, weshalb auch die psychosomatische Medizin die geistig-seelische Verfassung eines Patienten bei der Diagnose und bei der Therapie organischer Erkrankungen stets mitberücksichtigt.

Die junge Frau wurde nachdenklich. Die neue Betrachtungsweise der Zusammenhänge zwischen Gemütsverfassung und körperlicher Verfassung blieb nicht ohne Wirkung. Wenig später, während eines Spaziergangs mit ihrem Mann in einem Stadtpark, hielt sie in einer ruhigen Ecke unter einigen mächtigen Bäumen inne und sprach mit fester Stimme: »Ich erkenne nun, daß wir als Gottes Geschöpfe mit Leben beseelt sind, mit einer uns durchströmenden Lebenskraft. In der Vergangenheit ließ ich zu, daß Gedanken und Gefühle ungesunder Natur diesen Energiestrom hemmten, gar blockierten. Ich fühle die vitale Kraft zurückströmen und ihre Wirkung aufs neue entfalten. Ich glaube und bekräftige, wie gesundes Denken und Handeln in harmonischer Weise zur Genesung meines Organismus beitragen. Ich bekenne mich zu der Energie der vitalen Kraft, die uns leben läßt und gesund erhalten will.«

Wenn sich auch ihre völlige Genesung nicht über Nacht einstellte, gewann doch allmählich ihre gesunde Einstellung mehr und mehr die Oberhand. Ihre Gedankenmuster nahmen eine neue Ordnung an. Die junge Frau verlor ihr ehemals krankhaft gesteigertes Verlangen, ständig neue Ärzte zu konsultieren. Es dauerte nicht mehr lange, bis sie ihre Medikamenteneinnahme auf ein vernünftiges Maß reduziert hatte und nur noch selten in der ärztlichen Sprechstunde zu finden war.

Gesunde Seele, gesunder Körper

Dieser als Einleitung zu unserem Kapitel geschilderte Fall der jungen Frau läßt vermuten, daß eine gesunde Seele die beste Grundlage für einen gesunden Körper bietet. Der Schweizer Arzt Dr. Paul Tournier sagte einmal: »Die physische Gesundheit hängt ebenso wie die psychische in großem Maße von der geistig-seelischen Verfassung eines Menschen ab.« Hieraus folgt, daß alles, was zu geistiger, emotionaler und spiritueller Stabilität der Person beiträgt, auch für die Gesundheit des Körpers maßgebend ist.

Häufig hören wir Wendungen wie »krank vor Ärger« oder »der viele Kummer macht mich ganz krank«. Solche und ähnliche Redewendungen sind keineswegs immer als Übertreibungen zu verstehen, denn wir können in einem ganz wörtlichen Sinn vor Kummer, Sorge, Angst, Ärger oder Haß krank werden. Ein Arzt stellte einmal fest, daß bei etwa fünfzig Prozent seiner Patienten deutliche Angstsymptome das Krankheitsbild bestimmten. In diesem Zusammenhang sei noch einmal an den Ausspruch Dr. Smiley Blantons erinnert: »Angst ist die große Plage unserer Zeit.« Ängste und Sorgen, Ressentiments, Wut und Bosheit sind erwiesenermaßen krankmachende Gefühle, die unsere Gesundheit und Vitalität angreifen.

Ein mir gut bekannter Arzt sagte einmal nach dem Tode eines seiner Patienten, der Kranke sei an ›Ärgeritis‹ gestorben. Dies war keineswegs im Scherz gemeint, denn der Arzt hatte miterlebt, wie der Patient sich durch jahrelangen unversöhnlichen Ärger und durch Haß selbst zugrunde richtete. »In einem allmählichen Verfallsprozeß wurde seine Gesichtsfarbe bleicher und zusehends gelblicher«, berichtete der Arzt. »Seine Augen verloren jeden Glanz, seine Organe führten ihre Funktionen immer mangelhafter aus, sein Atem roch nach Fäulnis.« Dem Arzt zufolge war die Ursache hierfür tatsächlich in seinen negativen Gefühlen zu sehen, denn sie schwächten seine natürlichen Widerstandskräfte und ließen ihn anfällig werden für Krankheitserreger aller Art.

Wenn das obengenannte Beispiel auch ein extremer Fall sein mag, läßt sich doch nicht leugnen, daß unzählige Menschen an chronischem Energiemangel leiden und sich, ihrer natürlichen Schaffenskraft beraubt, müde und lethargisch durchs Leben schleppen. In erster Linie liegen solchen Symptomen seelische Störungen zugrunde, die die gesunde Stimulation des Körpers verhindern und ihn für alle möglichen Krankheiten anfällig werden lassen. Das soll jedoch nicht heißen, jeder Krankheit lägen ausschließlich psychische Ursachen zugrunde. Doch wir tun gut daran, die Rolle der psychischen Komponente im Krankheitsbild nicht unterzubewerten. Ein bedeutender kanadischer Arzt, der den Streß als Hauptfeind unserer Gesundheit ansieht, kam zu der Überzeugung, daß heute ausnahmslos bei allen Erkrankungen die seelische Streßbelastung ihr Teil zum Leiden beiträgt.

Krankmachender Haß

Welche unerwarteten Wege sich die Regungen unseres Gemütslebens manchmal bahnen, veranschaulicht der Fall einer Frau, die mich wegen ihres Juckreizes um Rat ersuchte. Immer dann, wenn sie den Gottesdienst besuchte – und sie zählte zu den regelmäßigen Kirchgängern in ihrer Gemeinde –, verspürte sie ein äußerst lästiges, ja schmerzhaftes Jucken am ganzen Körper. Seit drei Jahren plagte sie sich bereits mit diesem merkwürdigen Leiden ab. Es schien völlig unerklärlich, warum der Juckreiz ausgerechnet in der Kirche so heftig zum Ausbruch kam.

Im Verlauf unseres Gespräches klang an, daß die Frau einen unterschwelligen Haß gegen ihre Schwester hegte. Als Verwalterin des väterlichen Vermögens habe ihre ältere Schwester sie um einen beachtlichen Teil des rechtmäßigen Erbes betrogen, behauptete sie. Ich begann mich zu fragen, ob sie nicht unbewußt Schuldgefühle wegen ihres langjährigen Hasses empfinden mußte? Und gab es vielleicht eine Verbindung zwischen dem Haß- und Schuldkomplex und ihrem Juckreiz?

Ich bat sie um ihr Einverständnis, mit ihrem Arzt über die Angelegenheit sprechen zu dürfen, und sie willigte ein. Der

Arzt, der bisher noch nichts von ihren Haßgefühlen gewußt hatte, zeigte sich sehr interessiert. Seine Erklärung lautete: »Man könnte sagen, der Haß wirkt wie eine Art inwendiges Ekzem und führt dazu, daß die Frau sich nicht wohl fühlt in ihrer Haut, was sich äußerlich in diesem seltsamen Juckreiz niederschlägt.« Der Arzt hielt es für angebracht, das Übel bei der Wurzel zu packen. Er wollte die Frau dazu bewegen, mit ihrem Haß ins reine zu kommen. Er war optimistisch, daß im Anschluß daran auch die äußeren Symptome abklingen würden.

Der Arzt sprach lange mit der Patientin, um ihr die inneren Zusammenhänge klarzumachen. Schließlich führte er ihr deutlich vor Augen, daß sie ohne eine grundlegende Änderung der Haltung zu ihrer Schwester kaum mit einer Besserung rechnen konnte.

Anfangs hatte sie große innere Widerstände zu überwinden, denn der Haß war tiefverwurzelt. Als sie aber ihrer Schwester erst einmal vergeben hatte und vergessen konnte, was damals vorgefallen war, gab es auch keinen Grund mehr für irgendwelche Schuldgefühle, sobald sie eine Kirche betrat. Erleichtert stellte sie fest, wie der quälende Juckreiz nachließ, bis er schließlich ganz verschwand. Am Rand sei noch bemerkt, daß ihre neugewonnene innere Haltung auch auf die Schwester einen positiven Einfluß ausübte, die als ihren Beitrag zur Versöhnung die finanzielle Streitfrage noch einmal aufrollte und dann zur beiderseitigen Zufriedenheit regelte.

Dieser Frau, die ihren Haß besiegte, gebührt unsere aufrichtige Bewunderung, denn es ist gewiß kein leichter Prozeß, die alten, eingefahrenen Gefühls- und Denkstrukturen in eine positive Richtung zu lenken. Haß, Mißgunst und Neid sind Empfindungen, die sich nicht so ohne weiteres wieder ablegen lassen – im Gegenteil, sie fressen sich immer tiefer in unser Gemüt ein, wenn wir nichts dagegen unternehmen. Viele unter uns wissen aus eigener Erfahrung, wie schwer es mitunter werden kann, einem anderen Menschen zu verzeihen oder langgehegten Zank und Streit zu begraben. Mancher möchte sich wünschen, es gäbe eine Pille oder dergleichen, die er nur zu schlucken braucht, um die zerstörerischen Gefühle wieder loszuwerden. Doch so einfach wird es uns nicht gemacht. Wir müssen vielmehr ein großes Maß an Selbstdisziplin und Strenge walten lassen, wollen wir diese krankmachenden Gemütsregungen erfolgreich vertreiben.

Spannkraft durch Harmonie

Ich erinnere mich eines Mannes, der, ohne an einer bestimmten Krankheit zu leiden, mit einem auffällig schlechten Allgemeinbefinden zu kämpfen hatte. Er fühlte sich ständig übermüdet, abgeschlagen und kraftlos. Für die Ärzte war die Diagnose klar: der Körpertonus, also die Spannkraft des Organismus, die auch in Ruhe den natürlichen Spannungszustand der Muskulatur und des Körpergewebes aufrechterhält, war bei diesem Patienten erheblich gestört. Ein Arzt gab ihm den geheimnisvoll klingenden Rat: »Wenn Sie selbst richtig gestimmt sind, stimmt auch Ihr Tonus wieder.«

Der Mann fragte mich nach meiner Meinung über diese Bemerkung. Ich vermutete, der Sinn des Richtig-gestimmt-Seins sei in einer harmonischen Einstimmung auf die Umwelt zu suchen (wenn wir unsere Gedanken anspannen und aufeinander einstellen – vergleichbar mit dem Stimmen der Saiten einer Gitarre –, wird die Wirkung auf unser Allgemeinbefinden sicher nicht ausbleiben).

Er solle sich doch einmal vornehmen, schlug ich vor, einen Tag lang nur harmonische, schöne Gedanken zu hegen. Er solle, unter Ausschaltung jedes negativen Gedankens oder Gefühls, den ganzen Tag über bekräftigen, es gehe ihm gut und er sei ein zufriedener, glücklicher Mensch. »Versuchen Sie es, um herauszufinden, ob es eine Auswirkung auf Ihren Gesundheitszustand hat!« Doch meine Idee schien ihn wenig zu begeistern. »Was sind schon vierundzwanzig Stunden«, argumentierte ich, »gemessen an den siebenhunderttausend Stunden, die einem Menschen, grob gerechnet, bis zum Alter von fünfundsiebzig Jahren zur Verfügung stehen? Probieren Sie es aus, es ist eine ausgezeichnete Therapie!« Da ich so sehr darauf bestand, willigte er schließlich ein und versprach, es gleich am folgenden Tag einmal zu versuchen.

Nach dem Vorbild der drei weisen Affen bemühte er sich redlich, den ganzen Tag lang nichts Böses zu denken, zu hören, zu sprechen. »Sie haben keine Ahnung, wie schwer das ist!« gestand er anschließend. »Eine ungeheure Selbstdisziplin ist nötig, wenn man nicht automatisch wieder in die alten Gedankenbahnen zurückfallen will. Man muß ständig auf der Hut sein, damit sich kein negativer Gedanke einschleicht. Nun, heute verteilte ich so viele Komplimente wie noch nie und versuchte, an allem nur das Gute zu sehen.« Immerhin fühlte er sich am Ende dieses einen Tages so zufrieden, daß er beschloß, das Experiment am nächsten Tag noch einmal zu wiederholen.

Die Anstrengung war der Mühe wert, denn er begann sich im Vergleich zu vorher erstaunlich wohl zu fühlen. Doch, wie er mir später berichtete, gab es noch viele Kämpfe und kostete es ihn noch einige Selbstüberwindung, die neue Haltung beizubehalten. »Dies Denken in neuen Bahnen erschöpft mich mitunter so sehr, daß ich mir eine Verschnaufpause gönnen muß – und schon werden die alten Dissonanzen wieder laut«, sagte er. »Doch im großen und ganzen habe ich den Eindruck, mich geändert zu haben. Schließlich fühle ich mich um so vieles besser und gesünder seither, sowohl was meine Gemütsverfassung als auch meine körperliche Spannkraft und Leistungsfähigkeit angeht.«

Das Geheimnis des Gesunddenkens

Die letzten Beispiele haben deutlich gezeigt, welch enorme Bedeutung unsere Denkweise für unsere Gesundheit und unser Wohlergehen hat. Bis zu einem gewissen Grad können wir uns krank- oder aber gesunddenken. »Die Seele«, sagte Marcus Aurelius, »nimmt die Färbung ihrer Gedanken an.« In einem sehr tiefen Sinne sind wir das, was wir denken. Wer ständig ungesunde Gedanken hegt, wird tatsächlich viel von seiner Gesundheit einbüßen. Gleichermaßen können erfrischende, belebende Gedanken zu unserer Stärkung, ja sogar zur Heilung beitragen.

Der bekannte Arzt Dr. Joseph Krimsky schrieb in seinem Buch *Das Wunder Mensch:* »Das stärkste Bollwerk gegen alle gefährlichen Krankheitserreger sind immer noch die inneren Abwehrmechanismen des Menschen, die *vis medicatrix naturae*, also die natürlichen Heilkräfte in uns, die gegen die feindlichen Horden der Krankheitskeime, gegen Bazillen und Viren aller Art zu Felde ziehen: das Immunsystem. Heute belegt man dieses Kräftespiel meist mit dem Ausdruck *psychosomatisch*, womit man das ständige Ineinanderwirken von Seele (Psyche) und Körper (Soma) anerkennt. Es ist längst wissenschaftlich erwiesen«, fährt Dr. Krimsky fort, »daß emotionale Spannungen, Streß und seelischer Druck Depressionen und Mangelkrankheiten hervorrufen, bei gleichzeitiger Verminderung der körperlichen Abwehrkräfte gegenüber Ansteckung und Krankheit. Langanhaltende Sorgen und Ängste, unkontrollierte Leidenschaften und Gefühlsausbrüche, ebenso wie die hohen Leistungsanforderungen und das schnellebige Tempo unserer Zeit, verursachen degenerative Veränderungen an Herz, Nieren, Leber und anderen Organen; die genannten Faktoren sind auch verantwortlich für Bluthochdruckkrankheiten und Arteriosklerose. Angst oder Haß vergiften den Körper in der gleichen Weise wie Schadstoffe chemischer Natur.«

Gesundes Denken führt zur Regeneration erschlaffter Kräfte und trägt zu einer ausgewogenen und gesunden Funktion des Organismus bei. Wer seine Gedanken stets um Mißerfolge und mögliches Versagen kreisen läßt, wird Entsprechendes ernten; umgekehrt wird derjenige, der sich den Erfolg ausmalt und an ihn glaubt, ihn auch herbeiführen. Dasselbe gilt für unsere Gesundheit und Schaffenskraft.

Denken wir uns gesund, indem wir in unseren Gedanken ein gesundes Bild von uns erzeugen! Wenn wir uns unseren Organismus als kraftvoll und vital vorstellen und dieses Bild stets vor Augen haben, wird jene Art zu denken eine gesunde Entwicklung auslösen.

Ein vor Lebensfreude geradezu überschäumender junger Mann, ein farbiger Taxifahrer in Chicago, belehrte mich einmal, daß man dieses Prinzip positiver Gedankenvorstellungen wirklich auf alles und in jeder Situation anwenden kann.

Meine Frau und ich hatten in einem Chicagoer Motel übernachtet. Der nächste Morgen war unfreundlich und bitter kalt. Wie der Portier zu berichten wußte, waren die Temperaturen auf den Nullpunkt abgesunken. Außerdem hatte der Wetterbericht eisige Sturmwinde angesagt.

»Es muß schrecklich kalt sein«, sagte ich an der Tür zu meiner Frau. Der Gedanke, ins Freie zu treten, war äußerst ungemütlich.

»Zweifellos ist es kalt«, entgegnete meine Frau, »doch wir sind warm genug angezogen und haben Wolldecken dabei. Außerdem aber haben wir, was viel wertvoller ist, unsere Gesundheit. Wir werden die Kälte vertragen.«

Das Moteltaxi kam vorgefahren, und der junge farbige Fahrer stieg mit einem fröhlichen »Guten Morgen!« aus. »Ist es nicht ein herrlicher Tag heute?« fuhr er in seiner prächtigen Laune fort.

Ein eisiger Wind schlug mir ins Gesicht, und ich murmelte nur: »Hm, ja, aber es ist so furchtbar kalt.«

»Gewiß«, strahlte er, »aber ist die Kälte nicht herrlich?« Während er unser Gepäck verstaute, fuhr er fort: »Ich hoffe, es hat Ihnen bei uns im Motel gefallen? Und wie fühlen Sie sich heute morgen?«

»Danke, es geht«, antwortete ich ohne allzu große Begeisterung.

»Es geht? Das ist nicht genug!« wandte er ein.

»Und Sie? Wie fühlen Sie sich?« fragte ich zurück, obwohl zu erkennen war, daß er sich blendend fühlte.

»Mir geht es großartig!« antwortete er. »Ich fühle mich einfach wunderbar!«

Während der Fahrt erwähnte ich, daß ich einen Vortrag über Wege zu einer besseren Gesundheit geplant hatte. »Ich bin froh, Sie getroffen zu haben«, sagte ich, »denn Sie sind ein ausgezeichnetes Beispiel für innere Gesundheit und Vitalität. Sie haben eine gesunde Einstellung zum Leben.«

Er nickte: »Seit ich herausgefunden habe, daß gesunde, lebensfrohe Gedanken die beste Grundlage für gute Gesundheit sind, geht es mir in jeder Hinsicht ausgezeichnet!«

Es gibt zahllose Skeptiker, denen dies alles zu einfach scheint. Durch gesunde Gedanken sein Wohlbefinden steigern? Das mag für sie absurd klingen. Selbst wenn jemand nicht nur einfach schlechte Laune hat, sondern ernstlich krank ist? Doch gerade dann ist es um so nötiger, den ohnehin geschwächten Organismus mit neuen Kräften zu stimulieren, was bedeutet, daß wir zusätzlich etwa zu einer medizinischen Behandlung unsere Gedanken, unser Wollen und unseren Glauben auf die Genesung ausrichten und gesunde, kraftspendende Vorstellungen entwickeln.

Ein Denken in solchen Bahnen, das auf der Grundlage eines festen Glaubens ruht, erweist sich gerade in schweren Fällen oft als außerordentliche Kraftquelle. Hierzu ein Beispiel...

Ich besuchte eine schwer krebskranke Frau im Memorial Hospital in New York. Als ihr Mann das Krankenzimmer verlassen hatte, sagte sie zu mir: »Ich leide an Krebs im fortgeschrittenen Stadium, und die Chancen einer Heilung sind äußerst gering. Doch meine Hauptsorge zur Zeit gilt meinem Mann. Er befürchtet täglich das Schlimmste und macht sich und mir mit seinen finster brütenden Gedanken das Leben schwer. Er verhält sich mir gegenüber beinahe so, als ob er mich bereits verloren hätte. Er behandelt mich wie eine Sterbende. Doch ich lebe noch – und es bleibt abzuwarten, ob ich nicht stärker bin als der Krebs!«

Ich fragte mich anfangs, ob die Frau nicht die Augen vor der Wirklichkeit verschloß, denn laut Aussagen der Ärzte gab es kaum noch Hoffnung für sie. Vielleicht aber war es auch ihr starker Glaube, ihre Zuversicht dem Leben gegenüber, die sie den Tod nicht fürchten ließen.

Einige Wochen später traf ich sie auf der Straße wieder. Energischen Schrittes kam sie auf mich zu und fragte: »Erinnern Sie sich noch an mich?« Ich hatte sie keineswegs vergessen, im Gegenteil, sie hatte mich mit ihrer zuversichtlichen Einstellung damals tief beeindruckt. »Ihrem Aussehen nach müßte es Ihnen wieder bedeutend besser gehen«, bemerkte ich, worauf sie entgegnete: »Ja, mir geht es ausgezeichnet! Vielleicht, weil ich daran glaubte, mit Gottes Hilfe wieder gesund zu werden!«

Auch von wissenschaftlicher Seite wird die Erziehung und Pflege des Gemütslebens wieder verstärkt in den Gesundungsprozeß miteinbezogen, nachdem sich die Medizin lange Zeit auf die äußere Beeinflussung der Krankheit durch Medikamente und andere technische Hilfsmittel konzentriert hatte. Eine noch so hoch entwickelte Medizintechnik muß jedoch einseitig bleiben. Zu einer ganzheitlichen Behandlung gehört stets auch die Einbeziehung der geistig-seelischen Faktoren, deren Relevanz für jeden Heilungsprozeß heute unbestritten ist.

Lassen Sie mich an dieser Stelle ein Beispiel zu unserem Thema beitragen, wenn auch ein gänzlich undramatisches.

Über Jahre hinweg wurde ich jeden Winter regelmäßig von einer schweren Grippe heimgesucht. Nun wäre das nicht weiter tragisch gewesen, wenn nicht jedesmal meine Stimmbänder in Mitleidenschaft gezogen worden wären, so daß ich vor Heiserkeit kaum noch sprechen konnte. Da ich ständig Vortragstermine wahrzunehmen habe, die zudem meist schon Monate im voraus geplant sind, brachte mich meine alljährliche Erkältung mehr als einmal in ernste Verlegenheit.

Einmal war es besonders schlimm. Bei meiner Ankunft in der Stadt, wo ich noch am selben Abend vor etwa zehntausend Menschen sprechen sollte, brachte ich kaum noch ein Flüstern zustande. Ich lutschte alle Sorten von Hustenbonbons, die ich nur kannte, pumpte mich voll mit Vitamin C, trank große Mengen Flüssigkeit, kurz, ich unternahm all das, von dem gemeinhin angenommen wird, es könne bei Grippe und Erkältung helfen.

Am Nachmittag suchte ich einen Hals-Nasen-Ohren-Arzt auf, einen älteren, besonnenen Menschen. »Herr Doktor, bitte helfen Sie mir!« Ich krächzte wie ein Rabe. »Ich muß heute abend eine vierzig Minuten lange Rede durchstehen.«

Zu meiner Überraschung fragte er: »Nun, was möchten Sie, daß ich mit Ihnen machen soll?«

Darüber hatte ich mir natürlich keine Gedanken gemacht, also antwortete ich: »Sie sind doch Arzt – machen Sie mit mir, was Sie für richtig halten. Den Rachen ausspülen, gurgeln, Halstabletten verschreiben.«

»Wenn Sie meinen, daß Sie sich dann besser fühlen…« Er behandelte mich gründlich und unterzog mich der üblichen Prozedur. »Nun«, er schaute mich über seine Brillengläser hinweg an, »sind Sie auf dem Weg der Besserung. Doch ich möchte Ihnen gern noch ein anderes Rezept mit auf den Weg geben, und zwar: Sagen Sie sich, daß Sie genug Stimmkraft aufbringen werden, um Ihre Rede durchzustehen. Sehen Sie dem Abend in dieser positiven Erwartung entgegen. Außerdem: Ich an Ihrer Stelle würde den Rest des Nachmittags im Bett verbringen. Legen Sie sich hin, um sich zu entspannen. Zur Zeit sind Sie viel zu verkrampft. Denken Sie nicht an heute abend. Machen Sie sich vor allem keine Sorgen über Ihre Stimmbänder. Wenn Sie sich selbst lokkern, werden auch Ihre Stimmbänder wieder lockerer. Es hilft, wenn Sie sich ausmalen, wie Ihre Stimmbänder locker und geschmeidig werden. Tun Sie das, und legen Sie sich dann schlafen, und zwar bis kurz vor Ihrem Termin. Ich bin sicher, daß Ihre Stimme Sie nicht im Stich läßt, wenn Sie meinen Rat befolgen und sich vorher noch genügend Ruhe gönnen!«

Was es auch war, die beruhigende Art des Arztes, die Gebete, die ich nachmittags noch gesprochen hatte, oder die Entspannung durch die Bettruhe – jedenfalls hielt ich die vierzig Minuten Redezeit mit vernehmlicher Stimme durch. Von da an begann ich mich zu fragen, wieso ich eigentlich jedes Jahr ungefähr um die gleiche Zeit im Februar eine Grippe bekam. Lag es vielleicht daran, daß ich sie insgeheim schon erwartete? Wenn es mir damals auch ziemlich unwahrscheinlich schien, daß sich eine Erkältung auf die bloße Erwartung hin einstellen konnte, so beschloß ich dennoch, das Experiment zu machen, eben keine Grippe mehr zu erwarten. Ich beschloß, fest daran zu glauben, daß sie mich im nächsten Jahr nicht ereilte. Natürlich unterstützte ich meinen Plan mit geeigneten Maßnahmen, beispielsweise mit regelmäßigen Entspannungsübungen. Von den Schreckensmeldungen der Tagespresse, etwa über eine neue gefährliche Grippewelle, ob sie nun Honkong-Grippe oder London-Grippe oder wie auch immer genannt wurde, ließ ich mich nicht mehr beirren. Ich verscheuchte jeden Gedanken an eine neue Erkältung und wandte meine Aufmerksamkeit anderen Dingen zu. Schließlich hatte mir der alte Arzt an jenem Nachmittag auf einfache, praktische Art eine wertvolle Lektion erteilt, die ich nur zu beherzigen brauchte:

Durch die richtige Einstellung kann jeder sehr wohl auf die körperliche Verfassung einwirken!

Das höchste Gut des Menschen, seine geistige und körperliche Gesundheit, ist Gottes Vermächtnis an uns. Wie ein goldener Faden zieht sich das Thema Gesundheit durch die Botschaft der *Heiligen Schrift*. Mein ehemaliger Klassenkamerad Lawrence Blackburn wies in seinem Buch *Gott will gesunde Menschen (God Wants You To Be Well)* darauf hin, daß sich jeder siebte Vers in den Evangelien des *Neuen Testaments* in irgendeiner Weise auf Heilungen bezieht. Bernard Martin fand insgesamt achtundvierzig Stellen in den Evangelien, wo Jesus als Krankenheiler auftritt, ferner achtzehn Beispiele von Massenheilungen.

Mit der Bibel heilen? Ja! Denn sicher hat es seinen guten Grund, daß die Bibel nicht nur Moral- und Glaubenslehren überliefert, sondern in erheblichem Umfang die Botschaft von Krankengenesung und Heilung zum Gegenstand hat. Natürlich kann uns niemand garantieren, daß wir ohne Krankheit und Gebrechen durchs Leben gehen, doch die Botschaft der Bibel verkündet, daß es die Heilung gibt. Wer krank ist und leidet, sollte auf jeden Fall zum Arzt gehen und sich behandeln lassen, auch das ist Gottes Wille – doch zusätzlich kann er im Glauben wunderbare Kräfte finden, Kräfte, die die Gesundung beschleunigen und erschöpfte Energien neu beleben. (Siehe auch: *Mit der Bibel heilen* von Kurt Allgeier, Ariston Verlag, Genf 1987).

Das Wunderbare einer Heilung

Der Präsident eines großen Industriekonzerns fragte mich einmal während eines Geschäftsessens nach meiner persönlichen Meinung zu den biblischen Heilsgeschichten. Es war sicher ein ungewöhnliches Gesprächsthema für eine solche Versammlung, bei der führende Persönlichkeiten aus Industrie und Wirtschaft zu einem Erfahrungsaustausch zusammengekommen waren. Dennoch fragte er mich laut und deutlich: »Glauben Sie daran, daß Jesus Christus Menschen heilen kann?«

Ich bejahte.

»Sie haben keinerlei Zweifel und glauben es ohne Einschränkung?« bohrte er weiter. »Sie glauben gar nicht, wie viele Theologen mir auf diese Frage ausweichende Antworten geben!«

Nachdem ich mich eindeutig zu meiner Überzeugung bekannt hatte, enthüllte er seine Geschichte...

Vor einiger Zeit war er krank gewesen, sehr krank sogar. Er hatte den Eindruck, daß die Ärzte ihn bereits aufgegeben hatten und daß ihm nichts mehr blieb, als, hilflos im Bett liegend, sein letztes Stündlein zu erwarten. In dieser Not frage er seine Frau nach einer Bibel. Sie war erstaunt über die ungewöhnliche Bitte, denn er hatte sein Leben lang nicht einmal das ›Buch der Bücher‹ zur Hand genommen. Doch sie besaß eine alte Bibel, die noch von ihrer Mutter stammte und die sie in einer Schreibtischschublade im Gästezimmer aufbewahrte. Also erfüllte sie ihm den Wunsch und holte die Bibel hervor. »Ich hatte keine Ahnung, wie ich an die Bibel herangehen sollte«, gestand er. »Ich öffnete sie einfach und fing an, hier und da zu lesen. Vieles schien uninteressant, doch als ich begann, die Evangelien zu lesen, erwachte mein Interesse. Der Text zog mich auf magische Weise in Bann. Ich spürte, daß hier eine Botschaft ganz besonderer Art zu finden war. Bei Matthäus, Markus, Lukas und bei Johannes las ich, wie Jesus Kranke wieder gesund machte. Ich begann nachzudenken. Wenn die Bibel uns verkündet, wie Jesus Kranke heilt, ja Tote wieder zum Leben erweckt, so muß all das auch einen Sinn für unsere Zeit haben. Wie zur Bestätigung meiner Gedanken stand an einer Stelle dem Sinne nach, daß Jesus Christus immer derselbe bleibt, gestern, heute und morgen. Wenn Jesus damals die Macht hatte, Menschen zu retten, dachte ich, so hat er dieselbe Macht auch heute, so gilt dieselbe Botschaft auch für uns! Ich begann, zu ihm zu beten, um mich ganz der Macht Gottes zu überantworten.«

»Und was geschah dann?« fragte ich.

»Sehen Sie mich an!« entgegnete er. »Was meinen Sie? Sehe ich nach einem todkranken Menschen aus?«

Seinem strahlenden Aussehen nach zu urteilen, schien er wirklich völlig genesen zu sein.

»Daß ich wieder gesund wurde, ist aber nicht alles. Meine Krise war ein Weg, zu Gott zu finden. Ich las weiter regelmäßig in der Bibel und fand immer neue Hinweise zu einem wertvollen Leben. Sie kennen vielleicht die Stelle, an der es heißt, wer immer sein Leben retten will, wird es verlieren, und wer sein Leben gibt, wird es gewinnen, oder? Nun, diese Worte nahm ich zum Anlaß, mein bisheriges Verhalten zu überdenken. Ich hatte nie zu denjenigen gehört, die geben, im Gegenteil: Weder für die Kirche noch für andere wohltätige Zwecke hatte ich jemals auch nur einen Cent hergegeben. Ich hatte mich aufs Nehmen verlegt: Ob es ums Geldscheffeln ging, ob es darum ging, einen Vorteil zu ergattern – ich war dabei. Doch nun verstand ich die Zusammenhänge: Mein Leben rann mir durch die Finger, ich war ernsthaft in Gefahr, es zu verlieren, weil ich nie etwas gegeben hatte, weder Geld noch Zeit noch mich selbst.

Nach meiner Genesung hatte ich Gelegenheit, mein Verhalten grundlegend zu ändern. Sie ahnen gar nicht, wieviel Lohnenswertes es gibt, für das man sich einsetzen, ja sich hergeben kann! Ob ich durch materielle Beiträge oder durch persönlichen Einsatz anderen helfe, stets fällt es auf mich selbst zurück. Jede Aktivität, die man aus nichtegoistischen Motiven heraus unternimmt, trägt auf wundervolle Weise zur inneren Bereicherung bei.«

Eines ist wohl sicher: Dieser Konzernchef, der mir so freimütig seine Glaubenserfahrung schilderte, muß ein Gefühl tiefer Dankbarkeit empfunden haben, als ihm das Leben wiedergeschenkt wurde. Sicher auch hatte diese Dankbarkeit ihr Gutteil zu seinem von Grund auf veränderten Lebenswandel beigetragen.

Die Besinnung auf unsere Lebenskraft

Als Gott den Menschen schuf, blies er ihm seinen Odem ein, die pulsierende Kraft des Lebens, die uns ein Leben lang begleitet – oder wie es in der *Apostelgeschichte* (17,28) heißt: »Denn in ihm leben, weben und sind wir.«

Wenn es uns an Vitalität mangelt, wenn wir unsere Schaffenskraft einbüßen, liegt es vielleicht daran, daß wir mit dieser ursprünglichen Lebenskraft nicht richtig umgehen, weil wir sie entweder unnütz vergeuden oder sie an ihrer Entfaltung hindern. Wie wir uns in richtiger Weise auf dieses Urgesetz des Lebens einstimmen, dazu will uns die Bibel anleiten. Die Grundlage zur Einstimmung auf die göttliche Kraft liegt stets in unserem Glauben, denken wir nur an die Worte *Jesajas* (40,31): »Die auf den Herrn vertrauen, bekommen neue Kraft, daß sie sich aufschwingen mit Flügeln wie Adler…«

Einer meiner Freunde schilderte mir, wie ihm eine tiefgreifende Erfahrung zur Besinnung auf seinen Glauben und seine gottgegebene Lebenskraft verhalf…

Als er sich eines Tages bei seinem Arzt einfand, um die Ergebnisse der kurz zuvor durchgeführten Untersuchungen zu erfahren, schaute ihn der Arzt sehr bedenklich an: »Die Befunde deuten darauf hin, daß Sie nicht mehr lange zu leben haben, da will ich Ihnen nichts vormachen.« Der Patient erschrak zutiefst. Natürlich konnte der Arzt keine präzisen Angaben darüber machen, wieviel Zeit ihm noch bliebe; er war aber der Ansicht, es könne eine Frage von wenigen Monaten sein.

»Gibt es keinerlei Hoffnung?« fragte der Patient in tiefer Verzweiflung.

»Es gibt immer eine Hoffnung«, entgegnete der Arzt, »vorausgesetzt wir sind imstande zu hoffen. Bedenken Sie folgendes: Wir Ärzte arbeiten mit Gott zusammen. Zwar behandeln wir den Patienten, aber Gott ist es, der ihn heilt. Wenn Sie Frieden mit Gott schließen, mag einiges anders aussehen. Ich würde mich auf jeden Fall sehr freuen, wenn sich meine jetzige Prognose als unrichtig erwiese.«

Als der Mann die Praxis verlassen hatte, wurde er sehr, sehr nachdenklich. Er ging langsam die Park Avenue entlang. Es war April, und die ersten Anzeichen des Frühlings machten sich bemerkbar. An Blumen und Sträuchern waren schon zarte Knospen zu sehen, und an den Bäumen zeigte sich das frische Grün neuer Triebe. Da durchfuhr ihn ein völlig neuartiger Gedanke: Ist es nicht merkwürdig, wie jeder Baum und Strauch, wie die gesamte Pflanzenwelt ein untrügliches Wissen um die Jahreszeiten in sich birgt? Alles in der Natur erwacht im Frühling unfehlbar zu neuem Leben. Er sann weiter nach: Gibt es zum Walten der Natur nicht auch eine Parallele im Menschendasein? So ist es doch denkbar, daß dieser Wiederbelebungsprozeß nach der leblosen Öde des Winters auch auf uns zutrifft, oder?

Sinnend stand er da, und plötzlich verspürte er das starke Verlangen, seine Empfindungen in Worte zu kleiden, und ohne sich um sein ungewöhnliches Verhalten Gedanken zu machen, sprach er auf der Stelle ein Glaubensbekenntnis: »Ich glaube an eine Wiederbelebung durch die göttliche Lebenskraft. Ich glaube, daß das Walten der Naturkräfte auch seine Entsprechung in meinem Körper findet. Ich bekenne mich zu der Kraft, die mir das Leben schenkt und mich gesunden läßt.« Diese Worte wurden zu seinem Gebet. Er machte sie zum Gegenstand regelmäßiger meditativer Versenkung und ließ sie täglich aufs neue vor seinem geistigen Auge lebendig werden.

Bei den nachfolgenden Untersuchungen nickte der Arzt immer häufiger zufrieden mit dem Kopf. Eines Tages konnte er seinem Patienten mitteilen, daß das Krankheitsbild, wie er es einige Monate zuvor gesehen hatte, nicht mehr vorhanden war: »Sie befinden sich auf dem Weg der Genesung und können wieder gesund werden.«

Wie dieser Fall beweist, tragen die Gedanken eines Menschen, sein Glaube und sein Beten ganz erheblich zum Heilungsprozeß bei. Daher besteht eine wichtige Maßnahme zur Wiederherstellung oder Aufrechterhaltung unserer Gesundheit darin, daß wir uns von trübsinnigen, schalen, kraftlos gewordenen und schädigenden Gedanken befreien, indem wir sie gewissermaßen aus unserem Geist herausschwemmen. Erinnern wir uns an dieser Stelle an die Worte der Ärztin Sarah Jordan aus Bostons Lahey-Klinik: »Nehmen Sie jeden Tag auch eine geistige Kopfwäsche vor!« Würde jeder das beherzigen, hätten wir bedeutend weniger Patienten in unseren Hospitälern. Doch solange wir nichts gegen das ungesunde Denken unternehmen, so lange wird es an unseren Kräften zehren und unsere Gesundheit beeinträchtigen.

Es war in New York. Zu viert – meine drei Begleiter und ich – fuhren wir mit einem Taxi durch die Innenstadt. Als wir eingestiegen waren, hatte ich beiläufig zu unserem Fahrer bemerkt: »Ein schöner Tag heute, nicht wahr?«, worauf er nur verdrießlich gebrummt hatte: »Mag sein, aber es wird noch Regen geben, vielleicht sogar Schnee…« Sein ganzes Denken schien von pessimistischen Vorstellungen beherrscht, wie weitere, ähnliche Bemerkungen zeigten. Während er sich seinen Weg durch das Verkehrsgewühl bahnte und wir uns unterhielten, fiel ab und zu das Wort ›Doktor‹, wenn einer meiner Begleiter mich anredete, was den Fahrer wohl zu der Annahme verleitete, er habe es mit einem Mediziner zu tun. Schließlich drehte er sich zu mir um und begann, mir sein Leid zu klagen: »Doktor, ich habe in der letzten Zeit dauernd Schmerzen im Rücken. Woran könnte das wohl liegen?«

»Ein Mann in Ihrem Alter sollte eigentlich keine Schmerzen haben«, entgegnete ich.

Doch er zählte weitere Symptome auf. Er leide an Magenschmerzen und habe Schwierigkeiten mit der Verdauung, sein Allgemeinbefinden sei stark beeinträchtigt.

Ich ließ ihn in dem Glauben, einen Arzt vor sich zu haben, und versuchte, die mir zugedachte Rolle so gut wie möglich weiterzuspielen. »Nun, ein Taxi ist vielleicht nicht der richtige Ort für eine Sprechstunde, doch ich will Ihnen meine Diagnose nennen. Wenn mein Verdacht zutrifft, leiden Sie an einer Psychosklerose.«

Der gute Mann wäre um ein Haar gegen die Bordsteinkante gefahren, so sehr hatte ihn meine Bemerkung erschreckt. »Psychosklerose?« fragte er. »Was ist denn das?«

Wenn ich ehrlich sein sollte, wußte ich es ebensowenig wie er, doch ich improvisierte weiter: »Sie haben vielleicht schon einmal etwas von Arteriosklerose gehört? Das ist eine ernste Erkrankung, bei der die Arterien von einer fortschreitenden Verhärtung befallen sind. Bei der Psychosklerose hingegen droht eine zunehmende Verhärtung des Denkens, die ebenso ernste Folgen haben kann.«

Sichtlich beunruhigt fragte er, was er dagegen tun könne. Ich schlug ihm vor, zu mir zur Behandlung zu kommen und reichte ihm meine Karte. »Na so was! Sie sind ja gar kein Mediziner! Sie sind Doktor der Theologie!«

»Vielleicht ist das die Art von Doktor, die Ihnen am ehesten helfen kann...«, sagte ich zum Abschied.

Später suchte er mich tatsächlich auf, und wir erarbeiteten gemeinsam einige wesentliche Regeln und Programmpunkte, wie er zu einem gesunden Denken gelangen konnte. Auf dieser Grundlage – das sei noch erwähnt – gelang es ihm, sich nach und nach (und ohne einen Mediziner zu Rate zu ziehen) von seiner ›Psychosklerose‹ zu befreien.

Unzählige Menschen öffnen mit ihrer ungesunden Denkart der Krankheit und dem Leiden Tür und Tor, ohne zu wissen, wie sie sich dagegen zur Wehr setzen können. Dabei ist die Antwort denkbar einfach. Sie liegt in einem Bekenntnis zu der großartigen Lebenskraft, die in uns allen pulsiert. Aufregung und Ärger sind ebenso vermeidbar wie die zerstörerischen Haßgedanken, sobald wir uns auf die Liebe besinnen. Die heilsamsten Gedanken der Welt sind die von Liebe getragenen Gedanken. Bemühen wir uns daher stets, unsere Mitmenschen zu lieben. Verwenden wir unsere Zeit darauf, Gutes von anderen zu denken. Lassen wir die negativen Gedankenströmungen, zu denen auch die Zweifel und das Mißtrauen gehören, gar nicht erst zu Wort kommen, damit die positiven Gedanken genügend Raum finden. Gesundes Denken läßt den Menschen gesunden und an Leib und Seele erstarken.

Natürlich mag eine radikale Umstellung des Denkens anfangs sehr schwer fallen. Doch wenn wir zunächst langsam und behutsam vorgehen und nichts überstürzen, dann wird sich auch der Erfolg schrittweise einstellen. In dem Maße, wie sich unser Wohlbefinden steigert, werden wir auch die Kraft finden, weitere Anstrengungen für ein gesundes, lebensbejahendes Denken auf uns zu nehmen – und das Experiment wird gelingen.

Ein gesundes Herz

Zur Abrundung dieses Themas soll noch ein Beispiel aus Wissenschaft und Forschung zeigen, wie auch dort das Hauptinteresse dem Menschen und seinem Wohlergehen gilt. Seit der besorgniserregenden Zunahme von Herzerkrankungen aller Art, die seit einigen Jahrzehnten in den Industrienationen zu verzeichnen ist, bemüht sich die medizinische Forschung in besonders großem Ausmaß um neue

Erkenntnisse, sowohl was die Ursachen der zahlreich auftretenden Herzleiden als natürlich auch deren erfolgreiche Behandlung betrifft. Mary McSherry berichtete vor Jahren in einem Artikel mit dem Titel ›Warum einige Menschen länger leben als andere‹ in der Zeitschrift *Woman's Day* von einer großangelegten Untersuchung über mögliche Ursachen von Herzerkrankungen...

»Die Medizinische Fakultät der Harvard University erstellte in Zusammenarbeit mit einem Forschungsteam des Trinity College in Dublin eine mehrjährige Studie über die Auswirkungen der Ernährung auf den Gesundheitszustand des Herzens. Unter der Leitung des prominenten Ernährungswissenschaftlers Dr. Frederic J. Stare wurde in diesem Projekt ein Vergleich zwischen einer in Amerika und einer in Irland lebenden Personengruppe durchgeführt. Bei den untersuchten Personen handelte es sich um 575 in Irland geborene Geschwisterpaare, von denen jeweils ein Geschwisterteil im Erwachsenenalter nach Amerika auswanderte, um sich in der Gegend von Boston anzusiedeln. Über einen Zeitraum von insgesamt neun Jahren wurden Ernährungsstil, Lebensweise und Herzfunktion aller Beteiligten beobachtet und für den Abschlußbericht der Studie ausgewertet.

Alle Geschwisterpaare – es handelt sich weitgehend um Brüder – waren in Irland, also unter ähnlichen Lebensbedingungen, aufgewachsen. Für den Vergleich des späteren Gesundheitszustandes war relevant, daß die Brüder jeweils die gleiche Nahrung zu sich genommen hatten, in der gleichen Umwelt groß geworden waren und die Erziehung ebenfalls gleich gewesen war.

Man ging von der Vermutung aus, daß Faktoren der Ernährung bei krankhafter Veränderung am Herzen eine Hauptrolle spielen. Schließlich gelten Herzkrankheiten berechtigterweise bis zu einem gewissen Maß auch als Wohlstandskrankheiten. Ein gewisser Lebensstandard bringt es mit sich, daß man größere Mengen gesättigter Fettsäuren zu sich nimmt, was zu einer Erhöhung des Cholesterinspiegels im Blut führt. Gerade das Cholesterin aber ist längst als ursächlicher Faktor bei vielen Herzerkrankungen entlarvt, weil es Ablagerungen an den Arterienwänden bildet und zu einer Verengung der Blutgefäße führt. Als Folge davon droht Herzinfarkt, ja Herzversagen. Daher hat auch das Interesse der Bevölkerung an einer bewußten Ernährung stetig zugenommen, beispielsweise wird zunehmend Wert auf eine fettarme und dafür proteinreiche Ernährung gelegt.«

Nun ergab aber die nähere Untersuchung, daß in Irland überwiegend Lebensmittel wie Fleisch, Kartoffeln, Milch, Sahne und dick mit Butter bestrichenes Brot den Speiseplan ausmachten. Salate und Gemüse nahmen im Vergleich dazu einen viel geringeren Raum ein. Trotzdem stellten sich die Herzen der untersuchten Iren als viel gesünder und leistungsfähiger heraus als die ihrer amerikanischen Brüder. Andere Aspekte der Untersuchung enthüllten, daß die Iren sehr viel zu Fuß gingen und ihre Muskelkraft gebrauchten, während die Brüder in Boston zur Passivität neigten. Sie hatten sich angewöhnt, mit dem Auto zu fahren, mit dem Fahrstuhl, mit der Untergrundbahn, mit dem Taxi. Während der eingebürgerte Iroamerikaner in ständig zunehmenden Druck und Streß geriet, ließ es der daheimgebliebene Ire bedeutend gemächlicher angehen.

Wie sich also herausstellte, war die Hauptursache für die häufigeren Herzerkrankungen der Amerikaner in erster Linie in ihrem veränderten Lebensstil zu sehen.

Hierzu schrieb Mary McSherry weiter: »Dr. Stare vertrat die Meinung, die Amerikaner könnten sehr viel in puncto Gesundheit von den Iren lernen. Es handelt sich allerdings weniger um Dinge, die tabellarisch zu erfassen oder rechnerisch nachzuweisen sind, doch sie sind nichtsdestoweniger ebenso real vorhanden, wie die Ergebnisse deutlich machen. Was die Iren uns Amerikanern voraushaben, ist ihre Einstellung zum Leben überhaupt. Die Untersuchung hat gezeigt, daß die hierzulande weit verbreitete Haltung, sich über alles Sorgen zu machen und aufzuregen, entschieden nachteilige Folgen für den Gesundheitszustand des Herzens hat, während auf der anderen Seite des Atlantiks das sonnige Gemüt und der große Optimismus der irischen Bevölkerung mit dazu beiträgt, Herzerkrankungen vorzubeugen. Nicht nachzuweisen, jedoch anzunehmen ist ferner, daß die Lebensfreude und Zufriedenheit der Iren aus einer tief verwurzelten Religiosität und einem Gottvertrauen herrühren, also aus einer Glaubenshaltung, die sie sich in viel größerem Maße als der Durchschnitt der amerikanischen Bevölkerung bis heute bewahrt haben.«

Das Fazit dieser Studie bekräftigt ebenfalls die Erkenntnis, daß weit mehr als alle äußeren Faktoren die innere Einstellung, der Lebensstil und die Gemütsverfassung eines Menschen für seine Gesundheit verantwortlich zeichnen.

Zusammenfassend noch einmal eine Übersicht über die wesentlichen Gedanken des Kapitels:

- Am Anfang jeder gesunden Entwicklung steht die Erkenntnis, daß wir selbst das meiste zu unserer Gesundheit beitragen können.
- Besinnen Sie sich auf die Quelle der Lebenskraft in Ihrem Inneren, die Sie beseelt und gesund erhalten will.
- Wenn Sie selbst richtig ›gestimmt‹ sind, stimmt auch Ihre Gesundheit.
- Vermeiden Sie nach Möglichkeit alle negativen Gedanken und Empfindungen, wie Haß, Ärger oder Sorgen, denn sie können Sie auch organisch krank machen.
- Seele und Körper bilden eine Einheit. Eine gesunde Seele ist daher die beste Grundlage für einen gesunden Körper.
- Besinnen Sie sich auf die Heilkraft des Glaubens, denn die Ärzte behandeln uns Menschen, Gott aber heilt uns.

13

Heitere Gelassenheit und Humor bereichern Ihr Leben

Auf unserer Farm bei Quaker Hill, nahe der Grenze nach Connecticut, steht ein alter Apfelbaum, der, wie der Gutsverwalter wissen will, weit über neunzig Jahre alt ist. Einst muß es ein stattlicher Baum gewesen sein, doch heute ist der kräftige Stamm an vielen Stellen hohl geworden, die Rinde ist knorrig, und die Äste sind trocken und brüchig.

Dieser Apfelbaum ist mehr für mich als nur eine sentimentale Kindheitserinnerung. Für mich ist er das Sinnbild eines einfachen und natürlichen Lebens. Was kümmert den Baum sein hohes Alter oder seine äußere Gestalt? In Einklang mit den Naturgesetzen bringt er Jahr für Jahr neue Blüten und Früchte hervor. Auch wenn die Äpfel den Vergleich mit unseren glänzenden Supermarktprodukten nicht mehr standhalten können, denn sie sind oft wurmstichig und voller Flecken, so sind sie doch immer noch unvergleichlich herzhaft im Geschmack.

Die Natur kann uns Menschen auf ihre stille Art vieles lehren. Manchmal, wenn ich der Großstadthektik entfliehen will, wenn mir alles zuviel wird und ich merke, daß ich den gesunden Abstand zu den Dingen verliere, suche ich Ruhe und Erneuerung bei diesem alten Apfelbaum, der mich seine wortlose Weisheit erfahren läßt. Seine Botschaft scheint zu lauten: Mensch, lebe dich selbst; erfülle die Aufgabe, die die

Natur für dich vorgesehen hat; und vor allem, bleibe gelassen und zufrieden, mögen auch Stürme um dich toben.

Etwas Ähnliches mag mein Partner, der Psychiater Dr. Smiley Blanton, im Sinne gehabt haben, wenn er seinen Patienten den Rat erteilte: »Versuchen Sie, alles etwas leichter zu nehmen. Lassen Sie sich nicht durch jede Kleinigkeit aus der Ruhe bringen. Sie werden sehen, *wie sich alles zum Guten wendet*, wenn Sie gelassen bleiben und Ihren Sinn für Humor bewahren.« Dabei erinnere ich Sie nochmals an unser gemeinsames Buch »*Aufforderung zum Glücklichsein – Wie sich alles zum Guten wendet*« (Ariston Verlag, Genf 1984, 1987).

Auch Ralph Waldo Emerson maß diesen Tugenden große Bedeutung bei. Um das Leben zu meistern, gelte es, so seine Überzeugung, stets eine heiter-gelassene Gemütsruhe zu wahren und zu einer Selbst-Beherrschung in des Wortes ursprünglicher Bedeutung zu gelangen.

Hektik fördert Negatives

Vor einiger Zeit verbrachten meine Frau und ich einen herrlichen Urlaub in Ostafrika. Wir besuchten die Länder Kenia und Tansania, wo wir einige wundervolle Photosafaris unternahmen. Für zwei Wochen zogen wir uns vom Trubel der Städte zurück und wohnten in einer kleinen Hütte – weitab von jeder anderen menschlichen Behausung in der unberührten Weite der Serengeti-Steppenlandschaft. Wir standen frühmorgens bei Tagesanbruch auf und gingen abends – von den Anstrengungen des Tages wohlig müde – ebenso zeitig wieder zu Bett. Es gab weder Tageszeitungen noch Radio, Fernsehen, Telephon oder ähnliche Errungenschaften der Technik, die unsere Ruhe störten. Es war herrlich wohltuend, zu erleben, wie die alten Spannungen und Aufregungen des Alltags mit jedem Tag mehr von uns abfielen.

Nach dieser Erfahrung wirkte die Rückkehr in die ›zivilisierte‹ Welt auf uns wie ein Schock. Durch unseren relativ kurzen Aufenthalt in der Einsamkeit hatten wir genügend Abstand gewonnen, um zu erkennen, wie unnötig im Grunde all die Hast und Hetze des heutigen Lebens sind.Es ist doch so: Die Schlagzeilen der Presse machen viel Lärm um nichts. Es vergeht fast kein Tag, an dem die Medien nicht jede Menge Staub aufwirbeln: heute wird dieses zum brennendsten Thema erklärt und morgen jenes. Doch wie bald schon gerät es wieder in Vergessenheit, wenn die nächste Sensation auftaucht! Warum, so fragen wir uns nun, sollten wir uns von der ewigen Jagd auf Neuigkeiten anstecken lassen und uns mit den vielen anderen erhitzten Gemütern über alles ereifern? Waren denn die Neuigkeiten wirklich so sensationell? Wiederholte sich im Grunde nicht nur immer wieder dasselbe unter neuem Vorzeichen? Schon Sokrates, der große griechische Philosoph, erkannte vor über zweitausend Jahren, daß es nichts Neues unter der Sonne gibt.

Gleichmut fördert Positives

Ein Schlüsselbegriff für unser seelisches Gleichgewicht ist dem bedeutenden Arzt Sir William Osler zufolge der Gleichmut. Eine gleichmütige Haltung hilft uns, allen Aufregungen gegenüber locker und gelassen zu bleiben, was sich nicht zuletzt auch auf unseren körperlichen Gesundheitszustand auswirkt. Die Lebensphilosophie, die dem Gleichmut zugrunde liegt, läßt sich – auf einen kurzen Nenner gebracht – durch den folgenden Spruch kennzeichnen: »Nichts währt ewig.« Fast keine Nachricht, kein Ereignis, kein Unglück ist es wert, darüber die Fassung zu verlieren. So ist es meist nicht das Ergebnis selbst, das – sachlich gesehen – zur Besorgnis Anlaß gibt, sondern es ist das Bild seiner Übersteigerung, das uns erschrecken läßt.

Zum echten Gleichmut gehört aber auch ein gewisser Abstand zu sich selbst. Gewöhnlich wird der eigenen Person viel zuviel Gewicht beigemessen, wird alles, was die eigene Person betrifft, viel zu ernst genommen. Die Folge: Wir lassen uns zu leicht aus der Ruhe bringen!

Dem in Wien praktizierenden Arzt Dr. Paul Dubois wurde nachgesagt, eine ungewöhnliche Methode zur Behandlung ungesunder Gemütszustände entwickelt zu haben. Seine Therapie bestand nämlich in der Anwendung gewisser sprachlicher Vorstellungen auf das jeweilige Leiden. Lebte beispielsweise ein Patient in ständiger Angst vor dem Versagen und fürchtete bei jeder Gelegenheit, sich der Lächerlichkeit preiszugeben, wurde ihm ein Begriff wie ›Unverletzlichkeit‹ an die Hand gegeben, damit er sich diesen täglich laut vorsprach und so oft wie möglich über seine Bedeutung meditierte. Litt der Patient unter Verspannungen und Streß, erhielt er vielleicht einen Begriff wie ›Gelassenheit‹ oder ›Gemütsruhe‹ zur Meditation.

Jene Wörter, die das Gegenteil der jeweiligen seelischen Störung zum Ausdruck brachten, erwiesen sich für den Heilungsprozeß als ausgesprochen wirksam, so daß diese Methode sehr empfehlenswert scheint. Zu den meistverschriebenen ›Heilwörtern‹ zählten ferner Begriffe wie ›Harmonie‹, ›Gleichmut‹ und ›Unerschütterlichkeit‹.

Eine ganz ähnliche Funktion wie die Versenkung in Einzelbegriffe erfüllt auch die Meditation über Weisheiten der großen Dichter und Denker der Weltgeschichte – so etwa über die folgenden Worte des Marcus Aurelius:

»Gräme dich nicht über den Lauf der Welt – die Welt kümmert sich nicht um deinen Gram.«

Oder:

»Wie lächerlich und weltfremd wirkt ein Erstaunen über irgendein Geschehnis, das im Leben auftreten mag.«

Ebenso enthalten volkstümliche Sprichwörter oftmals eine tiefe Weisheit, die zu beherzigen lohnt, wenn wir eine ausgeglichene Seelenstimmung erlangen wollen. Als Beispiel möchte ich diesen alten chinesischen Spruch anführen:

»Gehe an eine Krise mit Muße heran.«

Mit dem Gleichmut eng verknüpft ist ein Sinn für Humor. Mit Humor sind wir imstande, vieles auf die leichte Schulter zu nehmen, was andere bereits aus der Fassung bringt. Wer Spaß versteht und auch einmal über sich selbst lachen kann, wird viel leichter den erforderlichen Abstand zum Geschehen wahren können. Ein echtes Gespür für heitere Anlässe, für die Komik einer Situation kann uns und anderen oftmals Peinlichkeiten oder Ärger ersparen.

Gerade in potentiell belastenden Situationen kann Humor befreiend wirken – und er kann zu einer echten Lebenshilfe werden, wie im Falle des Onkel John…

Onkel John hatte bei einem schweren Unfall ein Bein verloren. Anfangs machten sich Nachbarn und Bekannte große Sorgen um ihn. Wie würde er mit seinem Gebrechen zurechtkommen? Würde er, ganz abgesehen von der Schwierigkeit, sich an Prothese und Krücken gewöhnen zu müssen, mit der psychischen Belastung fertig werden? Oder würde er sich mehr und mehr von seinen Mitbürgern abkapseln?

Onkel John war jedoch einer von denen, die sich nicht so leicht aufgeben. Wenn die Kinder auf der Straße ihm neugierig nachliefen, um sein Holzbein zu bestaunen, war er weder ärgerlich noch gekränkt. Kinder sind Kinder, dachte er sich, und ließ sie sein Holzbein aus nächster Nähe in Augenschein nehmen. Er war imstande, freimütig und offen jederzeit über sein Gebrechen zu sprechen. Wenn jemand Witze über sein Holzbein machte, lachte er selbst am lautesten mit. Und schließlich legte Onkel John mit seiner Prothese vermutlich mehr Kilometer zurück als so mancher mit seinen gesunden Beinen.

Niemand braucht wegen eines Gebrechens Hemmungen oder Scham zu empfinden. Das war auch die Lebensphilosophie meines Freundes Amos Parrish, der zu den größten Warenvertriebsexperten des Landes zählte. Amos hatte seit seiner Kindheit einen Sprachfehler: Er stotterte. Doch soweit ich zurückdenken kann, machte er sich nie etwas daraus. Im Gegenteil: Das Stottern war sein ureigenstes Attribut, sein ›Warenzeichen‹. Jeder, der ihn kannte, nahm Rücksicht auf diese Eigenart. Wenn er an einem schwierigen Wort ins Stocken geriet, warteten die Zuhörer geduldig ab, bis er es herausbrachte, denn für das, was er dann sagte, lohnte sich gewöhnlich das Warten.

Sein Sprachfehler hielt ihn auch nicht davon ab, Vorträge zu halten. Einmal war ich als Zuhörer bei einer seiner glänzenden Reden anwesend. Erst sprach er eine geraume Weile lang flüssig und ohne jedes Stocken, doch dann stolperte er über das Wort ›Cadillac‹. Es wollte einfach nicht über seine Lippen. Das Publikum schien seine Anstrengung nachzuempfinden, wie er darum rang, das verflixte Wort herauszubringen. »Ca-ca-ca-dillac! Ein Auto, das ich ka-ka-kaum aussprechen kann, geschweige denn ka-ka-kaufen!« Sie können sich unschwer vorstellen, wie das Publikum vor Vergnügen tobte!

Die Spielregeln des Lebens

Dwight D. Eisenhower, Oberbefehlshaber der alliierten Streitkräfte im Zweiten Weltkrieg und später Präsident der Vereinigten Staaten von Amerika, bewies durch seine Einstellung, daß die Leichtigkeit einer gelassenen und humorvollen Grundhaltung (die keineswegs mit Leichtfertigkeit zu verwechseln ist) einem Leben in höchster Verantwortung keineswegs widerspricht. Seine große Beliebtheit verdankte er wohl nicht zuletzt der Tatsache, daß er sich in allen Lebenslagen seinen Sinn für Humor und seine warmherzige

Natürlichkeit bewahrt hatte. Was ihn betraf, war und blieb er derselbe alte ›Ike‹, der Junge aus Abilene, auch wenn er sich an Schauplätzen von historischer Bedeutung bewegte.

Mir selbst war das Privileg vergönnt, diesen großartigen Menschen, der das genaue Gegenteil eines trockenen und bitterernsten Politikers verkörperte, einmal persönlich kennenzulernen, und zwar anläßlich einer großen Jubiläumsfeier der Polizei. Ich war frühzeitig dort eingetroffen, denn ich sollte im Rahmen der Feierlichkeiten eine kurze Ansprache halten, und nahm zunächst im Zuschauerraum Platz. Der Platz neben mir war reserviert, und zu meinem großen Erstaunen fand sich kurze Zeit später Präsident Eisenhower selbst dort ein. Er machte es mir mit seinem freundlichen Lächeln leicht, mit ihm ins Gespräch zu kommen.

»Es wäre vermessen von mir, eine Rede halten zu wollen«, bemerkte ich, »wo Sie selbst anwesend sind. Diese Ehre will ich gern an Sie abtreten.«

Doch er entgegnete fröhlich: »Wieso? Sie haben mir sicher etwas zu sagen. Ehrlich gesagt, ich glaube, ich kann Ihre Ratschläge sogar sehr gut gebrauchen!«

Eisenhower war zu den Feierlichkeiten erschienen, um eine Auszeichnung entgegenzunehmen. »Wissen Sie«, erklärte er mir augenzwinkernd, »schon als Kind hatte ich immer den Wunsch Polizist zu werden.«

Im Mittelpunkt der Feier stand eine Ordensverleihung an etwa einhundert Polizeioffiziere, die für besondere Verdienste geehrt werden sollten. Obwohl die Ehrung sich sehr lange hinzog, machte Eisenhower keinerlei Anstalten zu gehen. Er wohnte der Prozedur von Anfang bis Ende bei.

Währenddessen unterhielten wir uns im lockeren Plauderton über die verschiedensten Themen. Eine seiner scherzhaften Bemerkungen ist mir noch gut in Erinnerung: Er meinte, jeder, der eine Präsidentschaftskandidatur anstrebe, solle sich erst einmal auf seinen geistigen Gesundheitszustand untersuchen lassen. Doch auch Ernsteres kam zur Sprache. Als ich ihn fragte, wie er es schaffe, trotz der Last der Verantwortung, die sein Amt mit sich bringe, seine bewundernswerte Gelassenheit zu bewahren, erklärte er mir freimütig: »Ich vertraue auf Gottes Beistand. Wie könnte irgend jemand einer solchen Aufgabe gerecht werden, wenn er nicht Gottes Hilfe sicher wäre? Tagsüber führe ich meine Aufgaben nach bestem Wissen und Gewissen aus, und wenn ich mich dann schlafen lege, überantworte ich mich Gott im Gebet. Ich bitte ihn um Vergebung meiner Verfehlungen, danke ihm für seine Führung und seine Hilfe und vertraue mein Werk seinen Händen an.«

Eisenhower sah keinen Grund, sich wegen seiner Führungsposition für etwas Besonderes zu halten. Seine Philosophie war: »Das Schicksal hat mir diese und keine andere Aufgabe zuerteilt, und mir bleibt nur, sie so gut auszuführen, wie ich irgend vermag. Das gilt für mich wie für jeden anderen in seinem Bereich.«

Ich fragte Eisenhower, welchen Menschen er am meisten schätze.

Zu unserer Linken saß ein Dutzend der führenden Politiker des Landes. Mit einem spitzbübischen Lächeln deutete der Präsident in ihre Richtung: »Ich sage es ungern: Von den Herrschaften dort drüben ist es niemand.« Schnell fügte er jedoch hinzu: »Das soll nicht heißen, daß diejenigen, die in der Regierungsspitze tätig sind, keine großartigen Leistungen vollbringen.« Er sah mich an: »Spaß beiseite: Der Mensch, den ich am meisten auf der Welt schätzengelernt habe, ist – meine Mutter. Sie besaß etwas, was heute etwas sehr Seltenes ist – eine natürliche, unverfälschte Lebensweisheit. Wie oft wünschte ich mir bei einer schwierigen Entscheidung den Rat meiner Mutter! Sie konnte gradlinig denken und verstand die menschliche Natur durch und durch. Ich entsinne mich noch gut, wie sie uns eines Tages eine goldene Lebensregel vermittelte, die mich mein Leben lang begleitet hat.

Es war zu Hause auf unserer Farm in Pennsylvania. Meine Mutter, meine Brüder und ich saßen am Küchentisch und spielten Karten. Ich glaube, das Spiel hieß ›Flinch‹, auf jeden Fall war es ein sehr altmodisches Spiel. Meine Mutter gab die Karten aus, und ich erhielt das miserabelste Blatt, das man sich nur vorstellen kann. Ich konnte mir an den Fingern abzählen, daß ich nicht die geringste Chance hatte, zu gewinnen. Als ich zu nörgeln und zu murren begann, legte meine Mutter die Karten auf den Tisch und sagte: ›Hört mir einen Augenblick zu. Ich möchte euch etwas Wichtiges sagen, insbesondere dir, Ike. Dies ist ein Spiel, aber es ist genau wie das Leben selbst. Mehr als einmal wird euch im Leben ein schlechtes Blatt ausgeteilt werden. Die Regeln aber besagen, daß man jedes Blatt, ohne zu klagen und zu murren, annimmt und das Spiel zu Ende spielt! Nicht das Gewinnen allein zählt, sondern der Mut zum Spielen, gerade wenn die Karten einmal nicht so ausfallen, wie ihr das euch gewünscht habt!‹«

Noch etwas anderes werde ich wohl nie vergessen. Als sich Präsident Eisenhower von mir verabschiedete, bedankte er sich bei mir für die angenehme Unterhaltung mit folgenden Worten: »Sie haben mir Gelegenheit gegeben, über Dinge zu sprechen, die mir viel bedeuten. Ich danke Ihnen für Ihr aufmerksames Zuhören. Gottes Segen mit Ihnen!« Wie ein Mensch sich bei aller Größe und Berühmtheit eine solche Bescheidenheit, ja entwaffnende Demut bewahren kann, war eine Lektion, die mich noch lange beschäftigte.

Nicht die Vergangenheit, sondern die Zukunft zählt!

Ein anderer Mensch, der in seinem erfüllten und von Erfolg begleiteten Leben stets eine beispiellose Gemütsruhe und Gelassenheit ausstrahlte, war mein Bruder Robert Clifford Peale. Bob war Arzt. Er war einst ein hochangesehener

Chirurg, als ein namhafter Kollege ihn gerne als Nachfolger seiner gutgehenden Großstadtpraxis gesehen hätte – doch Bob entschied sich für das Leben in der Kleinstadt. Nichts konnte ihn von seinem Vorhaben abbringen, sich an einem kleinen Ort niederzulassen. Er spürte, er war wie geschaffen für ein Leben in einer kleinen, überschaubaren Gemeinschaft, wo jeder jeden kannte und an den Sorgen und Freuden der anderen teilnahm. Bob liebte die Menschen und hatte sich zum Ziel gesetzt, ihnen in ihren Sorgen und Nöten zu helfen, so gut er konnte. Er widmete sich seinen Patienten, ob jung oder alt, schwarz oder weiß, arm oder reich, mit gleichbleibender Sorgfalt und Geduld.

Als praktizierender Arzt, der mit Leiden aller Art konfrontiert wurde, wußte Robert um die schädigenden Folgen einer ungesunden Geisteshaltung. Tagtäglich konnte er in seiner Praxis erleben, wie viele Patienten durch Kummer oder Sorge krank wurden. Er mußte mitansehen, wie das Brüten über vergangene Fehler die Menschen zermürbte, wie durch das Nachsinnen über weit zurückliegende unangenehme Erlebnisse ihre Schaffenskraft nachließ. Sein bewährtester Rat an seine Patienten lautete daher: »Nehmen Sie das Leben nicht so schwer. Verlassen Sie sich auf Ihren angeborenen Humor, der Ihnen hilft, das Vergangene weniger tragisch zu nehmen.« Wie jeder gewissenhafte Arzt, so setzte auch Bob – als wichtige Ergänzung zu den Medikamenten – auf die seelische Therapie: »Grübeln Sie nicht länger nach über das Schreckliche, das geschehen ist. Schauen Sie nach vorn, dorthin, wo Ihre Hoffnungen liegen. Vertrauen Sie auf Gott, der uns die Fehler der Vergangenheit vergibt und der unser Leben in Liebe begleitet.«

Als Robert starb, trafen unzählige Trauergäste ein, um ihre Dankbarkeit zu zeigen und ihm die letzte Ehre zu erweisen. Ich saß gedankenverloren auf seinem Stuhl in der leeren Praxis. Vor mir lagen die Meßinstrumente an ihrem gewohnten Platz. Sinnend nahm ich sein Stethoskop in die

Hand. Mit diesem Instrument hatte er fünfundvierzig Jahre lang den Herzschlag unzähliger Menschen verfolgt. In Gedanken hörte ich noch einmal seine Ratschläge: »Lockert eure Spannungen. Schaut zum Himmel auf und in die Natur. Laßt die Schönheit der Berge, der Blumen, der Wiesen und Wälder auf euch wirken. Sie hilft euch, Gottes Frieden zu empfinden.« Ich riß mich los aus meinen Grübeleien und trat aus den alten Praxisräumen wieder ans Sonnenlicht. »Laß die Trauer!« schien er mir zu sagen, und ich spürte, wie mein Kummer über den erlittenen Verlust einem Gefühl des Friedens und der Dankbarkeit wich. Ich war dankbar, diesen Menschen zum Bruder gehabt zu haben. Als letzte ›Verordnung‹ an mich nahm ich seine oft gehörten Worte mit auf den Weg: »Hänge nicht an der Vergangenheit, sondern schau nach vorn, dorthin wo die Zukunft liegt. Und bewahre deinem Herzen Frieden!«

Nehmen Sie sich selbst nicht zu ernst!

Die Besinnung auf die Gaben des Humors und der Gelassenheit macht sich besonders in heiklen Situationen stets bezahlt. Wer über sich selbst lachen kann, hat bald die Lacher auf seiner Seite. Ein Scherz oder eine zwanglose, humorvolle Bemerkung verschaffen uns den nötigen Abstand zu uns selbst, wie sie auch dazu beitragen, in der Luft liegende Spannungen aufzulösen. Lassen Sie daher Ihre Mitmenschen gelegentlich wissen, daß Sie auch imstande sind, über Ihre eigenen Fehler zu lachen, und daß Sie sich nicht alles, was Ihre eigene Person betrifft, gleich zu Herzen nehmen.

Ich mußte in meinem Leben immer wieder erfahren, daß die meisten Menschen einem Vertreter der Geistlichkeit äußerst reserviert und skeptisch, wenn nicht gar feindselig begegnen. So oft ich in meiner langjährigen Tätigkeit auch Vorträge bei Handelstagungen, Geschäftsversammlungen und Marketingkursen gehalten habe, so höre ich doch immer wieder den überraschten Protest laut werden: »Wieso soll ausgerechnet ein Geistlicher auf unserer Tagung eine Rede halten?« Meist fällt die Haltung des Publikums entsprechend kritisch und ablehnend aus, so daß ich mir im Laufe der Zeit angewöhnt habe, gleich zu Anfang eines Vortrags die erwartete Kritik vorwegzunehmen. Das kann geschehen, indem ich eigene Schwächen bloßlege oder eine passende Anekdote zum besten gebe. Zur Auflockerung der Atmosphäre schildere ich meinem Publikum auch gerne einleitend die folgende Begebenheit...

Einmal war ich als Redner zur Jahresversammlung der Nationalen Bankiersvereinigung geladen. Es war schon spät, als ich das Hotel betrat. Die Festgesellschaft war bereits zum Diner im Speisesaal versammelt. Ich beeilte mich deshalb, auf mein Zimmer zu gehen und mich umzuziehen. Als ich mit dem Fahrstuhl wieder hinunterfuhr, begegnete mir einer der Bankiers, der sich anscheinend von seinen Kollegen abgesondert hatte. Seine schwankenden Bewegungen ließen unschwer erkennen: Der gute Mann hatte mehr als einmal etwas tiefer als gewöhnlich ins Glas geschaut. Sein unsteter Blick taxierte mich mehrmals ab. Da er meinem Äußeren keinerlei Hinweis auf meine Funktion entnehmen konnte, zog er mich gleich vertraulich ins Gespräch. Er wollte wissen, was ich mit dem angebrochenen Abend vorhatte. Ich antwortete ihm wahrheitsgemäß, daß ich mich auf dem Weg zu der Bankiersversammlung befand, worauf er mit deutlichem Unwillen abwinkte: »Ach, da ist doch nichts los! Eigentlich müßte ich ja auch dorthin, aber mir steht nicht der Sinn nach diesem ganzen unnützen Gerede.«

»Warum soll dort nichts los sein?« fragte ich harmlos.

»Stellen Sie sich vor!« redete er auf mich ein. »Da haben die doch für heute abend einen Prediger aus New York engagiert!«

»Was Sie nicht sagen?«

»Wieso ausgerechnet ein Pfaffe die Rede halten soll, ist mir unverständlich. Ich kann mir keinen anderen Reim drauf machen, als daß den Herrschaften das Geld ausgegangen ist.«

»Ich denke«, sagte ich, »daß ich trotzdem dorthin gehe. Was sollte ich auch sonst machen?«

Das schien er nicht begreifen zu können. Also wiederholte er noch einmal mit Nachdruck: »Ich sage Ihnen, das ist alles nur unnützes Geschwätz!«

»Vielleicht kann ich selbst aus dem ›unnützen Geschwätz‹ noch etwas lernen«, gab ich zurück.

Nach diesem Wortwechsel ging jeder seiner Wege. Als ich später an das Rednerpult trat, entdeckte ich ganz hinten im Publikum meine Zufallsbekanntschaft aus dem Fahrstuhl wieder. An seinem bestürzten Gesicht sah ich, daß auch er mich wiedererkannt hatte.

Im Anschluß an den Vortrag bahnte sich der Bankier einen Weg zu mir nach vorn. Ein Spielverderber schien er nicht zu sein. Er reichte mir die Hand und sagte: »Schlagen Sie ein! Hatten wir nicht beide recht? Wie Sie sehen, bin auch ich erschienen, um aus dem ›unnützen Geschwätz‹ etwas zu lernen.«

Es muß keineswegs immer das geistreichste und orginellste sein, womit wir zur Auflockerung einer Situation beitragen. Was zählt und seine Wirkung selten verfehlt, sind die Bereitschaft und der gute Wille zum gegenseitigen Verständnis.

Eine wundervolle Eigenschaft

Unerschütterlichkeit ist eine der wundervollsten Eigenschaften, die ein Mensch besitzen kann. Wer sich nicht erschüttern läßt, kann all den täglichen Ärger und die vielen kleinen Aufregungen wie Wassertropfen an sich abgleiten lassen. Dabei bedeutet eine unerschütterliche Haltung keineswegs, daß wir unsere Pflichten und Aufgaben nicht ernst nehmen und nicht gewissenhaft erledigen. Doch sobald wir gelernt haben, die natürliche Entwicklung des Geschehens in heiterer Gelassenheit abzuwarten, schwinden unnötiger Druck und Spannungen wie von selbst. Wenden wir also unsere Kraft und unsere schöpferische Intelligenz auf die Dinge an, die wir ändern oder verbessern können, und akzeptieren wir andererseits gelassen das Unvermeidliche.

Wie es aussieht, wenn man sich alles und jedes unter die Haut gehen läßt und etwas mit Gewalt erzwingen will, führte mir ein New Yorker Taxifahrer vor Augen. Er war so reizbar und schlecht gelaunt, wie man nur sein kann. Der unglaubliche Verkehr schien ihm den letzten Nerv zu rauben. Er fühlte sich ständig von den anderen Verkehrsteilnehmern behindert, geschnitten, bedroht. Unablässig machte er seinem Unmut Luft, indem er ärgerlich hupte oder seinen Kopf aus dem Fenster reckte und kräftig fluchte.

Vorn am Armaturenbrett war ein Schild angebracht, auf dem zu lesen war: »Wer in diesem Chaos den Kopf nicht verliert, versteht nicht den Ernst der Lage!« Ich beobachtete meinen übernervösen Fahrer, während wir im Schneckentempo vorwärtskrochen. Dann schrieb ich etwas auf eine Karte, die ich ihm beim Bezahlen überreichte.

»Was soll das bedeuten?« fragte er und las den Text.

Ich hatte einen Vers aus *Jesaja* (26,3) aufgeschrieben: »Wer festen Herzens ist, dem bewahrst du Frieden: denn er verläßt sich auf dich.«

Er schaute mich an und sagte: »Das klingt gut. Woher haben Sie das?«

»Aus einem Buch«, antwortete ich, »das unter anderem die Botschaft enthält, das Leben mit Gelassenheit zu nehmen.«

Als ich mich noch einmal umblickte, stand der Wagen noch an derselben Stelle. Der Fahrer war in Gedanken versunken, während um ihn herum das Gehupe und Getöse weiterging. Vielleicht war er dem Geheimnis der Gemütsruhe eines festen Herzens ein Stück nähergekommen?

Was auch immer auf uns einstürmt, wir alle können lernen, es in Gleichmut und innerer Ruhe hinzunehmen.

Selbst das Wetter ist ein Faktor, der unsere Gemütsverfassung erheblich beeinflussen kann. Die meisten Menschen geraten bei schlechtem Wetter allzu leicht aus der Fassung und – was noch schwerer wiegt – stecken andere mit ihrer Unzufriedenheit an. Doch es gibt auch Ausnahmen, wie mir ein Mann in Saint Louis einmal zeigte…

Die Temperaturen waren auf den Gefrierpunkt abgesunken. Ich wollte nach Kansas City, doch da der Flugverkehr eingestellt war, blieb mir nun nichts anderes übrig, als die Bahn zu benutzen.

Beim Begleichen der Rechnung sagte der Empfangschef: »Sehen Sie nur das Unwetter dort draußen. Ein scheußliches Wetter heute!« Vom Portier bekam ich die gleichen Worte zu hören, und auch der Hotelchauffeur brummte mürrisch: »Schrecklich, dieses scheußliche Wetter heute!«

Am Bahnhof empfing mich ein griesgrämiger Gepäckträger mit den Worten: »Ein scheußlicher Tag, nicht wahr?« Überall wurden dieselben Klagen über das Wetter laut.

Auf dem Bahnsteig fegte mir ein eisiger Wind Schnee- und Regenschwaden in Gesicht und Nacken. Da hörte ich meinen Namen rufen. Ein großer Mann, mit einem leichten, nicht einmal zugeknöpften Regenmantel bekleidet, kam auf mich zu. Er schien ausgesprochen guter Laune zu sein. »Guten Morgen!« begrüßte er mich strahlend. »So ein herrlich scheußliches Wetter heute!«

Er begleitete mich zu meinem Zugabteil. »Das klingt sehr merkwürdig, was Sie da sagen«, bemerkte ich.

Er sah mich mit einem Augenzwinkern an. »Aber es entspricht den Tatsachen. Da alle über das scheußliche Wetter einer Meinung sind, ist es für mich eben ein herrlich scheußliches Wetter.«

Dann fuhr er fort: »Diese Haltung kenne ich nur allzugut. Ich selbst war der schlimmste Griesgram, den man sich nur vorstellen kann. Meine negative Einstellung bezog sich auf alles und jedes, auf Ereignisse, Menschen, Umstände. Gleichzeitig war es für mich selbst eine schlechte Zeit, denn ich war ständig gereizt und nervös – bis ich eines Tages meine Lektion lernte. Ich begriff: Unsere Denkweise ist es, die uns den größten Schaden zufügen kann! Da unternahm ich einen gründlichen ›inneren Hausputz‹ und fegte sozusagen die ungesunden Muster aus meinem Denken fort. Ich hatte gelernt, daß alles anders aussah, sobald ich selbst nicht mehr so verkrampft und unmutig an dic Dinge heranging. Und – ich fand meinen Sinn für Humor wieder...«

Das konnte ich nur bestätigen, denn wie sonst könnte jemand auf so eine ausgefallene Wendung wie ›herrlich scheußliches Wetter‹ kommen?

Hier noch einmal die Schwerpunkte des Kapitels:

- Lassen Sie sich von all dem Geschrei um Sensationen und Katastrophen nicht verrückt machen! Vieles ist gar nicht so sensationell und verdient es nicht, daß Sie sich darüber ereifern. Denken Sie an Sokrates, der sagte: »Es gibt nichts Neues unter der Sonne.«
- Nehmen Sie sich Begriffe wie *Gelassenheit, Unerschütterlichkeit und Gleichmut* als meditative Übung vor. Sie werden in ihnen ein ausgezeichnetes Gegengewicht gegen Streß und Hektik finden.
- Bewahren Sie Ihren Sinn für Humor. Es gibt nichts, was Sie so leicht aus der Ruhe bringen müßte.
- Lernen Sie, den Abstand zur eigenen Person zu wahren, indem Sie auch einmal über sich selbst lachen.
- Akzeptieren Sie das Blatt, das das Leben Ihnen zuteilt, und spielen Sie es ohne Murren zu Ende.

14

Die Kunst, über allen Schwierigkeiten des Lebens zu stehen

Auch über dem letzten Kapitel dieses Buches in Ihren Händen steht wieder der Leitgedanke: Der Mensch ist imstande, sein Leben zu meistern, sobald er sich auf die schöpferischen Fähigkeiten in seinem Inneren besinnt und, was dabei das wichtigste ist, ihnen zugleich auch vertraut! *Sie können, wenn Sie glauben, es zu können* – so lautet meine Botschaft an Sie.

Diese Formel enthält alles, was Sie benötigen, um Ihre Probleme fest in den Griff zu bekommen. Statt sich in Schwierigkeiten verstricken oder sich gar von ihnen erdrükken zu lassen, sind Sie imstande, sich über sie zu erheben. Wer die Wahrheit dieses kraftvollen Lebensprinzips einmal an sich erfahren hat, der wird sich auch angesichts einer vorübergehenden Niederlage, auch in schweren Stunden, nicht mehr so leicht erschüttern lassen, weil er weiß: Aus jeder Schwierigkeit führt ein Weg heraus!

»In allen Lebenslagen«, so sagte schon Goethe, »ist es besser zu hoffen als zu verzweifeln.« Die Hoffnung auf den letztendlichen Erfolg spielt die entscheidende Rolle im Umgang mit unseren Problemen. Aus ihr erwächst uns die Kraft für einen neuen Versuch nach jedem Scheitern, denn sie fußt auf der Überzeugung, daß immer ein neuer Anfang möglich ist.

Die Flut kehrt immer zurück

Vor Jahren sah ich im Empfangszimmer eines großen Büros einen alten Druck an der Wand, den ich weder als schön noch als künstlerisch besonders wertvoll bezeichnen würde. Seinem Besitzer schien das Bild jedoch sehr viel zu bedeuten, denn es hing an einer zentralen Stelle im Raum, wo es jeder sah. Im Vordergrund des Bildes war ein altes, verwittertes Boot abgebildet, das einsam und verlassen am Strand lag.

Es war Ebbe. Nur eine glitzernde Linie im Hintergrund ließ das ferne Meer erahnen. Auf dem Bild fehlte jedes Leben, jede Bewegung. Es machte auf mich einen recht trostlosen Eindruck.

Ich fragte den Besitzer, warum er sich ausgerechnet dieses Bild in sein Zimmer gehängt hatte, und erhielt folgende Antwort: »Der Beginn meiner beruflichen Laufbahn fiel in eine sehr schwere Zeit. Alles schien sich gegen mich verschworen zu haben. Hinzu kamen Schwierigkeiten im Privatleben. Da sah ich eines Morgens – ich war gerade bei einem Klienten zu Besuch – dieses Bild an der Wand hängen. Während ich noch warten mußte, betrachtete ich es gedankenverloren. Unter dem Bild stand: ›Die Flut kehrt immer zurück.‹ Das gab mir zu denken. Ich malte mir aus, wie die Flut das verlassen daliegende Boot zu neuem Leben erweckte. Im gleichen Moment durchfuhr mich der Gedanke: Auch für mich kehrt die Flut wieder zurück! Unmittelbar spürte ich, wie eine kraftvolle Welle der Hoffnung mich durchflutete und mir neuen Antrieb gab.

Nach der geschäftlichen Unterredung sprach ich den Klienten auf das Bild an. Ich fragte ihn, ob er es mir nicht verkaufen oder vermachen wolle, und versicherte ihm gleichzeitig, es in Ehren zu halten.

Viele Jahre später, nach dem Tode dieses Mannes, ging das Bild tatsächlich in meinen Besitz über. Er hatte meine

Bitte nicht vergessen und es mir vermacht! So kam es hierher.«

Bei aller Trostlosigkeit, die das Bild auf den ersten Blick ausstrahlte, enthielt es doch eine wundervolle Botschaft, die Botschaft der Hoffnung. Wer die Vorstellung der zurückkehrenden Flut recht verinnerlichen kann, wird in dieser Hoffnung eine ständige Kraftquelle finden, die ihn zum Weitermachen, ja, zum Weiterkämpfen trotz größter Widrigkeiten motiviert.

Welche großartige, lebenserneuernde Kraft aus dem Prinzip der Hoffnung erwachsen kann, zeigt die Lebensgeschichte Audrey Bragas...

Frau Braga war mit ihrem Mann Paul bei mir zu Gast, als sie von ihrem schweren Schicksal berichtete. »Im Grunde bin ich erst zwölf Jahre alt«, sagte sie, »auch wenn ich nach dem Kalender bereits fünfundfünfzig Jahre zähle.« Wie ihr Mann bestätigte, war sie vor zwölf Jahren zu einem völlig neuen Leben erwacht.

In jungen Jahren hatte Frau Braga an einer schweren Erkrankung der Hirnanhangdrüse gelitten, die mit Röntgenstrahlen behandelt werden mußte. In der Folgezeit waren unvorhergesehene Nebenwirkungen aufgetreten, die schwere Schädigungen ihrer Gehirnzellen verursacht hatten. Sie vegetierte nur noch dahin, ohne eine Möglichkeit, sich mitzuteilen.

Später wurde durch eine neurochirurgische Operation eine gewisse Besserung herbeigeführt. Ihr Sprachvermögen und ihre Fähigkeit zu lesen wurden wiederhergestellt, doch insgesamt gesehen blieben ihre geistigen Fähigkeiten auf der Entwicklungsstufe eines Kindes. Noch viele Jahre nach der Operation war ihr ihre geistige Beschränkung schmerzlich bewußt.

Eines Tages entdeckte sie in einem französischen Kunstmagazin einige chinesische Gemälde. In dem begleitenden Artikel wurde der Unterschied zwischen westlicher und östlicher Kunst erläutert. Während die Kunst der westlichen Welt in erster Linie die Sinne anzusprechen suche, wende sich die traditionelle chinesische oder auch japanische Kunst an die intuitiven Fähigkeiten und versuche, den menschlichen Geist in seiner Gesamtheit zu stimulieren.

Wenn das zutraf, war es genau das, was sie suchte! Seit Jahren bemühte sie sich verzweifelt, einen Weg zur Weiterentwicklung ihrer Geisteskräfte zu finden.

An dieser Stelle ihres Berichts packte Audrey einige chinesische Rollbilder aus, erlesene Feder- und Tuschezeichnungen auf feinstem Seidenuntergrund. Es war kaum glaubhaft, daß die kunstvollen Bilder, die sie vor meinen Augen ausrollte, ihre eigene Schöpfung sein sollten!

Der Zeitungsartikel hatte den ersten Anstoß geliefert. Zäh und hartnäckig hatte Audrey fünf Monate lang an ihrem ersten Versuch gearbeitet, ein chinesisches Meisterwerk in allen Einzelheiten abzumalen. Dann nahm sie Zeichenunterricht und begann binnen kurzem, auch eigene Motive zu gestalten. Es war wirklich erstaunlich, welch ungeahntes künstlerisches Talent in ihren Werken zutage trat.

Eine Ausstellung von etwa hundert ihrer Bilder in der Stadthalle von Hongkong erregte sogar unter Kennern einiges Aufsehen. Namhafte Künstler bestätigten Audrey Braga immer wieder begeistert ihre außerordentliche Begabung. Ihre eigene Erklärung dieser Entwicklung war: »Ich suchte einen Weg, und ich fühlte, es gab diesen Weg. Mit einemmal wußte ich: Das Geheimnis dieses Weges liegt in meinem Inneren. Davon tief überzeugt und daran glaubend, strömten mir plötzlich ungeahnte Kräfte zu, Kräfte, die ich zuvor nicht gekannt hatte.«

Wohl jeder von uns hat so manches Unglück hinzunehmen. Vielleicht durchleben Sie gerade jetzt eine schwierige Phase? Fassen Sie Mut, denn Sie sind imstande, die Gegebenheiten zu ändern. Denken Sie daran, daß jede Notlage neue, potentielle Werte in sich birgt. Wer die Hoffnung nicht aufgibt und sich wachhält für neue Möglichkeiten, wird sie auch finden. Schon der große griechische Philosph Aristoteles, der Lehrer Alexanders des Großen, sagte: »Der Mensch erwirbt sich eine neue Fähigkeit, indem er auf neue Art und Weise handelt!«

Ob die Flut wieder zurückkehrt oder nicht, hängt nicht zuletzt von unserer inneren Haltung ab. Sind wir also bereit, an den positiven Ausgang zu glauben und mit unserem Denken und Handeln darauf hinzuarbeiten!

Übermenschliche Kräfte

Wir machen uns meist keine rechte Vorstellung von den unermeßlichen Kräften, die in uns walten. Ich bin sicher, daß der Farmer, von dem in dem nächsten Beispiel die Rede sein wird, seine eigene Leistung ebensowenig für möglich gehalten hatte wie Sie oder ich. Doch er vollbrachte das Außergewöhnliche, weil ihm in der höchsten Krise gewaltige Kräfte zur Hilfe kamen...

Der Farmer stand vor seinem Stall und sah zu, wie der kleine Kombiwagen quer über die Felder kurvte. Sein vierzehnjähriger Sohn saß am Steuer. Da der Junge so versessen aufs Autofahren war, ließ der Vater ihn gewähren, solange er auf dem Anwesen blieb und den öffentlichen Verkehr mied. Nun mußte der Farmer zu seinem großen Entsetzen mitansehen, wie der Wagen plötzlich in den Wassergraben sauste und sich dort überschlug. Er rannte zur Unfallstelle. Sein Sohn war unter dem umgestürzten Auto eingeklemmt! Sein Kopf befand sich unter Wasser!

Ohne eine Sekunde Zeit zu verlieren, sprang der Farmer in den Graben. Er bekam den Wagen von unten zu fassen und hob ihn hoch – gerade genug, daß ein hilfreicher Farmarbeiter den Jungen unter dem Auto hervorziehen konnte.

Wenig später traf der Arzt ein und behandelte den Jungen, der, abgesehen von einigen Abschürfungen und Prellungen, glimpflich davongekommen war.

Nun, als die unmittelbare Gefahr vorüber war, begann der Vater, der übrigens mit einem Meter sechzig und hundertvierzig Pfund gewiß kein kraftstrotzender Riese war, sich zu wundern. Es bestand kein Zweifel: Er selbst hatte den Wagen eigenhändig hochgehoben. Wie war das möglich? Er versuchte es noch einmal. Diesmal jedoch, so sehr er sich auch anstrengen mochte, konnte er den Wagen keinen Zentimeter von der Stelle bringen.

Der Arzt konnte zu diesem Phänomen nur bemerken, daß der menschliche Organismus in einer lebensbedrohlichen Krise mitunter in der Lage ist, übermenschliche Kräfte freizusetzen. Bekanntlich spielt in einem solchen Prozeß der Wirkstoff Adrenalin, der im Nebennierenmark produziert wird, eine große Rolle.

Wie auch immer die Wissenschaft diese Zusammenhänge beschreibt, für uns zählt in erster Linie die Botschaft, daß diese wunderbaren Kräfte bereits in latenter Form in uns allen vorhanden sind. Es bedarf lediglich eines geeigneten Auslösers, um sie im erforderlichen Moment zur Entfaltung zu bringen.

Das gewisse Maß an Mut

Nicht nur Krisen setzen ungeahnte Kräfte frei. Im Grunde kann alles dazu dienen, die Kraftreserven in unserem Inneren anzuzapfen. William H. Danforth, Direktor eines bedeutenden Industrieunternehmens, war noch sehr jung, als er dank seines verständnisvollen Lehrers den Zugang zu seinem inneren Kräftepotential fand.

Er war immer schwach und gebrechlich gewesen. Da er ständig kränkelte, hatte er sich bereits im Jungenalter damit abgefunden, als ›chronischer Halbinvalide‹ zu gelten.

Eines Tages appellierte der Lehrer an seinen Mut. »Habe den Mut, die Erkältungen und das Fieber aus deinem Körper zu vertreiben!« forderte er ihn auf. »Fülle deine Lungen mit frischer Luft, führe deinem Körper gesunde Nahrung zu und trainiere deine Muskeln. Traue dich, gesund und stark zu werden, vielleicht sogar der stärkste der Klasse!«

Offensichtlich gehört ein gewisses Maß an Mut dazu, sich der eigenen Kräfte in bisher unbekannter Weise zu bedienen. Genau das erlebte William Danforth nun an sich selbst. »Ich spürte, wie mein Blut regelrecht in Wallung geriet«, erinnerte er sich, »als ob es auf die Herausforderung antworten wollte. Eine Welle von Kraft flutete durch meinen Körper. Bis in die Fingerspitzen spürte ich ein Kribbeln. Ich weiß nicht wie, aber es gelang mir, das krankmachende Gift aus meinem Körper zu vertreiben und mit jedem Tag kräftiger zu werden. Später nahm ich es tatsächlich in so mancher Rauferei mit den stärksten unserer Klasse auf. Seit jenem Tag habe ich keine Unterrichtsstunde, kein Spiel, keine Gelegenheit mehr aus Krankheitsgründen versäumt.«

Es war eine wunderbare Erfahrung, die ihn sein Leben lang begleitete. Wenn sich Gelegenheit bot, gab er sie auch gern an andere weiter, beispielsweise an den jungen Mann, der als Schlosser bei einer Elektrofirma arbeitete. Dieser junge Mann mußte voller Neid mitansehen, wie andere seines Alters, die ihren Collegeabschluß gemacht hatten, um soviel bessere Berufs- und Aufstiegsmöglichkeiten hatten. William Danforth, der den Jungen nur allzugut verstand, forderte ihn auf: »Haben Sie Mut! Trauen Sie sich, Ihre Arbeit zu kündigen, um Ihren Schulabschluß nachzuholen!«

Seine Worte verfehlten ihre Wirkung auf den jungen Mann nicht. Dieser ließ sich anspornen. Inzwischen hat er, nach erfolgreicher Beendigung seines Studiums, eine ausgezeichnete Stelle als Elektroingenieur gefunden.

Ich möchte auch Ihnen diesen Rat weitergeben: Haben Sie Mut, Ihre schlummernden Kräfte zu wecken und Ihre

Pläne in die Tat umzusetzen! Sie tragen die Anlagen in sich, über sich hinauszuwachsen. Setzen Sie daher Ihre Ziele nie zu niedrig, trauen Sie sich, große Träume und Wünsche zu hegen. Wagen Sie das Neue, und Ihre Kräfte werden Sie nicht im Stich lassen.

Einmal traf ich William H. Danforth, als er bereits sechsundachtzig Jahre alt war, in der überfüllten Empfangshalle eines Hotels in Saint Louis wieder. Seine ausgezeichnete Gesundheit und gute körperliche Kondition riefen allgemein Bewunderung hervor. »Verraten Sie mir Ihr Geheimnis«, bat ich ihn, »wie Sie so fit geblieben sind.« Zur Antwort führte er mir an Ort und Stelle die verschiedensten Lockerungs- und Turnübungen vor. Die anderen Hotelgäste schienen ihn nicht zu stören, selbst dann nicht, als sie stehenblieben und ihm interessiert zuschauten. Vielmehr überredete er sie kurzerhand zum Mitmachen. Nachdem wir uns eine halbe Stunde lang so gymnastisch aufgelockert hatten, sagte Danforth: »Das eigentliche Geheimnis liegt jedoch nicht im körperlichen, sondern im ständigen geistigen Training.«

Ein altes Sprichwort sagte: »Wenn das Schicksal dir einen Degen zuwirft, gibt es zwei Möglichkeiten, ihn zu fangen, nämlich bei der Klinge oder beim Heft.« Nun können wir uns unschwer ausmalen, was geschähe, wollten wir nach der Klinge greifen. Fassen wir aber den Degen am Heft, wird er zu einer höchst sinnvollen Waffe in unserer Hand. Er wird zu einem wirksamen Instrument im Kampf gegen alle Arten von Hindernissen, die sich uns in den Weg stellen.

In diesem Sinne appelliert der Spruch an unseren Mut, die Herausforderung anzunehmen. Haben wir das getan, werden uns die inneren Kräfte zur Hilfe kommen. Das Leben fordert uns auf, unsere Kräfte an jedem Hindernis erstarken zu lassen. Diesen Gedanken drückte mein alter Freund George Cullum, der als Bohrunternehmer tätig ist, so aus: »Ist das Gestein hart, werden wir härter als der Stein. Ist die Arbeit hart, werden wir härter als die Arbeit.«

Demnach gibt es keinen Grund, Schwierigkeiten auszuweichen oder vor Hindernissen zu kapitulieren. Sie liefern uns, richtig betrachtet, den Anstoß zu weiterer Entwicklung, zu größerer Entfaltung unseres Potentials. Das scheint auch die Einstellung all derer zu sein, die ein Nein nicht als Antwort akzeptieren.

Wie-Denken statt Wenn-Denken

Bei einer Zusammenkunft mit einigen Geschäftsfreunden unterhielt ich mich mit Elmer Dill, dem Direktor einer großen Versicherungsgesellschaft, über Fragen der Leistung und der Motivation. Elmer Dill plauderte aus der Praxis und schilderte, wie die Berufsanforderungen eines Versicherungsagenten aussehen. »Wir brauchen Leute mit vielseitigen Interessen. Wer bei uns Erfolg haben will, muß neben einer guten körperlichen Verfassung das Fachwissen eines Rechtsanwalts und Steuerberaters gleichzeitig mitbringen. Um so besser, wenn er sich außerdem noch auf Immobilienplanung versteht. Doch genauso entscheidend ist eine gewisse Taubheit gegenüber dem Wörtchen ›nein‹. Nicht umsonst gilt in der Verkaufsbranche das geflügelte Wort: Der Verkauf beginnt, wenn der Kunde nein sagt.«

Im Verlauf der Unterhaltung kamen wir auf die spektakuläre Laufbahn des Großverlegers Roy Thompson zu sprechen. Aus eigener Kraft hatte der gebürtige Kanadier sich von der Pike auf zu einem der größten internationalen Zeitungsmagnaten heraufgearbeitet. »Sein eingeschränktes Sehvermögen«, mutmaßte Elmer Dill, »war sein größter Vorteil. Es muß geradezu ein Segen für ihn gewesen sein, all die Mauern und Hürden, die ihn umgaben, gar nicht erst wahrzunehmen.«

Ausschlaggebend für den Berufserfolg sei ferner, laut Elmer Dill, die Einstellung zu unerwarteten Hindernissen und Schwierigkeiten. »Wir bemühen uns, unsere Nachwuchskräfte zu Wie-Denkern statt zu Wenn-Denkern zu erziehen.«

Was damit gemeint war, erläuterte er mir so: »Der Wenn-Denker grübelt ständig über Wenn und Aber nach. Bei jedem Fehler, der ihm unterläuft, fragt er sich aufs neue: Was wäre gewesen, *wenn* ich dieses getan oder jenes unterlassen hätte? Er ergeht sich in müßigen Spekulationen darüber, was er hätte tun können, *wenn* die Bedingungen andere gewesen wären, *wenn* Herr Soundso ihn nicht so ungerecht behandelt oder *wenn* er mehr Zeit gehabt hätte. Es gibt unzählige Beispiele dieser Art zu denken, die aber allesamt zu nichts führen.

Der Wie-Denker hingegen hält sich nicht lange mit Nachreden oder Grübeleien auf. Während er nach vorn schaut, beschäftigt ihn das *Wie* einer Aufgabenstellung. *Wie* finde ich die beste Lösung? *Wie* mache ich mir die ungünstigen Umstände zunutze? *Wie* kann ich den erlittenen Mißerfolg in sein Gegenteil umkehren? Das ist die Art zu denken, die wir unseren Leuten beibringen, »damit sie ihre Zeit nicht mit unnützem Lamentieren vergeuden, sondern sich an die Bewältigung ihrer Aufgaben machen.«

Die drei Fallen des Denkens

Wenn wir scheinbar grundlos an unseren Aufgaben scheitern oder gesteckte Ziele nicht erreichen, sollten wir überprüfen, ob wir nicht zum Opfer der drei Fallen des Denkens geworden sind, nämlich dem Denken in Begriffen von Mangel, Beschränkung und Verlust. Wo immer wir hinhören, werden Gedanken laut wie die folgenden: Es mangelt an Begabung, an den nötigen Mitteln, es fehlt die Gelegenheit, es ist nicht genug Geld (oder Zeit) vorhanden. Oder achten Sie einmal darauf, wie oft wir mit unseren Denkmustern uns selbst oder anderen viel zu enge Grenzen stecken. Denken Sie hier nur an Wendungen wie: Das ist mir nicht gegeben, meine Bildung reicht nicht aus, ich habe kein Talent dafür, er ist zu alt, es ist unmöglich.

Erst durch diese Denkweisen findet ja die eigentliche Beschränkung statt! Wenn wir solche und ähnliche Gedanken unkritisch übernehmen, sie nicht hinterfragen, breiten sie sich sowohl in unserem bewußten wie auch in unserem unbewußten Denken aus, bis sie uns vollends beherrschen.

Die dritte, ähnliche Falle ist die des Verlustdenkens, das meist gekoppelt ist mit einem nachträglichen Bedauern: Das Geld (oder der Einsatz) ist verloren, die Arbeit war umsonst, die Ernte ist verloren, die Gelegenheit vertan. Wohin wir schauen, sind wir von diesem Denken umgeben.

Nun sollen Sie aber keineswegs die Augen vor der Realität verschließen, denn es läßt sich schließlich nicht verleugnen, daß Mangel, Verlust und Beschränkung Gegebenheiten unseres Lebens sind. Nur: Diese Betrachtungsweise sollte Sie nicht völlig beherrschen, denn sie zeigt nicht das ganze Bild. Wie wunderbar und heilsam ist es für eine realistische Denkweise, wenn jemand sagt: Gewiß gibt es Mangel und Not, aber es gibt auch Wohlstand und Wohlergehen. Es gibt Krankheit, aber auch Gesundheit. Wo es Verluste gibt, gibt es auch Gewinn. Wo es Grenzen gibt, besteht auch die Möglichkeit, sie zu erweitern. Wo Beschränkung ist, gibt es auch ein Darüberhinauswachsen.

Wenn Sie sich der gefährlichen Wirkung der Denkweise, die sich stets nur auf das Schlechte konzentriert, bewußt geworden sind, haben Sie den wichtigsten Schritt zur Vermeidung dieser Falle bereits getan. Wo immer das Negative laut wird, können Sie ein vorhandenes Positives dagegensetzen. Bewahren Sie sich also Ihren Blick für das Gute und Schöne. Setzen Sie dem Mangel das Streben, dem Mißerfolg den Erfolg und der Beschränkung Erwartung und Hoffnung entgegen!

Der Einklang von Körper, Seele und Geist

Duke Kahanamoku aus Hawaii, einer der Schwimmer, die Sportgeschichte geschrieben haben, gewann bei den Olympischen Spielen 1912 in Stockholm das 100-Meter-Freistilschwimmen. Acht Jahre später staunten die Zuschauer in Antwerpen, als er die ein zweites Mal schaffte, obwohl der jüngste Nachwuchs es ihm sehr schwer machte. Er nahm noch ein drittes Mal an den Wettkämpfen teil, doch 1924 mußte er sich dem legendären Johnny Weissmüller geschlagen geben.

Duke Kahanamoku war auf scinc stillc, wortkargc Art cin sehr weiser Mensch. Auf die Frage, was zum Siegen unbedingt erforderlich ist, antwortete er einfach: »Übung, Übung und nochmals Übung.« Doch dann fügte er hinzu: »Alle Kraftreserven müssen harmonisch zusammenwirken können. Man muß also Körper, Geist und Seele in Einklang bringen. Ferner muß man, unter Ausschaltung aller anderen Gedanken, mit Leib und Seele im Wettkampf aufgehen. Und dann gibt es nur noch eines: Schwimmen bis zum letzten, mit ganzem Herzen und ganzer Seele!«

Die Bestattung des Duke, der im Alter von siebenundsiebzig Jahren starb, fand an seinem Heimatstrand statt. Zehn Kanus ruderten bei Diamond Head über die Lagune hinaus ins offene Meer, um die Asche des Duke dem Pazifik zu übergeben, als Zeichen seiner großen Liebe zu seiner Heimat, dem Meer.

Kaum war diese Handlung vollzogen, wendeten die Kanuten wie auf Kommando und paddelten unter Aufbietung aller Kräfte in einem einzigen Wettrennen zur Küste zurück. Hiermit zollten sie dem Duke und seinem unbezwingbaren Kampfgeist einen letzten Tribut. Gleichzeitig war diese Handlung wohl das schönste Symbol dafür, wie das Leben für die Lebenden unter Einsatz der besten Kräfte weitergeht.

Und das war auch das Hauptanliegen dieses Buches, nämlich Ihnen Wege und Möglichkeiten aufzuzeigen, wie die wunderbaren Fähigkeiten und Kräfte, die in jedem einzelnen von uns angelegt sind, zur vollen Entfaltung gelangen; aufzuzeigen, *warum Sie das erreichen können, was Sie zu denken vermögen*.

Vergessen Sie also bitte nicht:

- Das Leben durchläuft Höhen und Tiefen. Doch seien Sie sich dessen gewiß: Die Flut – die Hoffnung, die Kraft, der Auftrieb – kehrt immer wieder zurück.
- Wenn Sie gefordert sind und auf sich selbst vertrauen, wachsen Ihnen im richtigen Moment Mut und ungeahnte Kräfte zu.
- Verschwenden Sie keine Gedanken an nutzloses Wenn und Aber. Positives Denken geht von der erfolgreichen Lösung eines Problems aus und führt zu konstruktiven Schritten.
- Stehen Sie getrost über allen Problemen und Aufregungen jeder Art! Auch Niederlagen werden Sie meistern, wenn Sie auf das Prinzip vertrauen: *Du kannst, wenn du glaubst, du kannst*.